Shannon Ethridge
Eins & Eins = Eins

Über die Autorin

Shannon Ethridge ist Bestsellerautorin mehrerer Bücher zu den Themen Ehe, Partnerschaft und Sexualität. Sie ist als gefragte Rednerin und ausgebildete Lebensberaterin international unterwegs und schreibt regelmäßig für amerikanische Magazine (u. a. „Focus on the Family"). Sie lebt in Tyler, Texas, ist seit fast 25 Jahren mit ihrem Mann Greg verheiratet und Mutter von zwei Kindern.

Shannon Ethridge

EINS & EINS = EINS

Liebe, Sex und Erotik genießen – ein Eheleben lang

Aus dem Englischen von Anna Winkenberg

GerthMedien

Für Greg

*Danke, dass du mir gezeigt hast, dass unser
Sex so viel mehr ist als nur körperliche Lust.*

INHALT

6

Vorwort

„Esst auch ihr, Freunde, trinkt euren Wein! Berauscht euch an der Liebe!" Hohelied 5,1

Aus gutem Grund fordert Gott selbst uns dazu auf, dass wir aus unserem sexuellen Beisammensein ein Fest machen sollen und er gibt uns die Erlaubnis, die berauschenden Freuden ehelicher Leidenschaft in vollen Zügen zu genießen. Beim Fußball sagt man, Angriff ist die beste Verteidigung.

Ich bin ein leidenschaftlicher Läufer. Und ich erinnere mich noch lebhaft an einen meiner ersten Läufe an meinem jetzigen Wohnort in Houston, im Bundesstaat Texas. Ich kam aus Seattle und landete mitten im August in Amerikas viertgrößter Stadt. Dort spricht man von einer Hitzewelle, wenn fünf Stunden lang am Tag Temperaturen von mindestens 27 Grad Celsius herrschen. Vermutlich wäre es auch schwierig, in der Sommerzeit irgendwo in Houston fünf Stunden lang *weniger* als 27 Grad Celsius zu messen.

In meiner Naivität brach ich in der größten Mittagshitze zu einem Zehnkilometerlauf auf, gerade als die Sonne am höchsten stand. Und was noch leichtsinniger war, ich vergaß, einen Trinkvorrat mitzunehmen. In Seattle hatte ich *nie* während eines Zehnkilometerlaufs Wasser benötigt.

Es dauerte keine fünf Minuten, bis ich meinen Fehler einsah. Es fühlte sich an, als hätte mir jemand einen Fön in den Hals gesteckt. Nach dreißig Minuten sah ich am Wegrand eine halb leere Colaflasche liegen, deren Inhalt in der Sonne vor sich hin köchelte.

Ich hielt an. Der Gedanke war absolut abwegig, aber immerhin handelte es sich um Flüssigkeit. Und Flüssigkeit war genau das, was ich brauchte.

Gary, sagte ich zu mir, *so tief kannst du doch nicht sinken*. Also ließ ich die Cola, wo sie war, und legte eine weitere Strecke zurück, merkte aber schließlich, dass meine Situation gefährlich werden konnte.

Ich sah eine Frau, die mit ihren Kindern draußen spielte. Ein Gartenschlauch lag ausgerollt vor dem Haus. Zutiefst verlegen bat ich die Frau, daraus trinken zu dürfen. Sie hätte nicht zuvorkommender sein können. Beschämt darüber, dass ich den Nachmittag dieser Familie störte, und um es möglichst schnell hinter mich zu bringen, drehte ich schnell den Wasserhahn auf und hielt den Schlauch an meine Lippen.

Als der mit Bakterien verseuchte Schwall warmen Gartenwassers mir in den Mund lief, warnte mich eine leise Stimme in meinem Hinterkopf: *Gary, das wirst du bereuen. Von diesem Wasser wird dir in spätestens drei Stunden übel werden und du wirst wünschen, du wärst tot.*

Das war mir in diesem Moment egal. Ich war so durstig, dass ich bereit war, die entsetzlichen Konsequenzen, die drei Stunden später auftreten würden, auf mich zu nehmen. Alles, was zählte, war in diesem Augenblick: Wasser.

Man könnte mir fehlende Selbstbeherrschung vorwerfen, aber vielleicht wäre es angebrachter zu fragen, wie es dazu kommen konnte, dass ich einen derartigen Durst verspürte und etwas, was mir widerlich hätte sein müssen – eine halb leere Colaflasche aus dem Straßengraben oder Wasser, das tagelang in einem Gummischlauch gestanden und vor sich hingefault hatte –, mir so unwiderstehlich erschien?

Shannon Ethridge hat recht. Sie hat erkannt, dass es wesentlich hilfreicher ist, sich über die Ursachen des Dursts Gedanken zu machen, als seinen Willen gegen eine bereits akut vorhandene Versuchung zu stählen. Deshalb hat sie ein Buch geschrieben, das reines, durststillendes und nicht verschmutztes Wasser direkt in unsere Seelen gießt. In einer Welt, in der um das Thema Sex oft feige herumgeredet wird, beweist Shannon Ethridge einen erfrischenden

Mut und bezieht klare Position. Auch wenn es bei manchen von uns vielleicht ein leichtes Unbehagen auslöst, wenn sie die Dinge so unmissverständlich beim Namen nennt, glaube ich, dass Shannon uns mit neuen Bildern und geistlicher Kraft herausfordern will. Sie drängt uns mit heiligem Ernst, aber auch mit entwaffnender Ehrlichkeit, die harten Fakten der menschlichen Sexualität ebenso anzunehmen wie ihren göttlichen Glanz. Sie schreibt mit Enthusiasmus und ist eine ebenso begeisterte wie unkonventionelle Vordenkerin. Es sind Autoren wie sie, die Debatten anstoßen, und solche Debatten werden häufig kontrovers geführt. Aber wir können dabei neue Einsichten gewinnen, dazulernen und versuchen, Jesus immer ähnlicher zu werden.

Wer sich auf Shannons Buch einlässt, den erwartet wesentlich mehr als eine Verbesserung seines Sexuallebens. Es entfaltet auf allen Ebenen eine Wirkung auf unser partnerschaftliches Eheleben. Ich glaube tatsächlich, dass Gott es gut mit uns gemeint hat, als er uns die Hürde in den Weg gelegt hat, eine langfristige sexuelle Intimität in der Ehe aufrechtzuerhalten, obwohl die sexuelle Initialzündung, mit der unsere Beziehung einmal angefangen hat, im Lauf der Jahre allmählich an Wirkkraft verliert. Das stellt uns vor Probleme, die tatsächlich dazu führen können, dass Paare irgendwann aufgeben und ihre sexuelle Beziehung dann einer entfernten Verwandten gleicht, die nur in den großen Ferien mal zu Besuch kommt. Nur wenn wir engagiert und bewusst an uns arbeiten, wird dieser göttliche Segen frei und dauerhaft fließen. Wenn wir unsere Sexualität im zweiten und dritten Jahrzehnt unserer Ehe auf gleiche Weise genießen wollen, wie wir es in den ersten zehn Jahren getan haben, oder uns sogar noch steigern wollen, dann müssen wir miteinander reden, in Demut wachsen, einander zuhören und uns verstehen lernen und bisweilen auch verstörende und schmerzhafte Auseinandersetzungen aushalten.

Und genau das sind doch die Fähigkeiten, die wir auf allen Ebenen für das gute Funktionieren einer Ehe brauchen! Wenn wir in Demut wachsen können, wenn wir lernen zuzuhören und den Mut haben,

Dinge auszusprechen, anstatt sie feige unter den Teppich zu kehren, wenn wir ein Klima schaffen, in dem möglicherweise auch peinliche Lebensfacetten unter die Lupe genommen werden können, dann profitiert unsere Ehe in allen Bereichen von diesen neu erworbenen Beziehungsfähigkeiten.

Dieses Buch beschäftigt sich zwar vorrangig mit unserer Sexualität, verfügt aber über das Potenzial, Ehen in jeder Hinsicht zu verbessern. Es bietet Gesprächsstoff. Es spornt zu Selbstoffenbarung an. Es inspiriert dazu, einander zu vergeben und um Verzeihung zu bitten. Shannon drängt uns zur Empathie für unseren Partner anstelle von Selbstmitleid. Die krönende Leistung von *Eins & Eins = Eins* ist jedoch die Einladung zu einer größeren Vollkommenheit unseres Gottesverständnisses, dazu, ihn mit noch mehr Enthusiasmus zu loben und Christus dabei ein bisschen ähnlicher zu werden.

Vielleicht stimmen Sie Shannon nicht in allen Punkten zu. Vielleicht stoßen Sie sich gelegentlich an ihren gewagten Formulierungen, aber ich verspreche Ihnen, Sie werden sich auf eine besondere Art und Weise davon berührt und positiv herausgefordert fühlen.

Lassen Sie sich mit diesem Buch zeigen, wie Sie als Paar aus dem Vollen Ihrer von Gott geheiligten Ehe und Leidenschaft schöpfen können, ohne dass weder Sie noch Ihr Partner in dieser pornografischen Welt je einen gefährlichen Durst entwickeln.

Esst auch ihr, Freunde, trinkt euren Wein! Berauscht euch an der Liebe.

Gary Thomas

Einleitung

Nun bin ich seit vierundzwanzig Jahren verheiratet und ungefähr genauso lange mit meinem Dienst als Referentin und Lebensberaterin unterwegs. Und ich habe mich oft gefragt, ob ich ein Neon-Leuchtschild auf der Stirn trage mit der Aufforderung: „Erzählt mir alles über euer Sexleben!"

Wo ich auch hinkomme, egal welches Land ich besuche, ist es das, worüber die Leute am liebsten mit mir sprechen wollen. Das ist ziemlich eigenartig, oder zumindest kommt es mir so vor. Aber ich habe mich daran gewöhnt. Und ich bin inzwischen auch sehr dankbar dafür. Es ist, als würde ich in das innere Heiligtum dieser Leute hineingebeten, denn ich erfahre von ihren heimlichen Kämpfen, ihrem Ringen mit dem Partner und ihren „dunklen Geheimnissen". Und natürlich stellen sie mir ihre intimsten Fragen. Sie bringen mir ein überwältigendes Vertrauen entgegen, das ich keineswegs auf die leichte Schulter nehme.

Konflikte in der Ehe entstehen häufig dann, so eine meiner Erkenntnisse, wenn die Ansichten des einen Ehepartners über Sexualität etwas zu weit links (d. h. zu liberal) oder etwas zu weit rechts (d. h. zu konservativ) sind, um mit denen seines Angetrauten zusammenzupassen. Jedes Extrem birgt Gefahren und im schlimmsten Fall wirkt es destruktiv. Es ist tatsächlich so, dass das Gefühl sexueller Inkompatibilität eine der häufigsten Quellen für Differenzen in der Ehe darstellt und letztendlich auch den Ausschlag für viele Scheidungen gibt. Die Bedeutung unserer inneren Einstellung zur Sexualität lässt sich also nicht leugnen. Deshalb ist es so enorm wichtig für Paare, dass sie bei sexuellen Fragen auf einen gemeinsamen Nenner der Zufriedenheit kommen – und das möglichst dauerhaft.

Mein Wunsch ist es, allen verheirateten Paaren zu helfen – Ehefrauen wie Ehemännern, Frischvermählten und denen, die schon länger zusammen sind – eine gesunde sexuelle Balance zu leben, in der sie sich in der Privatsphäre ihres eigenen Schlafzimmers sicher, geborgen und sexy fühlen. Denn …

- eine Ehe kann nur mit zwei sexuell gesunden Ehepartnern gelingen.
- von einer guten Ehe profitiert die ganze Familie.
- das Zusammenleben einer Familie wirkt sich auf das Gemeinwohl aus.
- wenn das gemeinschaftliche Zusammenleben funktioniert, tut das der ganzen Gesellschaft gut.

Es wäre also nicht zu hoch gegriffen zu behaupten, dass dieses Buch einen Beitrag zum Wohle der Gesellschaft leistet – wenn auch auf meine etwas eigenwillige Art.

Das Buch gliedert sich in vier große Abschnitte – vier Grundlagen und Dimensionen, ganzheitlich das Thema Sex als Paar zu leben und zu gestalten. Darin verteilt finden Sie vierzig überschaubare Häppchen – im Frage-Antwort-Stil –, die sich gut kurz, beispielsweise vor dem Schlafengehen, lesen lassen. An manche dieser Kapitel schließen sich einige Fragen, zum persönlichen Nachdenken oder Vertiefen im Gespräch mit dem Partner an, sofern das Buch gemeinsam als Paar gelesen wird. Manchmal finden Sie dort auch ein Gebet, über das Sie alleine oder zu zweit meditieren können. Verstehen Sie diese Kapitel als ein Geschenk, das hoffentlich dazu beitragen kann, dass Sie sich in Zukunft immer weiter einander annähern.

Ich bete dafür, dass diese Grundlagen und Dimensionen der Leidenschaft Ihre Ehe und Ihr Ehebett für viele Jahre auf angenehme Art in Bewegung versetzen.

Shannon Ethridge

I. SICH DER GEISTLICHEN DIMENSION BEWUSST SEIN

Eins & Eins = Eins

1. WAS DACHTE SICH GOTT, ALS ER SEX ERFAND?

Sex ist die skandalträchtigste, sündigste, beschämendste Sache auf der Welt … man sollte sich seine Unschuld wirklich für jemanden aufheben, den man wirklich liebt.

Ehrlich gesagt müssen wir zugeben, dass viel zu viele Christen nur das im Kopf haben, wenn sie an Sex denken. Vermutlich wurden die meisten von uns von wohlmeinenden Eltern und Kirchenleuten erzogen, die sicher nur das Beste für uns wollten und versucht haben, unsere Gedanken zum Thema Sexualität möglichst „unbefleckt" zu halten.

Ich jedenfalls habe mir als Heranwachsende in Gottesdiensten und Jugendgruppenstunden immer wieder anhören müssen, wie zerstörerisch Sex sein kann … dass man Sex um jeden Preis vermeiden sollte … dass Sex das Lieblingsinstrument des Teufels ist, um Christen in die Knie zu zwingen (und zwar nicht im positiven Sinne). Aber ich habe keine einzige Predigt darüber gehört, wie schön, angenehm und lustvoll Sex in der Ehe sein kann … dass Ehemann und Ehefrau sich frei fühlen dürfen, so oft wie möglich miteinander zu schlafen … dass Gott sich uns durch eine gesunde sexuelle Intimität auf eine überwältigende Art offenbaren kann, die uns bis ins Innerste erschüttert (und den berühmten Wahnsinns-Orgasmus damit um ein Vielfaches übertrifft).

Ein anderes, weit verbreitetes Szenario im Umgang mit Sex bestand damals darin, dass in vielen Familien und Kirchengemeinden überhaupt nicht darüber geredet wurde. Wir waren also auf Informationen von Gleichaltrigen angewiesen, auf Liebesromane, das Fernsehen und das Internet. Aus diesen Quellen haben wir dann gelernt, dass unser Sexualtrieb ungefähr so kontrollierbar ist wie ein herabstürzender Wasserfall ... dass wir richtig guten, heißen Sex nur als Singles haben können, während sich dieses Thema in der Ehe praktisch von selbst erledigt ... dass die verbotene Frucht einer außerehelichen Affäre süßer schmeckt als der Genuss des immer gleichen Lebenspartners. Fakt ist: Es gibt in unseren christlichen Kreisen so viele negative Botschaften über Sex, aber letztlich nur sehr wenige positive.

Wie aber um alles in der Welt können wir unsere Sexualität davon losgelöst betrachten? Wie können wir die Güte und Perfektion dessen erkennen, was Gott im Sinn hatte, als er die Sexualität erfand?

Diese Aufgabe habe ich mir selbst mit diesem Buch gestellt, denn wer um Himmels willen sollte bitteschön ein phänomenal gutes Sexualleben haben, wenn nicht christliche Ehepaare, die neben ihrer Partnerschaft noch eine ganz persönliche Beziehung zum Erfinder und Schöpfer des Sex haben? Höchstwahrscheinlich werde ich dabei das Schamgefühl einiger Leser an der einen oder anderen Stelle in diesem Buch etwas strapazieren, obwohl das eigentlich gar nicht meine Absicht ist. Warum? – Weil Sex für viele Christen ein so tabubeladenes Thema ist. Deshalb bitte ich darum, das Kind *nicht* mit dem Bad auszuschütten. Mein Tipp lautet daher: Besorgen Sie sich einen schwarzen Filzstift und streichen Sie alle Sätze, die Ihnen irgendwie unpassend erscheinen, aber lesen Sie trotzdem weiter.

Ob ein Mann oder eine Frau mit einer negativen Denkweise über Sex aufgewachsen ist, lässt sich ganz leicht herausfinden. Man muss nur genau hinhören:

> Wer um Himmels willen sollte bitteschön ein phänomenal gutes Sexualleben haben, wenn nicht christliche Ehepaare, die neben ihrer Partnerschaft noch eine ganz persönliche Beziehung zum Erfinder und Schöpfer des Sex haben?

- Tina, 23, fragte sechs Wochen vor ihrem Hochzeitstermin: „Muss ich denn Sex haben, wenn ich heirate? Ich meine, ich weiß, dass wir Sex haben müssen, um Kinder zu bekommen, nur abgesehen davon hoffe ich wirklich, dass es meinem Ehemann reicht, wenn wir einfach glücklich nebeneinander liegen. Wenn ich mir vorstelle, dass er ‚sein Ding‘ in mich hineinsteckt, wird mir übel.“ *(Offensichtlich hatte niemand Tina erzählt, dass der Geschlechtsverkehr eines der natürlichsten und angenehmsten Dinge im Leben eines Mannes wie einer Frau ist.)*
- Carla, 54, erzählte nach fast 30 Ehejahren: „Jedes Mal, wenn mein Mann mit mir schläft, fühle ich mich benutzt und missbraucht. Ich habe ihm schon oft gesagt, wenn er mich nicht in Ruhe lassen kann, reiche ich die Scheidung ein.“ *(Schockierend an diesem Beispiel war, dass Carla mit einem Pfarrer verheiratet war. Nicht einmal er als erfahrener Geistlicher hatte die richtigen Worte gefunden, die ihr geholfen hätten, sexuelle Intimität als Gottes Geschenk anzunehmen.)*
- Christina, 36, sagte: „Mein Mann wünscht sich, das Licht anzulassen, um mich nackt zu sehen, aber ich finde die Vorstellung einfach furchtbar.“ *(Glauben Frauen wirklich, dass sie dem Bedürfnis ihrer Männer nach visuellen Reizen entgegenwirken können, indem sie sich in weiter Kleidung und schlabberigen Schlafanzügen verstecken? Warum fühlen wir uns nicht wohl, wenn wir uns im Schlafzimmer ausziehen?)*
- Britta, 27, sagte: „Ich dachte immer, Männer wollen die ganze Zeit nur Sex und Frauen blocken eher ab. Bei uns verhält es sich aber genau umgekehrt, und ich frage mich, was ich tun soll, um sein mangelndes sexuelles Interesse *nicht* persönlich zu nehmen.“ *(Ich weiß aus zahlreichen E-Mails, dass Britta mit ihrer sexuellen Frustration und dem Gefühl, zurückgewiesen zu werden, nicht die Einzige ist.)*

Nicht nur bei Frauen gibt es Verwirrung und Frustration. Hier ein paar Stimmen von Männern:

- Bert, 29, beschwerte sich: „Ich frage meine Frau immer wieder, was sie sich im Bett wünscht, damit sich der Sex für sie spannender gestaltet, aber sie rückt einfach nicht mit der Sprache heraus. Ich wäre so gerne ihr ‚Traumlover‘, aber ich kann schließlich nicht hellsehen." *(Warum fühlen wir uns beim Reden über Sex oft so unbeholfen? Warum finden wir keine passenden Worte, die uns näher zueinander finden lassen?)*
- Chris, 37, gab zu: „Ich brauche Sex nicht annähernd so oft wie meine Frau und fühle mich deswegen geradezu anormal, besonders wenn ich mich mit dem Stereotyp des immer bereiten Mannes vergleiche. Wenn es stimmt, dass Männer die ganze Zeit nur Sex wollen und Frauen eher uninteressiert sind, was bedeutet das für mich?" *(Ist es nicht traurig, dass Chris sich vergleicht und manche Männer wegen solcher Stereotypen Sorge um ihre Männlichkeit haben?)*
- Kilian, 45, sagte: „Meine Frau weiß nichts davon, dass ich praktisch jeden Abend mit ungeheurem Verlangen nach ihr ins Bett gehe. Würde ich ihr das sagen, fühlte sie sich sicher ausgenutzt oder hielte mich für ein Tier. Ich begnüge mich daher mit einem Mal pro Woche, aus Angst abgelehnt zu werden." *(Ist es nicht schrecklich, wenn manche Männer sich krank oder anormal fühlen, obwohl sie sich einfach nur nach ihrer Ehefrau sehnen?)*

Kann *das* Gottes Absicht gewesen sein, als er den Sex erfand? Dass Frauen sich ängstlich fühlen, missbraucht, benutzt, instrumentalisiert, zurückgewiesen? Dass Männer frustriert sind, sich für unzureichend halten, unmännlich oder gar animalisch?

Nein. So sieht Gottes Plan garantiert *nicht* aus.

Woher ich das so genau weiß? – Ich kenne Gott. Na gut, er ist mir weder leibhaftig erschienen noch hat er mit einer Tasse Tee dabeigesessen, während ich dieses Buch geschrieben habe. Aber die Bibel verrät uns doch einiges über seinen Charakter und seine Absichten – nämlich, dass er uns segnet, statt uns etwas aufzulasten ... dass er uns beschützt, anstatt uns zu bestrafen ... dass er uns Freude bereitet, statt uns zu entmutigen. Und ich glaube, dass er uns mit dem Sex ein überwältigendes Vergnügen schenken wollte, statt großen Kummer zu bereiten. Er soll faszinierend sein, nicht frustrierend. Er soll unser Leben und unsere Beziehungen mit Gutem anreichern und uns beschenken, anstatt uns Zwänge und Entsagungen aufzuerlegen.

Nur, wie finden wir von einer negativen Denkweise über Sex hin zu einer positiven Einstellung, die uns Freude an einem so großen und wunderbaren Geschenk ermöglicht? Wie können wir unseren übertriebenen Selbstschutz aufgeben und unsere Sinne, Körper, Herzen und Seelen so miteinander in Einklang bringen, wie Gott es gemeint hat? Wie können wir das Einswerden lustvoll erleben, sodass es uns fasziniert, bezaubert und glückselig macht, als wären wir nur einen Schritt weit von der Himmelspforte entfernt?

Da es keine Formel für das Gelingen eines derartigen Paradigmenwechsels gibt, würde ich gerne ein Schlüsselerlebnis aus meinem Leben erzählen. Es hat mir persönlich mental, emotional wie geistlich geholfen, die körperliche Seite meiner Sexualität besser anzunehmen, ohne mich deswegen wie ein „böses Mädchen" zu fühlen.

Ich war gerade dabei, meinen Abschluss in christlicher Lebensberatung zu machen, als mein Dozent, Dr. David Lawson, eine uns alle schockierende Frage stellte: „Gibt es in eurer Beziehung zu Gott auch eine *sexuelle* Seite?"

Stille. Wir Studierenden saßen alle an unseren Tischen und fragten uns: *Soll das ein Witz sein?*

Es war kein Witz, vielmehr eine todernst gemeinte Aufgabe, diese tief greifende theologische Frage in Kleingruppen zwei Stunden lang zu diskutieren. *Zwei Stunden? Würden zwei Minuten dafür nicht ausreichen?*, dachte ich.

Langsam dämmerte mir, dass wir uns über dieses Thema zwei volle Tage lang die Köpfe hätten zerbrechen können, und selbst dann wäre immer noch nicht alles erschöpfend besprochen gewesen. Also fing unsere Kleingruppe an, alle möglichen Antworten und Erkenntnisse zu sammeln. So entstand unter anderem folgende Liste, die Gemeinsamkeiten zwischen unserer sexuellen Beziehung mit unserem Ehepartner und der geistlichen Beziehung zu Gott aufzeigt:

- Vertrauen
- volle Akzeptanz
- Nähe
- Offenheit
- Risiko
- Bestimmung
- Euphorie
- Verwundbarkeit
- starkes Verlangen
- Verbindlichkeit
- Ehrlichkeit

- Intimität
- Lust
- Verschmelzung
- echtes Interesse
- wahre Gemeinschaft
- Hingabe
- Demut
- Leidenschaft
- Transzendenz
- Synergie
- Annahme

Seitdem habe ich mich immer wieder mit dieser Frage und Aufgabenstellung beschäftigt. Ich habe darüber sogar während meiner Vorträge mit Zuhörern aus dem Publikum diskutiert. Und mir ist klar geworden, dass unsere Sexualität einer ganzen Reihe von erstaunlichen Zielen dient. Denken Sie bitte einmal mit darüber nach: Was sonst in Gottes Schöpfung kann so wirkungsvoll ...

- für besseren Schlaf sorgen?
- intensive Lustgefühle verschaffen?
- dabei helfen, eine tiefe Verbindung zum Ehepartner und gleichzeitig zu Gott einzugehen?
- Gefühle der Einsamkeit und Isolation vertreiben?
- aus der täglichen Routine ausbrechen lassen?
- Stress abbauen und manchmal sogar Schmerzen lindern?

- unsere Gesundheit und Vitalität stärken?
- unsere Hoffnungen und Träume von Elternschaft erfüllen?
- dabei helfen, den Tiger zu entfesseln?
- beruhigen, wenn wir Angst haben?
- ein Ventil schaffen, wenn wir aufgeregt sind?
- unsere Langeweile vertreiben?
- Kummer und Trübsal vergessen lassen?
- gewaltige Funken sprühen lassen und uns einen Schauer die Wirbelsäule hinunterjagen?
- einen Schwindel verursachen, weil wir als ganz besondere Menschen geliebt und bewundert werden?

Tja, all das kann Sex bewirken. Und sogar ziemlich gut! Was also hat Gott sich dabei gedacht, als er den Sex erfand? Ich glaube, er hat gedacht: *Damit versüße ich ihnen den Tag ... und die Nächte gleich noch dazu!*

Wenn wir all das begreifen und dem zustimmen könnten, was würde das für unser Sexualleben bedeuten? Für unser Glaubensleben? Unsere Ehe? Unser Familienleben? Können wir Sexualität als das großartige Geschenk sehen, das Gott für uns vorgesehen hat? Würde uns das vielleicht sogar dazu inspirieren, Gott jeden Tag noch mehr zu danken und ihn zu loben? Würden wir noch mehr Leidenschaft und Lust erleben, wenn wir uns der stürmischen Erfahrung rückhaltloser Liebe und gegenseitiger Akzeptanz vollständig hingeben?

All das ist möglich, und noch viel mehr. Vielleicht würde man statt in immer dieselben Klagen zu verfallen, wie sie in diesem Kapitel bereits zitiert wurden, mehr solcher Aussagen hören wie diese beiden, die ich aufgeschnappt habe:

- „Ich finde es toll, einen so wunderbaren Mann zu haben, einen Versorger, Vater und engagierten Leiter in der Gemeinde, aber am meisten liebe ich Jeff dafür, dass er so ein großartiger Liebhaber ist.“

- „Mein Highlight des Tages ist es, abends zu meiner Frau nach Hause zu kommen. Sie ist fantastisch und unheimlich sexy. All meine Probleme bei der Arbeit zu vergessen und mich in ihrer Liebe zu verlieren, fällt mir bei ihr so leicht."

Wer möchte nicht als „großartiger Liebhaber bzw. großartige Liebhaberin" bezeichnet werden oder sich in den Armen seines Partners „verlieren" und mit ihm intim werden, ohne Angst vor Zurückweisung ... Wer würde da *Nein* sagen?

Haben Sie also viel Vergnügen bei diesem Buch, auf der Entdeckungsreise in die ganzheitliche Erfahrung – geistlich, mental, seelisch wie körperlich – von Sexualität, beim Auskosten der vielen Freiheiten, die wir Christen im Ehebett haben, und dabei, diese Grundlagen der Leidenschaft in unsere Beziehungen aufzunehmen, damit wir das Geschenk unserer Sexualität ganz für uns entdecken können.

2. WARUM SOLLTE MAN VERHEIRATET SEIN, EHE ES MITEINANDER INS BETT GEHT?

In den vergangenen Jahren habe ich immer wieder E-Mails von Leuten erhalten, die beharrlich behaupten, dass die Bibel einvernehmlich stattfindenden Geschlechtsverkehr zwischen zwei Erwachsenen nicht ausdrücklich verbiete. Interessanterweise wird dieser Gedanke immer von Singles aufgeworfen. Vermutlich handelt es sich dabei auch um sexuell aktive Singles. Jedenfalls habe ich die oben genannte Frage noch nie von Verheirateten, die vermutlich ein erfülltes Sexleben haben, gestellt bekommen. Letztlich stellt sich diese Frage für sie auch nicht. Da sie aber immer wieder als Diskussionsthema auftaucht, werden wir uns auch hier mit ihr befassen.

Obwohl sich tatsächlich nirgends eine Textstelle findet, in der es heißt: „Du sollst keinen vorehelichen Sex haben", gibt es doch in der

Bibel mehrere Aussagen über das ernste Vergehen der sogenannten „Unzucht" (Sex zwischen Menschen, die nicht verheiratet sind) und ein Gebot, das den „Ehebruch" verbietet (Sex zwischen einer verheirateten Person und einer zweiten, bei der es sich nicht um den Ehepartner handelt).

Welchen Plan Gott hatte, als er die Ehe und den Sex erfand (und zwar in dieser Reihenfolge), findet sich in 1. Mose 2,24:

„Darum wird ein Mann seinen Vater und seine Mutter verlassen und seiner Frau anhangen, und sie werden sein ‚ein' Fleisch." (LÜ)

Auffällig an dieser Passage ist die deutliche Zäsur:

- Zuerst *verlässt* der Mann seinen Vater und seine Mutter. Und zwar für immer. Er kommt nicht wie ein Bumerang eines Tages zurück – das heißt, er bereitet sich selbstständig darauf vor, eine eigene Familie zu gründen, unabhängig von seinem Elternhaus.

- Danach wird er seiner Frau *anhangen*, eine tiefe „Verbindung" mit ihr eingehen. Gott versteht diese nicht als ein bloßes Zusammen- oder Befreundetsein in dem Sinne, dass man sich auf einer Party kennenlernt und anschließend einen One-Night-Stand erlebt. Vielmehr meint er damit, dass eine verbindliche Beziehung eingegangen wird, die das ganze Leben dauert, also „eine permanente Anziehungskraft, die über den Genitalverkehr hinausgeht"[1].

- Schließlich werden die beiden *ein Fleisch*, was primär körperliche Intimität meint, aber ebenso mentales, emotionales und geistliches Gewicht in sich trägt, da von der Bedeutung her *Fleisch* den Kopf, den Körper, das Herz und die Seele mit einschließt.[2]

Um es noch einmal etwas anders auszudrücken, hier meine persönliche Übersetzung dieses Verses:

„Werde erwachsen und selbstständig, such dir einen passenden Gefährten, heirate ihn und deinen sexuellen Wünschen sind keine Grenzen gesetzt, weil es euch beide in jeder Hinsicht wie verrückt zusammenschweißen wird!"

Gott ist der einzige Mathematiker unseres Universum, der es fertiggebracht hat, die Gleichung „Eins & Eins = Eins" aufzustellen und ihre unumstößliche Wahrheit zu beweisen. Denn wenn in der Ehe aus dem einen und der einen *eins* wird, ist das das Allerbeste, was Gott für uns bereithält.

Allerdings haben wir Menschen manchmal ganz eigene Vorstellungen davon, was für uns am besten wäre. Diese sind oft weit entfernt davon, was unser Schöpfer ursprünglich für uns beabsichtigt hat.

Eins & Eins = Eins

Warum hat Gott also für den Sex einen solch klaren geschützten Rahmen vorgesehen, der es uns im Grunde verbietet, ihn in jedem anderen Beziehungskontext als der Ehe auszuleben?

Vielleicht können wir das am besten verstehen, wenn wir uns einmal anschauen, wie Gott sich unser persönliches Leben und das Zusammenleben in einer Gesellschaft vorstellt. Von den körperlichen Voraussetzungen her sind wir nämlich einfach nicht dafür gemacht, mit ständig wechselnden Partnern Geschlechtsverkehr zu haben. Der frühere Leiter des amerikanischen Gesundheitsdienstes, Dr. C. Everett Koop, sagte einmal:

„Wenn man mit jemandem sexuell intim wird, dann hat man Kontakt mit jedem, der in der Vergangenheit mit dieser Person Sex hatte und außerdem mit allen Sexualpartnern dieser Personen."[3]

Die Zahl der Neuerkrankungen an Geschlechtskrankheiten wie Chlamydien oder Syphilis hat in den vergangenen Jahren dramatisch zugenommen. Auch Gonorrhöe, im Volksmund Tripper genannt, Herpes simplex und Infektionen mit Humanen Papillomviren (HPV) nehmen wieder zu. Selbst die Angst vor einer Ansteckung mit dem HI-Virus hält manche nicht davon zurück, Partner zu wechseln und ungeschützt miteinander zu verkehren. Mit dramatischen Folgen. Es lässt sich nicht von der Hand weisen, dass wechselnde Sexualpartner unsere Gesundheit auf verheerende Art und Weise schädigen.

Ebenso wenig lässt sich leugnen, dass der ständige Wechsel von Sexualpartnern sich negativ auf unsere Seele auswirkt. Sich zu trennen, nachdem man sich an jemanden ganz und gar verschenkt hat, ist unendlich schmerzlich und bitter. Die Ablehnung und Zurückweisung, die darin steckt, ist ungemein: „Ja, du hast dich mir ganz hingegeben … aber das war mir nicht gut genug. Der Nächste bitte." – *Autsch!* So hat sich Gott das wirklich nicht vorgestellt. Und wenn unser Herz diesen Schmerz wieder und wieder erlebt, dann hat dies irgendwann Ähnlichkeit mit einem abgenutzten Klettverschluss von einem alten Paar Turnschuhe. Mit der Zeit verliert das, was uns eigentlich Sicherheit, Geborgenheit und Schutz geben sollte, seine Bindungsfähigkeit und lässt uns verletzt, entblößt und vielleicht sogar gedemütigt zurück.

Als Menschen haben wir eine großartige Fähigkeit von Gott mitbekommen, nämlich sehr enge, intime Beziehungen einzugehen. Existieren diese aber nicht zwischen uns, sind wir wie leere Hüllen, die nur auf den nächsten sexuellen Höhepunkt warten, ohne dass ein Herz verschenkt wird, auf das man sich verlassen kann. Grund genug, den intimen Akt innerhalb des Ehebundes zu schützen und für unantastbar zu erklären. Doch es gibt noch einen weiteren Grund, der beachtet werden sollte. Aus geistlicher Perspektive ist der Liebesakt zwischen einem Ehemann und seiner Frau als ultimativer Höhepunkt menschlicher Erfahrung anzusehen – nicht nur durch seine erzeugten Gefühle bis hin zum Orgasmus, sondern auch durch das gemeinsam erlebte geistliche Glücksgefühl (mehr dazu später).

Sex in der Ehe anzusiedeln ist nicht nur für den Einzelnen das Beste, sondern es bewahrt auch die Gesellschaft vor dem Zusammenbruch (durch den Verfall der Moral) und vor der Geburtenexplosion (durch unkontrolliertes Bevölkerungswachstum). Wenn wir uns einmal alle religiösen Schranken wie auch alle emotionalen Hindernisse und Verpflichtungen wegdenken würden, also angenommen die Menschen könnten ihren Trieben einfach freien Lauf lassen und so viel Sex haben, wie sie wollten – dann würde die Ehe nichts mehr bedeuten. Denn sobald es Probleme gibt, würde man einfach Schluss machen und sich einen neuen Partner suchen. Die Zahl der gescheiterten Ehen würde sozial akzeptiert, egal wie hoch sie läge. Und was wäre mit all den Kindern, die dabei in die Welt gesetzt würden? Sie würden nicht unbedingt Mama *und* Papa brauchen, oder doch? Sie würden lernen, klarzukommen, während ihr alleinerziehendes Elternteil sich in zwei oder drei Jobs abrackert, um alle Rechnungen zu bezahlen, weil der andere Erzeuger inzwischen für seine neue Familie eingespannt ist, die schließlich auch überleben will in diesen wirtschaftlichen Krisenzeiten. Oder, noch besser, schließlich kann jeder, der in diesem Beziehungswahnsinn und sozialen Chaos drinsteckt, Sozialhilfe beantragen und dann kümmert sich der Staat um alle. Ist es nicht so?

Natürlich nicht. Entschuldigen Sie bitte meinen Sarkasmus. Ich will nicht respektlos erscheinen, aber trägt es nicht wirklich enorm zur *Stabilität* einer Gesellschaft bei, wenn man die Wahrheit hochhält? – Dass sexuelle Intimität, die in der Ehe stattfindet, doch sehr wohlwollende Auswirkungen hat? Ohne diese durchaus zumutbare Grenze gäbe es keinen Unterschied zwischen uns und den Tieren – Aufeinandertreffen, Paarung, Vermehrung, und zwar sooft uns der Trieb überkommt. Das hat Gott vielleicht für Pandabären, Schnabeltiere, Orang-Utans und Tintenfische so vorgesehen, aber es ist sicher nicht sein Plan für Männer und Frauen, die er nach seinem Ebenbild geschaffen hat.

Natürlich geht es beim Sex nicht nur allein ums Spaßhaben. Vielmehr geht es darum, welche Art von langfristiger Beziehung man führen möchte; wie die Gesellschaft aussehen soll, in der wir leben, und wie wir unsere Kinder – die nächste Generation – prägen wollen. Und es hat auch damit zu tun, welchen Charakter wir selbst darstellen und unter Beweis stellen wollen – sowohl in unserem eigenen Leben als auch in dem Leben anderer.

Lassen Sie mich kurz in einem Bild beschreiben, was ich meine: Denken Sie einmal an einen Haufen Ziegelsteine und an ein fertiggestelltes Backsteinhaus. Wenn nun ein Tornado aufzieht, was würde geschehen? Bestenfalls blieben die Ziegelsteine liegen oder würden sich durch den Sog in gefährliche Geschosse verwandeln. Ein solide gebautes Haus hingegen kann einem kräftigen Tornado Widerstand leisten, ohne allzu großen Schaden zu nehmen. Worin besteht nun der Unterschied? Die Ziegelsteine haben nichts, was sie miteinander verbindet, während das gemauerte Backsteinhaus geradezu eine schützende Festung darstellt.

Bitte verzeihen Sie mir diesen baustofflichen Vergleich, aber nur um in dem Bild zu bleiben, kann man sich Sex als den Mörtel vorstellen, der eine Ehe zusammenhält, die Familie, die Gemeinschaft und letztlich die Gesellschaft.

Sollten Sie dieses Buch als ein unverheiratetes Paar miteinander lesen, als zwei Singles, die über ihre Hochzeit nachdenken und herausfinden wollen, wie weit Sie in Sachen Sex vorher miteinander gehen können – ohne einander das eheliche Treueversprechen abzugeben –, dann hoffe ich, dass Sie inspiriert werden, Ihr Ja zueinander zu finden und Ihre Beziehung Gottes perfektem Plan entsprechend zu gestalten. Falls Sie bereits verlobt sind, dann hoffe ich, dass Ihnen dieses Buch eine wertvolle Grundlage sein kann, gesund in die Ehe zu starten. Und als verheiratetes Paar, das versucht, den ganzheitlichen Blick für mehr Liebe, Sex und Erotik in der Ehe zu festigen, um dem Haus noch mehr Fundament und Mörtel zu geben, wünsche ich Ihnen beim Entdecken die nötige Inspiration und Offenheit.

3. WAS, WENN MAN BEREITS ZU WEIT GEGANGEN IST?

Vielleicht haben sich Ihnen beim Lesen des vorigen Kapitels die Nackenhaare gesträubt. Und vielleicht fragen Sie sich: Weiß denn die Mehrheit der Christen darum, dass Gott Sex nur innerhalb der Ehe vorgesehen hat? – Höchstwahrscheinlich. Aber leben Menschen immer so, wie es ihrem Glauben entspricht? – Sicherlich nicht. Eher *selten*, wäre wahrscheinlich sogar die ehrlichere Antwort.

Warum sage ich das? Immer wenn ich erzähle, dass mein Mann eine sechsundzwanzigjährige Jungfrau war, als wir heirateten, reagieren die Leute darauf verwundert: *„Wow, das ist aber selten!"* Ich hingegen gehörte zu den geschätzten 90 Prozent, die am Tag ihrer kirchlichen Hochzeit nicht mehr unschuldig vor den Altar treten. Als Christin wusste ich zwar, dass vorehelicher Sex nicht richtig ist, aber mein Herz war zu hungrig, um der sexuellen Versuchung zu widerstehen. Und obwohl Greg entschlossen war, nicht demselben Klub beizutreten wie ich, muss ich gestehen, dass ich sogar versucht habe, ihn mit hineinzuziehen. Ich weiß noch, dass ich ihn ganz besonders angemacht habe, als wir einige Wochen vor der Hochzeit unser Haus kauften. Ich wünschte mir, dass er mit mir dort bereits einziehen oder wenigstens die Nächte verbringen sollte, damit ich nicht so alleine war. „Die gemeinsame Hypothek, die wir für das Haus aufgenommen haben, empfinde ich viel verbindlicher als eine Heiratsurkunde!", behauptete ich ihm gegenüber. Meinen jungfräulichen Verlobten überzeugte das nicht. Greg war zwar unerfahren, aber nicht blauäugig. Er wusste sehr wohl, was passieren würde, wenn wir unter demselben Dach schliefen. Und obwohl ich damals meinen Willen nicht bekommen habe, bin ich ihm inzwischen unendlich dankbar dafür, dass er in solchen Momenten Charakterstärke bewiesen hat.

Nicht jeder Partner ist so selbstbeherrscht, bevor er die Liebe seines Lebens heiratet. Und letztlich entwickelt sich im Lauf der Zeit innerhalb einer Beziehung sexuell gesehen eine interessante Eigendynamik. Es ist wichtig, sich das bewusst zu machen. Denn solch eine Entwicklung kommt nicht von und führt nicht zu ungefähr. Damit Sie aber gemeinsam als Ehepaar beginnen können, die Beziehung und Leidenschaft zu entwickeln, die Sie sich für Ihre Ehe wünschen, sollten Sie sich dies einmal vor Augen führen. (An anderer Stelle werden wir uns noch eingehender damit beschäftigen, was es heißt, mit Verletzungen aus früheren Beziehungen umzugehen, nur hier soll es schon einmal darum gehen, was Sie beide vor Ihrem Hochzeitstag an Erlebtem aus Ihrer Beziehung mit sich bringen.)

Nehmen wir einmal an, Sie gehören genauso wie ich zu dem Klub der 90 Prozent. Vielleicht erlagen Sie beide Ihrer sexuellen Anziehungskraft füreinander und haben die volle Verantwortung dafür übernommen, anstatt sich gegenseitig etwas vorzuwerfen. Anschließend haben Sie sich wieder Ihren rosafarbenen Jerseyslip und die grün karierte Boxershorts mit dem abgewetzten Bund hochgezogen und für Ihren Mangel an Selbstbeherrschung voreinander entschuldigt, einander verziehen und als Paar weitergelebt. Glücklicherweise hat niemand größeren seelischen Schaden davongetragen, niemand wurde absichtlich verletzt und es gab weder Tränen noch Vorwürfe. Wenn das so ist, gratuliere ich! Leider erzählen viele Paare eine ganz andere Geschichte:

- „Mein Mann wusste, dass ich jungfräulich in die Ehe gehen wollte, aber er hat nicht aufgehört, immer weiter zu gehen und sein Glück zu forcieren … bis er schließlich bekam, was er wollte. Auf meine Kosten. Weil ich nicht erkannte, dass das, was da passierte, respektlos war. Statt ihn in seine Schranken zu weisen, gab ich ihm, was er wollte, aus Angst ich würde ihn sonst verlieren. Danach hatte ich das Gefühl, ihn heiraten zu *müssen*. Ich hatte meine Unschuld verloren – wer hätte mich so noch gewollt? Achtzehn Jahre später kann ich ihm immer noch nicht verzeihen, wie er damals meinen Traum zerstört hat und dass ich mich seitdem wie eine Heuchlerin fühle. Als ich mich an meinem Hochzeitstag in Weiß im Spiegel sah, hätte ich weinen können."

- „Bei der ersten Verabredung mit meiner späteren Frau hatte ich keine Ahnung, dass Sex so schnell ein Thema sein würde. Ich fühlte mich vollkommen überrumpelt. Als ich realisierte, was da eigentlich geschah, hatte sie bereits Vollgas gegeben. Weder sie noch ich konnten uns bremsen. Ich bin süchtig nach ihr geworden. Gleichzeitig hasse ich mich dafür, was ich geworden bin – ein vom Sex abhängiger Mann, der vieles, was Sitte und Anstand betrifft, über den Haufen geworfen hat. Dass Misstrauen, Unsicherheiten und Eifersucht *große* Themen unserer Beziehung sind, selbst noch nach so vielen Jahren, muss ich nicht extra betonen."

- „Als wir noch nicht miteinander verheiratet waren, bestand bereits eine Art beiderseitige Abhängigkeit zwischen uns. Ich sah in ihm eine ‚Vaterfigur', während ich wie Balsam für seine verwundete Seele war, nachdem ihn seine vorige Freundin verlassen hatte. Aber damals war uns das egal, und deshalb haben wir miteinander geschlafen, auch um unseren inneren Schmerz zu betäuben. Das hat letztlich nur noch zu mehr Problemen geführt, auch in unserer Ehe. Oft wünsche ich mir, die Zeit zurückdrehen und noch einmal von vorne anfangen zu können, und zwar ganz anders. Nur habe ich keine Ahnung, wie ich das anstellen soll."

- „Manchmal fühle ich mich in meinen Beziehungen wie der schwächere Part, weil immer ich derjenige bin, der zurücksteckt, nur damit ich mich geliebt fühle. Noch nie hat mich eine Frau so geliebt, wie ich wirklich bin. Immer ging es darum, im Bett den Mann zu stehen. Während andere Männer genau das vielleicht toll finden – ein Spielzeug ihrer Frau zu sein –, fühle ich mich dabei wertlos … und bin mittlerweile in jeder Beziehung immer etwas nervös, weil ich denke, dass sie sich vielleicht schon bald von einem anderen schnuckeligen ‚Lebensabschnittspartner' den Kopf verdrehen lässt."

Sex ohne den verbindlichen Rahmen einer Ehe kann eine Menge Schaden anrichten. Insbesondere dann, wenn einer der Partner sich manipuliert oder auf andere Weise ausgenutzt fühlt. Wurzeln in einer Beziehung bzw. in einer Ehe solche tiefen Gefühle von erlittenem Verrat, ist häufig therapeutische Hilfe ratsam. Wenn Sie meinen, in Ihrem Fall könnte das erforderlich sein, kann ich Sie nur ermutigen, diese professionelle Hilfe in Anspruch zu nehmen. Eheberatung bzw. eine seelsorgerliche oder therapeutische Begleitung ist meiner Meinung nach eine der besten Investitionen von Zeit, Geld und Energie, die man diesbezüglich als Paar machen kann.

Der Prozess der Heilung, was solche Verletzungen aus der Vergangenheit betrifft, lässt sich sicher auch dadurch unterstützen, dass Sie zwei kleine Schritte unternehmen, die einen *beachtlichen* Einfluss darauf haben, wie sich Ihre Beziehung insgesamt entwickeln wird.

1. Kümmern Sie sich um die Aspekte, die Ihr Sexleben in der Ehe behindern oder stören.
2. Machen Sie einen reinen Tisch. Vergangenes ist vergangen. Verzeihen Sie sowohl sich selbst als auch Ihrem Partner.

Vor einiger Zeit habe ich eine Frau in Gesprächen begleitet, die um den Verlust ihrer Jungfräulichkeit trauerte, die sie verloren hatte, als sie mit ihrem späteren Ehemann noch nicht verheiratet war. Zunächst bemühte ich mich darum, ihr mein Mitgefühl, so viel wie ich nur konnte, entgegenzubringen. Doch als ich feststellte, dass ich an dieser Stelle nicht weiterkam, stellte ich ihr eine etwas provokante aber schlichte Frage:

„Wie war das eigentlich damals? Hat er Ihnen die Pistole auf die Brust gesetzt, dass Sie mit ihm schlafen?"

Zuerst war sie schockiert, aber kurz darauf machte es Klick bei ihr. Ich sah förmlich, wie sich die harten Falten in ihrem Gesicht glätteten, als sie mir in die Augen sah und zugab: „Nein. Nein, das hat er nicht getan."

Sie hatte unübersehbar ein Aha-Erlebnis und ich erwartete, dass sie nun aufstehen und rufen würde: „Hurra! Ich muss mich nicht länger als Opfer fühlen!" In Wahrheit waren nämlich *beide* verantwortlich für das, was sie getan hatten. Nicht nur er war hier der Schuldige. Letztendlich hatten sich beide zu diesem Schritt entschlossen. Sie hätte sich genauso gut weigern können wie er. Sie hatte alle Freiheit wie er.

Was den Umgang mit unserer Sexualität betrifft, so sind wir immer frei, unsere eigene Entscheidung zu treffen, solange wir nicht gezwungen oder vergewaltigt werden. Manchmal legen wir es aber auch darauf an, in einem gewissen Maße überwältigt zu werden. So ehrlich müssen wir sein. Nicht immer spiegelt nämlich ein „Nein" in Worten das wider, was unsere letztliche Reaktion und Handlung angeht. In der Hitze des Gefechts spielen auch sie eine Rolle, denn ein Ausgesprochenes „Nein" bedeutet in Konsequenz auch die Finger vom anderen zu lassen.

Manchmal müssen wir einfach ehrlich sein, die Opferhaltung aufgeben, und uns selbst eingestehen, dass wir uns damals willentlich hingegeben haben. Jahrelang in der Opferhaltung zu bleiben, tut nicht gut, weder einem selbst noch der Beziehung. Wenn beide Partner erkennen, dass es keine Opfer von damals her gibt, sondern nur anfangs-zögerliche-dann-aber-doch-einverstandene Partner, dann ist die sich anschließende Vergebung darüber keine Einbahnstraße mehr, sondern wird zu einer zweispurigen Schnellstraße. Es ist viel leichter, jemandem zu verzeihen, wenn klar wird, wie sehr wir selbst Vergebung nötig haben wegen genau desselben Vergehens. Niemand wird einen Stein werfen, wenn ihm bewusst ist, dass er selber eigentlich auch an den Pranger gehört.

Falls dieser Abschnitt bei Ihnen oder Ihrem Partner etwas angestoßen hat, empfehle ich Ihnen, das Gespräch mit Ihrem Partner zu suchen und im Gebet mit Gott und mittels seiner Vergebung Ihre sexuell voreheliche Vergangenheit hinter sich zu lassen, damit Ihre Arme weit geöffnet sind für die fantastische Zukunft, die er für Sie im Ehebett bereithält.

Der Ursprung von Sex

4. WAS STEHT IM ALTEN TESTAMENT ZUM THEMA SEXUALITÄT?

Im Jahr 2004 haben wir ein großes Bauprojekt angefangen. Wir wollten eine alte Blockhütte räumlich aufstocken und so ein Ferienhaus in eine traumhafte Villa verwandeln. Obwohl wir mit einem ganzen Team von Bauzeichnern, Maurern, Installateuren, Elektrikern und anderen Handwerkern zu tun hatten, bestand unser erster Schritt darin, eine Beziehung zu dem Architekten aufzubauen, der eine viel klarere Vorstellung von dem Projekt hatte als wir. Einige Monate später und nachdem wir einige Tausend Dollar in diese Beziehung investiert hatten, hielten wir die Blaupausen, Pläne und Genehmigungen in der Hand, auf die wir uns während der gesamten Bauphase stützen konnten.

> Wenn wir unser persönliches Ehe-Traumschloss errichten und darin leben wollen, müssen wir gelegentlich genau das tun – uns mit dem Architekten in Sachen Sex und Ehe in Verbindung setzen und uns auf seine ursprünglichen Entwürfe besinnen, um sicherzugehen, dass wir beim Aufbauen unseres Ehebetts einem soliden Plan folgen.

Wenn wir unser persönliches Ehe-Traumschloss errichten und darin leben wollen, müssen wir gelegentlich genau das tun – uns mit dem Architekten in Sachen Sex und Ehe in Verbindung setzen und uns auf seine ursprünglichen Entwürfe besinnen, um sicherzugehen, dass wir beim Aufbauen unseres Ehebetts einem soliden Plan folgen. Und dazu gibt es keinen besseren

Ansatz als in der Bibel nachzulesen, und zwar sowohl im Neuen Testament (das wir uns später anschauen werden) als auch im Alten Testament, in dem Gott uns vor allem seine Ansichten über die Sexualität erläutert, z. B.:

- seinen ursprünglichen Plan
- Regeln
- Moral und Anstand
- Konsequenzen bei Fehltritten
- Warnungen und Weisheiten

Obwohl Sie das wahrscheinlich alles schon einmal gehört haben, hoffe ich sehr, dass Sie offen sind für neue Gedankenansätze, wenn wir uns mit diesen wunderbaren Blaupausen und Plänen für eine gesunde Sexualität befassen:

Gottes ursprünglicher Plan

In den ersten Kapiteln des ersten Buchs Mose erschafft Gott den Menschen nach seinem Bild. Er haucht uns Atem ein und segnet unsere Männlichkeit wie Weiblichkeit und unsere Beziehung zueinander. Außerdem lädt er den Menschen ein, sich zu vermehren und die Erde zu bevölkern:

„So schuf Gott den Menschen als sein Ebenbild, als Mann und Frau schuf er sie. Er segnete sie und sprach: ‚Vermehrt euch, bevölkert die Erde, und nehmt sie in Besitz!‘“ 1. Mose 1,27–28

„Adam schlief mit seiner Frau Eva, sie wurde schwanger und brachte einen Sohn zur Welt.“ 1. Mose 4,1

Bereits auf seinen ersten Seiten macht das Alte Testament eines deutlich: Es gibt absolut keinen Grund, verlegen zu sein, sich gehemmt zu fühlen bzw. Schuld oder Scham zu empfinden, wenn Gottes Plan von Sexualität in der Ehe vollzogen wird.

„Der Mann und die Frau waren nackt, sie schämten sich aber nicht."
1. Mose 2,25

Aber dann kam die Sünde ins Spiel (1. Mose 3). Und schon bald waren deutlichere Grenzen nötig, damit die Menschen nicht sich selbst oder anderen im Umgang Schaden zufügten. Doch weil Gott so ein liebender, fürsorglicher, beschützender Gott ist, der an unserem Wohl interessiert ist, hat er uns einige Richtlinien mit auf den Weg gegeben, gut mit unserer Sexualität umzugehen.

Regeln
Im dritten Buch Mose, besonders in den Kapiteln 18–20, warnt uns die Bibel vor bestimmten Sexualpraktiken:

* **Inzest** *„Niemand von euch darf mit einer Blutsverwandten schlafen."* 3. Mose 18,6
* **Homosexualität** *„Ein Mann darf nicht mit einem anderen Mann schlafen, denn das verabscheue ich."* 3. Mose 18,22
* **Zoophilie (Sex mit Tieren)** *„Kein Mann und keine Frau darf mit einem Tier verkehren. Wer es tut, macht sich unrein und lädt große Schande auf sich."* 3. Mose 18,23
* **Prostitution** *„Entehrt eure Töchter nicht, indem ihr sie zur Prostitution anstiftet! Sonst wird das ganze Land zu einer Stätte des Treuebruchs, und ich verabscheue alles, was dort geschieht."* 3. Mose 19,29
„Keine Frau und kein Mann aus eurem Volk soll im Namen eines Gottes der Prostitution nachgehen." 5. Mose 23,17
* **Seitensprung** *„Wenn ein Mann mit der Frau eines anderen […] die Ehe bricht, sollen beide getötet werden."* 3. Mose 20,10 (Wir werden darauf noch zu sprechen kommen, denn Jesus zeigt uns in den Evangelien einen noch wirkungsvolleren Umgang mit dem Thema Fremdgehen als das Töten aller Beteiligten.)

Zusätzlich zu diesen wichtigen Regeln, die das menschliche Sexualverhalten in gute Bahnen lenken wollen, beschreibt Gott an anderer Stelle, dass er persönliche Selbstbeherrschung in Sachen Sex hoch anrechnet.

Moral und Anstand

Im 1. Buch Mose 39,6–12 findet sich die Geschichte von Joseph, der von seinen Brüdern in die Sklaverei verkauft wurde. Ein Mann namens Potiphar erwarb ihn, da dessen Frau Gefallen an Joseph gefunden hatte. Offenbar war es ihr nicht entgangen, dass Joseph ein ziemlich attraktiver Mann war, denn schon bald darauf verlangte sie, dass er mit ihr schlafen sollte. Eine Aufforderung, deren Nichtbefolgung schwerwiegende Konsequenzen für Joseph mit sich bringen würde. Joseph aber wusste, dass es für ihn viel schlimmer war, seinem Herrn nicht treu und gehorsam zu sein. Als sie nun eines Tages auf Tuchfühlung gehen wollte, nahm Joseph die Füße in die Hand und rannte davon. Um ihre Begierde und ihr Vorhaben zu vertuschen, behauptete Potiphars Frau nun ihrem Mann gegenüber, Joseph hätte versucht, sie zu vergewaltigen. Joseph wurde daraufhin eingesperrt – zu Unrecht. Das ist nun wirklich nicht fair, oder? Aber so endet die Geschichte auch nicht.

Ein paar Jahre später, die Joseph damit verbrachte, tagein, tagaus demütig seine Grütze zu löffeln, in seiner Beziehung zu Gott zu wachsen und sich um seine Mitgefangenen zu kümmern und ihnen von Gott zu erzählen, deutete Joseph für den König einen Traum. Zur Belohnung für seine Klugheit und seine guten Ratschläge wurde er nicht nur aus dem Gefängnis freigelassen, sondern er erhielt auch eines der wichtigsten Ämter im Land – eine Position, die es ihm später ermöglichte, seine ganze Familie zu retten.

Und die Moral von der Geschichte?

Erstens: Um der Versuchung durch das andere Geschlecht zu widerstehen, darfst du wegrennen. Das ist keine Schande! Und zweitens: Gott gefällt es sicher, wenn wir standhaft bleiben – auch wenn dies vielleicht unangenehme Folgen nach sich zieht. Und vielleicht wird er es am Ende auch belohnen, wenn wir integer geblieben sind.

Leider aber hatten nicht alle Menschen, über die das Alte Testament berichtet, eine vergleichbare Charakterstärke wie Joseph.

Konsequenzen bei Fehltritten

Im elften und zwölften Kapitel des zweiten Buchs Samuel findet sich die Geschichte von König David, wie er die badende Schönheit namens Batseba beobachtete. Obwohl er wusste, dass sie verheiratet war, ließ David nach ihr schicken und sie zu sich ins Schlafgemach kommen. Seine Lust war ausschlaggebend für den Seitensprung und damit für den Ehebruch. Und wer bald darauf verkündete, dass König David Nachwuchs bekommen würde, war nicht schwer zu erraten. – Natürlich Batseba.

David geriet in Panik und dachte sich einen gewieften Plan aus, damit es so aussah, als ob Uria, Batsebas Ehemann, sie geschwängert hätte. Aber der Plan schlug fehl, weil Uria sich weigerte, mit seiner Frau zu schlafen, während seine Soldaten in die Schlacht zogen. Also entschied sich David für den unvorstellbar abscheulichen Plan B: Er befahl die Kompanie von Uria direkt an die Front, in den sicheren Tod. Und so wurde der Ehebrecher zum Mörder.

Nachdem Batseba um ihren Ehemann getrauert hatte, brachte David sie in seinen Palast, heiratete sie (er hatte zu der Zeit bereits einige andere Frauen) und sie gebar ihm einen Sohn. Damit schien das Problem gelöst, oder? Nicht wirklich! An dieser Stelle berichtet die Bibel, dass „der Herr aber verabscheute, was David getan hatte" (1. Samuel 11,27).

Anschließend erzählte der Prophet Nathan König David eine Geschichte. Sie handelte von einem verabscheuungswürdigen reichen Mann, der ein kleines Lamm von einem armen Mann stahl, obwohl er selbst riesige Herden besaß. David war außer sich vor Zorn und verlangte, dass dieser Mann bestraft würde. Doch dann bekam er plötzlich Gewissensbisse, da ihm bewusst wurde, dass die

Geschichte in Wirklichkeit von ihm handelte und davon, was er Uria angetan hatte. Obwohl Gott David diesen außerordentlichen Fehltritt vergab und ihm sein Leben schenkte, folgten nichtsdestotrotz harte Konsequenzen: sein eigenes Haus, seine Familie, rebellierte gegen ihn, seine Frauen wurden öffentlich von anderen Männern verführt und das Kind, das er mit Batseba gezeugt hatte, starb. Glücklicherweise erlaubte Gott ihnen, ein weiteres Kind zu zeugen, und ihr Sohn, Salomo, den der Herr liebte, wurde einer der weisesten Herrscher in der Geschichte.

Warnungen und Weisheiten
So war es denn auch niemand Geringerer als König Salomo, der das Buch der Sprüche verfasste. Weisheiten, die uns befähigen sollen, „gute Ratschläge zu erkennen und anzunehmen. Durch sie gewinnst du Einsicht; du lernst, aufrichtig und ehrlich zu sein und andere gerecht zu behandeln" (Sprüche 1,2–3). Und selbstverständlich darf bei einem solchen Buch auch nicht der Lebensbereich der Sexualität fehlen und wie man sich vor Versuchungen schützen kann. Salomo berichtet sehr anschaulich darüber, wie sich da ein Fehlverhalten vermeiden lässt:

„Mein Sohn, willst du dich wirklich mit einer anderen vergnügen und mit einer fremden Frau schlafen?" Sprüche 5,20

„Kümmere dich um die Weisheit wie um deine Schwester, mach dir die Einsicht zur besten Freundin! Das wird dich schützen vor jeder fremden Frau, die dir mit schmeichelnden Worten den Kopf verdrehen will. Einmal stand ich am Fenster und schaute hinaus auf die Straße. Dort sah ich eine Gruppe noch unerfahrener junger Männer. Einer von ihnen fiel mir durch sein kopfloses Verhalten auf. Er lief die Straße hinunter, an deren Ecke eine bestimmte Frau wohnte, und ging auf ihr Haus zu. Inzwischen war es schon dunkel geworden. Da kam sie ihm entgegen, herausgeputzt und zurechtgemacht wie eine Hure. Sie war sich ihres Erfolgs sicher." Sprüche 7,4–10

„Mit diesen Worten reizte und erregte sie den jungen Mann."
Sprüche 7,21

„Denn sie hat schon viele Männer zu Fall gebracht, die Zahl ihrer Opfer
ist groß. Lasst euch von solch einer Frau nicht verführen, sondern geht
ihr aus dem Weg! Ihr Haus steht am Rand des Abgrunds; wer zu ihr
geht, den reißt sie mit in den Tod." Sprüche 7,25–27

Wie sich die Geschichte von den Geschlechtern her abspielt, ist
durchaus austauschbar. Problemlos könnte man diese umkehren,
denn diese Textstelle dient genauso als Warnung vor sehr offenherzigen Frauen wie vor sexuell freizügigen Männern. Sowohl
Ehemänner als auch Ehefrauen haben klug und vorsichtig zu sein,
um nicht versucht zu werden. Und es ist wirklich interessant, was
Salomo vorschlägt, um solchen möglichen Verlockungen und Tech-
telmechteln von Anfang an keine Bedeutung zu schenken – nämlich
ein wunderbares Sexleben mit dem Ehepartner, den Gott einem an
die Seite gestellt hat, zu pflegen.

„Freu dich doch an deiner eigenen Frau!
Ihre Liebe ist wie eine Quelle,
aus der immer wieder frisches Wasser sprudelt.
Willst du sie verlieren, weil du dich mit anderen einlässt?
Dir allein soll ihre Liebe gehören,
mit keinem anderen sollst du sie teilen!
Erfreue dich an deiner Frau,
die du als junger Mann geheiratet hast.
Bewundere ihre Schönheit und Anmut!"
Sprüche 5,15–19

Auch diese Verse gelten wieder für den Ehemann wie die Ehefrau.
Sie ermutigen uns, kreativ immer mehr die Liebe zu gestalten und
zu pflegen, die wir zu dem Menschen an unserer Seite haben, als
anderswo nach neuen Reizen Ausschau zu halten. Und wenn es uns

da wirklich gelingt, uns als Ehepartner so gegenseitig wahrzunehmen, dass wir einander uns unsere sexuellen Bedürfnisse, Wünsche und Vorlieben befriedigen können, wird insgesamt aus unserer Liebe ein unglaublich starkes Band, das uns schützt – vor den falschen Versuchungen wie den zerstörerischen Machenschaften des Teufels.

Bislang haben wir uns nur ein paar Stellen des Alten Testaments angeschaut, in denen Gottes wunderbarer Plan in puncto Sexualität beschrieben wird. So viel sei vorab gesagt: Sie dürfen gespannt sein auf weitere Schätze, die Gottes Wort in Sachen Sex bereithält, unter anderem in den Psalmen und beim Propheten Hosea.

5. WARUM IST DAS HOHELIED BESTANDTEIL DER BIBEL?

Während eines Flugs von Dallas nach Los Angeles saß ich einmal in einer Reihe neben zwei Herren mittleren Alters, die offensichtlich gemeinsam unterwegs waren und geistliche Ämter zu bekleiden schienen. Sie unterhielten sich über Kirchenpolitik, Glaubensfragen und die Bibel. Selbstverständlich ging mein Radar sofort auf Empfang, als ich hörte, wie sie anfingen über das Hohelied Salomos zu reden.

Der jüngere Mann, der am Fenster saß, sagte: „Es ist offensichtlich, dass das Hohelied Salomos als Metapher beabsichtigt ist, die für Gottes Liebe zu seinem Volk steht."

Der ältere Mann, der zwischen uns saß, antwortete selbstbewusst: „Das ist ein guter Gedanke, aber ich glaube, es handelt mehr von der Leidenschaft, die wir als Menschen empfinden, und der Ehe auf Erden. Schließlich wird Gott in dem gesamten Text nicht ein einziges Mal erwähnt."

Im Augenwinkel sah ich wie der jüngere Mann nun eine Augenbraue hob, ein „Hmpf" von sich gab, sich umdrehte und aus dem Fenster sah. Kurz darauf konterte er: „Aber warum ist das Hohelied Salomos dann überhaupt in die Bibel aufgenommen worden?"

In meinem Sitz am Gang erwartete ich nun auch gespannt die Antwort. Ich hielt den Atem an, während ich gleichzeitig der Versuchung widerstand, mich dem Mann in der Mitte zuzuwenden und ihn persönlich zu fragen: „Ganz genau, warum steht es denn überhaupt in der Bibel, wenn es mehr um menschliche Leidenschaft geht als um göttliche?"

Um ein besseres Verständnis dafür zu entwickeln, warum diese Texte überhaupt Bestandteil der Bibel sind, sollten wir uns vor Augen führen, was für kulturelle Gepflogenheiten zu der Zeit herrschten, als diese Verse geschrieben wurden. Damals war das Nachbarvolk der Israeliten die Kanaaniter, die ihren eigenen Gott (Baal) verehrten. Ihrem Glauben nach garantierte die Verehrung Baals Fruchtbarkeit und Wohlergehen. Infolgedessen gehörte das Ausüben kultischer Prostitution zur Anbetung, da Sex zwischen einem Anbetenden und einem Hohepriester vermutlich Regen herbeirufen sollte und eine gute Ernte. Weigerte sich jedoch jemand, solche sexuellen Beziehungen einzugehen und war dann die Ernte schlecht oder wenig ertragreich, bedingt durch Dürre oder andere Plagen, wurde das dem sexuellen Spielverderber sofort angelastet. Und dieser wiederum durfte sich sicher sein, dass er die Empörung aller Kanaaniter auf sich zog.[4] Folglich wurden die Menschen per se und von vornherein unter Druck gesetzt, Sex zur Anbetung Baals und zum Wohle des Volkes zu haben.

Das Hohelied Salomos wollte die Israeliten daher an die heilige Unantastbarkeit des Geschlechtsverkehrs innerhalb der Ehe erinnern. Zu diesem Zweck führte der Verfasser ein unvergleichlich schönes Bild vor Augen, wie diese Leidenschaft innerhalb einer *einzigen und alleinigen* Liebesbeziehung pulsiert. Eine Beziehung, die sich eben nicht auf kultische Prostitution gründet, sondern auf Verbindlichkeit. Die dort gezeigten Liebenden sind einander so zugetan, dass sich absolut niemand dazwischendrängen kann. Ihre Zuneigung und Verbindung ist eine Feier körperlicher wie emotionaler Anziehungskraft, einer überwältigenden Leidenschaft, eines verzehrenden Verlangens, einer sowohl in Worte gefassten als auch sexuellen Liebeserklärung.

Aber was hat *das* mit *Gott* zu tun?

Es hat *alles* mit Gott zu tun, weil er selbst all diese Dinge erschaffen hat.

Ich bin mir sicher, Gott wusste von Anfang an, dass die sexuelle Leidenschaft das Hauptthema für uns Menschen sein würde, das uns mehr beschäftigt, ablenkt, in Beschlag nimmt, verwirrt, verstört, erregt und fasziniert als alles andere. Ein Blick ins Kinoprogramm, auf die Titelliste eines Musikalbums, in eine Zeitschrift oder in irgendein anderes Medium unter der Sonne genügt. Sex verkauft sich, weil das unstillbare Verlangen danach etwas ist, das alle sexuellen Wesen gemein haben.

Peter Kreeft, ein Professor der Philosophie am Boston College, hat einmal gesagt: „Es gibt kein anderes Thema auf der Welt, das hitziger diskutiert wird und über das wir dennoch so wenig wissen [...] Die Tatsache, dass es Tausende von Ratgebern zum Thema ‚Was sind die besten Sex-Tipps?' gibt, bedeutet nicht, dass wir uns damit besonders gut auskennen; tatsächlich könnte man wohl eher das Gegenteil behaupten. Nur wenn jeder zu Hause eine tropfende Wasserleitung hat, kaufen die Leute Bücher darüber, wie man Rohre abdichtet."⁵

Lange Zeit bevor Bücher zu dem Thema Sex auf dem Markt erschienen, präsentierte Gott seinen eigenen stürmischen Liebesbestseller, nämlich das Hohelied Salomos. Und wenn man beim Lesen die richtige Brille aufsetzt, können *Playboy*, *Penthouse* und andere Männermagazine damit in keinster Weise konkurrieren.

Ich selbst habe das Hohelied Salomos schon oft gelesen. Mittlerweile glaube ich, dass es nicht nur geschrieben wurde, um Liebe, Partnerschaft, Ehe und Sex wertzuschätzen, sondern auch um zu beschreiben, wie wunderbar Gott den menschlichen Körper und das Gehirn geschaffen hat. Denn schaut man einmal genauer hin, kann man feststellen, wie intensiv die Reize körperlicher Erregung und sexueller Leidenschaft von unseren menschlichen fünf Sinnen wahrgenommen und beschrieben werden:

- **der Geschmack** – Küsse wie guter Wein, ein Liebhaber so genussreich wie ein Apfelbaum, wie Honig schmecken die Lippen, süße Honigmilch fließt unter der Zunge
- **der Geruch** – exquisite Düfte, Beutel mit Myrrhe zwischen den Brüsten, Bündel von Hennablüten, der Wohlgeruch blühenden Weines, der Rauch feiner Gewürze
- **das Gehör** – das Gurren der Tauben, die süße Stimme eines Liebenden, Springbrunnengeplätscher im Garten, ein Brunnen mit fließendem Wasser, das leise Anklopfen des Liebenden
- **der Tastsinn** – ein grünes Bett, die Umarmung des Liebenden, Sehnsucht nach dem Anblick, der Stimme und dem Körper des Geliebten, ein verliebter Blickwechsel, ein verschlossener Garten, eine eingefasste Quelle, ein versiegelter Springbrunnen, das Herzklopfen bei der Ankunft und Trauer über die Abwesenheit des Geliebten, eine durch die Liebe hervorgerufene Schwäche, unstillbares Verlangen
- **das Sehen** – feine Gesichtszüge bis hin zu intimen Körperteilen werden mit so eindrucksvollen Bildern beschrieben wie einer angeschirrten Stute, einem roten Band, Granatapfelhälften, Juwelenketten aus Gold, Silber, poliertem Elfenbein, Saphiren, Marmor, Tauben, Lilien unter Dornen, Gazellen, Ziegen- und Schafherden, der Helligkeit des Mondes, der leuchtenden Sonne, den majestätischen Sternen

Wenn also das Hohelied Salomos so inbrünstig und ohne Scham den Kuss zweier Liebenden beschreibt, den Nabel der Frau als Weinschale preist (Hohelied 1,2; 7,2), während ihre Gestalt „einer hohen Dattelpalme" gleicht und ihre Brüste „den Trauben am Weinstock", sodass ihr Liebhaber erklärt: „Ich will auf die Palme steigen und ihre reifen Früchte genießen" (7,7–8), dann dürfen wir uns einer Sache ganz sicher sein: Gott verlangt von uns *keine* Bescheidenheit, wenn es um Lust, Begierde und Leidenschaft in der Ehe geht.

Warum um alles in der Welt sollte unser Blick auf Sex und Ehe anders sein? Warum sollte er sich nicht an dem orientieren dürfen, was Gott für uns vorgesehen hat? Was hindert uns daran, dies in einer alleinigen, leidenschaftlichen Beziehung mit unserem persönlichen Liebhaber, unserem Ehemann bzw. unserer persönlichen Liebhaberin, unserer Ehefrau, so zu leben?

Noch ein Gedanke zum Schluss: Teilweise bis heute noch nutzen andere Religionen Gruppensex oder Prostitution, um irgendwelche impotenten Götter anzurufen. (Manche Menschen brauchen dafür auch weder eine Religion noch Götter.) Wir aber haben die Freiheit unseren allmächtigen Gott durch das Geschenk, das er uns mit der Sexualität gemacht hat, zu loben und zu ehren, und zwar mit aller Sinnenfreude, die dazugehört.

Nachdenkenswert
- Welcher Ihrer fünf Sinne steht für Sie persönlich beim Liebesakt besonders im Vordergrund?
- Können Sie sich vorstellen, dass Gott uns ein solches Feuerwerk der Sinne für die eheliche Intimität bereitet hat? Warum oder warum nicht?
- Nehmen Sie Ihre Sinnesempfindungen beim nächsten Liebesakt einmal bewusst wahr:
  - Schauen Sie Ihrem Partner bzw. Ihrer Partnerin dabei tief in die Augen.
  - Wie schmeckt und riecht sein/ihr Körper, klopft sein/ihr Herz, wie hören sich Atmung und Stimme an, wenn Sie zärtlich miteinander sind?
  - Genießen Sie den Hautkontakt.

Vielleicht entsteht dabei plötzlich ein tiefes Gefühl der Anbetung und Dankbarkeit gegenüber dem Urheber unserer Sexualität.

6. WARUM WILL GOTT EINEN SEINER PROPHETEN MIT EINER PROSTITUIERTEN VERHEIRATEN?

Ich mache regelmäßig Witze über den wohlgemeinten Ratschlag mancher Eltern, wenn sie ihren Töchtern raten, einen Arzt oder Anwalt zu heiraten. Ich habe diesen Ratschlag etwas abgewandelt, und zwar in: „Heirate einen Vermögensverwalter!" Das hat seinen Grund: Mein Ehemann ist Wirtschaftsprüfer und ich brauche seit zwanzig Jahren keine Steuererklärung mehr auszufüllen. Sogar um meine Kontenführung würde er sich kümmern, wenn ich nicht selbst so ein Kontrollfreak wäre.

Doch auch Söhne bekommen hinsichtlich ihrer Partnerwahl und Familienplanung gute Ratschläge, die da lauten: „Heirate eine gute Köchin" oder „Heirate ein Mädchen aus einer guten Familie". Nicht, dass man dadurch eine Garantie auf tägliche Gourmet-Mahlzeiten oder anständige Schwiegereltern hätte, aber es ist einfach ein gescheiter Ratschlag. Oder haben Sie schon einmal Eltern zu ihrem Sohn sagen hören: „Heirate eine Prostituierte!"?

Das klingt absurd. Aber genau das hat Gott von dem Propheten Hosea verlangt:

„Such dir eine Hure, und mache sie zu deiner Frau! Du sollst Kinder haben, die von einer Hure geboren wurden. Denn mein Volk ist wie eine Hure: Es ist mir untreu und läuft fremden Göttern nach." Hosea 1,2

Theologen streiten darüber, ob Hoseas Frau, Gomer, wirklich eine Prostituierte war, als Hosea sie heiratete, denn die landläufige Meinung ist eher die, dass sie erst dazu wurde, nachdem sie Hosea geheiratet hatte. Warum? Die ganze Geschichte spiegelt Gottes innige Beziehung zu seinem Volk wider, die sich manchmal auf bizarre Art und Weise äußert, aber auch unglaublich schöne Momente besitzt. Die Situation damals war laut Bibel die folgende:

- Gott führte Abraham in ein neues Land und schloss einen beständigen Bund mit ihm:

  „Deine Nachkommen sollen zu einem großen Volk werden; ich werde dir viel Gutes tun; deinen Namen wird jeder kennen und mit Achtung aussprechen. Durch dich werden auch andere Menschen am Segen teilhaben. Wer dir Gutes wünscht, den werde ich segnen. Wer dir aber Böses wünscht, den werde ich verfluchen! Alle Völker der Erde sollen durch dich gesegnet werden.“ 1. Mose 12,2–3

  Dieses Versprechen verband die Nachkommen Abrahams und Sarahs – von ihrem Sohn Isaak an über ihren Enkelsohn Jakob und ihren Urenkel Joseph bis hin zur Geburt Jesu sowie viele Generationen später – auf besondere Weise mit Gott. Das Volk Israel wuchs also in dem Wissen auf, dass es *durch den allmächtigen Gott geleitet* wurde.

- Das Volk Israel geriet in die Sklaverei, aber aufgrund des Bundes, den Gott mit seinem „auserwählten Volk" geschlossen hatte, führte er sie schließlich aus der ägyptischen Gefangenschaft heraus. Die Bibel berichtet dabei von sehr wundersamen Ereignissen – von den dramatischen zehn Plagen, von dem Todesengel, der jeden erstgeborenen Jungen in Ägypten tötete und an den Häusern der Israeliten „vorüberging", von der erfolgreichen Plünderung der Israeliten auf dem Weg aus der Stadt, von der Teilung des Roten Meeres und dem Ertrinken ihrer ägyptischen Verfolger. *Gott war in der Tat ein Befreier*, der seine göttliche Macht unter Beweis stellte.

- Als das Volk dann durch die Wüste wanderte, gab Gott Mose eine Tafel mit Gesetzen, die das Volk befolgen sollte, um heilig und glücklich zu leben. Täglich sorgte er während ihrer vierzig Jahre dauernden Wüstenwanderung für sie, stillte ihren Durst mit Wasser, das aus Felsen sprudelte, ließ Manna und Wachteln vom Himmel regnen und verhinderte, dass ihre Kleidung und Sandalen sich abnutzten. Schließlich führte er sie in das fruchtbare „Verheißene Land". *Er war ihr göttlicher Versorger.*

Wenn Sie sich in der Bibel auskennen, wissen Sie auch, dass dieses besondere auserwählte Volk einen Hang zur Götzenverehrung hatte. So wie damals, als Mose mit den Zehn Geboten vom Berg Sinai herunterstieg und feststellte, dass sein Bruder Aaron dem Wunsch des Volkes nachgegeben hatte, das Goldene Kalb anzubeten. Das Warten auf Moses' Gott hatte ihnen zu lange gedauert und sie beschlossen, sich lieber einen eigenen zu schaffen. Doch das war ein Fehler.

Im Buch Hosea wiederholt sich offensichtlich diese Geschichte, wie so häufig bei gestörten Familienverhältnissen. Während vieler Generations- und Führungswechsel sowie blutiger Schlachten, insbesondere der gegen den König von Syrien, hatte die israelische Armee Einbußen erlitten, bis fast nichts mehr von ihr übrig war – gerade mal fünfzig Reiter, zehn Streitwagen und zehntausend Fußsoldaten (2. Könige 13,7). Aber durch die Führung von Joasch und Jerobeam hatte Israel wieder an Stärke gewonnen und nun schwelgten sie in einer Zeit des wirtschaftlichen Wachstums und fühlten sich reich (2. Könige 13,25; 2. Chronik 26,10). Die Israeliten wurden stolz – so stolz, dass sie sich … Baal und dem Aschera-Kult zuwendeten. Irgendwie reizte es sie, falsche Götter anzubeten, aber Gott fand das überhaupt nicht lustig. Also sandte er den Propheten Hosea, der ihnen Folgendes predigte oder vielmehr vorlebte:

1. Gott hält zu uns und fühlt mit uns, auch wenn wir ihm immer wieder untreu werden
„Als Israel jung war, begann ich, es zu lieben. Israel, meinen Sohn, rief ich aus Ägypten.

Schon oft habe ich die Israeliten gerufen, doch stets sind sie mir davongelaufen. Sie haben den Götzen geopfert und vor ihren Götterfiguren Rauchopfer angezündet [...] Mein Volk ist mir untreu, und davon lässt es sich nicht abbringen! [...] Nein, es bricht mir das Herz, ich kann es nicht; ich habe Mitleid mit dir! Mein Zorn wird dich nicht wieder treffen, ich will dich nicht noch einmal vernichten, Ephraim. Denn ich bin Gott und kein Mensch. Ich bin der Heilige, der bei euch wohnt. Ich komme nicht, um euch im Zorn zu töten." Hosea 11,1–2; 7,8–9

2. Gottes große Liebe schreit nach Konsequenzen wegen unseres Ungehorsams

„Denn sie hat mich vergessen. Statt für mich hat sie für ihre Götzen Feste gefeiert und ihnen Opfer dargebracht. Sie hat sich mit Ringen und Ketten geschmückt und ist ihren Liebhabern nachgelaufen. Deshalb werde ich sie bestrafen." Hosea 2,15

3. Wenn wir unsere Untreue bekennen, wird uns vergeben und wir empfangen Segen

„Doch dann werde ich versuchen, sie wiederzugewinnen: Ich will sie in die Wüste bringen und in aller Liebe mit ihr reden. Dort wird sie auf meine Worte hören. Sie wird mich lieben wie damals in ihrer Jugend, als sie Ägypten verließ [...] Dann will ich ihr die Weinberge zurückgeben; das Achortal, das Unglückstal, soll für sie ein Tor der Hoffnung sein. Ja, ich, der Herr, verspreche: An diesem Tag wird sie nicht mehr zu mir sagen: ‚Mein Baal', sondern sie wird mich wieder ihren Mann nennen [...] Die Ehe, die ich an diesem Tag mit dir, Israel, schließe, wird ewig bestehen. Ich schenke dir Liebe und Barmherzigkeit, ich schütze dich und helfe dir; immer werde ich treu sein und dich nie verlassen. Daran wirst du erkennen, dass ich der Herr bin!" Hosea 2,16–18; 21–22

Sollten Sie das kurze Buch Hosea (nur vierzehn Kapitel) noch nie gemeinsam als Ehepaar gelesen haben, dann lege ich es Ihnen sehr ans Herz. Es ist wirklich eine der anschaulichsten und ergreifendsten Geschichten, die je erzählt wurden, und gleichzeitig eines der eindrücklichsten Bilder einer absolut hingegebenen verbindlichen Beziehung zweier Menschen, das Gott hier auf sein Volk überträgt. Ein Bild, dessen Aussage bis heute gilt, denn selbst wenn wir ihm untreu werden, so ist und bleibt Gott dennoch treu.

Dass eine solche unwiderrufliche Beziehung zwischen uns Menschen und dem Schöpfer des Universums besteht, ist schwer sich vorzustellen. Lassen Sie uns aber noch eins draufpacken und unsere Vorstellungskraft noch ein bisschen weiter strapazieren: Denn was wäre das für eine Ehe, wenn wir versuchen würden, uns *gegenseitig* auf diese Art und Weise zu lieben? Wie unglaublich leidenschaftlich könnten unsere leidenschaftlichsten Momente sich anfühlen, wenn wir uns hundertprozentig aufeinander verlassen könnten – sowohl in unseren Ehen als auch in unseren Ehebetten?

Wie wäre das, wenn alle Menschen die Ehe als eine lebenslang verbindliche Partnerschaft verstehen würden – ohne Hintertürchen, Escape-Taste oder Schlupfloch? Wie wäre das, wenn Ihr Ehepartner mit vollem Ernst zu Ihnen sagen würde: „Ich bleibe bei dir, *egal was passiert!*"? Wie wäre das, wenn *Sie* sich selbst so hingegeben an Ihren Ehepartner fühlen würden, dass Sie das selber sagen könnten?

Wir waren erst ein paar Jahre verheiratet, als ich zum ersten Mal eine solche außergewöhnliche Liebe empfangen durfte. Greg und ich steckten damals in einer heftigen Auseinandersetzung über irgendeine lächerliche Kleinigkeit, an die wir uns heute beide nicht mehr erinnern. Da ich der unreifere Part in unserer Ehe war, wollte ich gerade aus der Tür stürmen und zu meinen Eltern fahren. Ich hatte schon die Schuhe an und griff noch nach meinem Lieblings-kissen, aber als ich zur Haustür hinauswollte, versperrte Greg mir mit seinem Zwei-Meter-Körper die Tür. Unter Tränen erklärte er: „Du verlässt nicht das Haus! Dass unsere Wege sich trennen, ist keine Option. Wir müssen hierfür eine Lösung finden, mit der wir beide klarkommen."

Manche Frauen hätten das vielleicht als Kampfansage betrachtet und wären einfach über ihn hinweggestiegen, aber ich wurde weich. Es entspricht zwar nicht unbedingt meiner Vorstellung eines gemüt-lichen Abends, klein beizugeben, aber ich fand es toll, dass Greg über den Dingen stand und bereit war, sich wieder mit mir zusammenzu-raufen, obwohl er sich ziemlich ins Zeug legen musste, bis das gelang. Wir redeten bis in die Nacht hinein und wachten am nächsten Tag auf wie frisch Verliebte, mit einem Gefühl, das viel stärker war als vor dem Streit. Für uns war es die natürlichste Sache der Welt, diese einander bestätigte Zusammengehörigkeit, die ausgesprochene Vergebung und bedingungslose Liebe mit einem zärtlichen Akt zu besiegeln.

Ehe sollte mehr sein als nur ein halbherziges Versprechen. Sie wissen schon, *leicht versprochen, rasch gebrochen.* Sie ist vielmehr gedacht als verbindliche Beziehung – eine, die den Jahren standhält, die alle Arten von Prüfungen und Anfechtungen übersteht.

Jede Ehe, die halten soll, ist Belastungsproben ausgesetzt – und zwar immer wieder, wenn wir ehrlich sind. Ganz abgesehen von unseren Eigenarten oder Unsicherheiten … trotz der Unterschiede zwischen unseren Persönlichkeiten und Erziehungsstilen … ohne auf Geldangelegenheiten oder sexuelles Konfliktpotenzial zu sehen … sind Sie willens, die Nabelschnur zu Ihrer eigenen Herkunftsfamilie durchzuschneiden? Die Spur aus Brotkrumen zurück in die individuelle Freiheit und Unabhängigkeit fortzufegen? Sind Sie bereit, all Ihre Gefühle auf diese eine Karte zu setzen und sich gegenseitig zu versprechen: „Wir bleiben für immer zusammen!", sodass Sie beide aufatmen können und wissen, dass trotz aller Stürme, die über Sie hinwegfegen, eine gegenseitige Vertrauensbasis bestehen bleibt?

Nachdenkenswert
Das folgende Gebet kann Ihnen eine Hilfe sein, sich als Ehepaar neu miteinander aufzustellen:

Danke, Herr, dass du zuverlässig bleibst, obwohl dein Volk sich dieses Vertrauens nicht immer als würdig erwiesen hat. Wir lassen uns so leicht von dir ablenken und genauso von den Rollen, die du für uns als Mann und Frau vorgesehen hast. Aber Gott, wir wollen keine Ehe auf Zeit, die unter Druck zusammenfällt wie ein Kartenhaus. Wir sollen uns so lieben, wie du uns liebst – bedingungslos, rückhaltlos, ohne uns gegenseitig die Vergangenheit vorzuhalten oder unsere Schwächen als Waffen auszuspielen. So legen wir unsere Ehe in deine Hände, Herr, und wir wissen, dass nur du uns schützen kannst und die geistliche Einsicht gibst, die wir brauchen, um unsere kostbare Beziehung zu umarmen und zu feiern. In Jesu Namen Amen.

Die Wahrheit des Evangeliums

7. WAS SAGT JESUS ÜBER SEXUALITÄT? WEISS ER ÜBERHAUPT UM UNSERE HERAUSFORDERUNGEN DAMIT?

Wenn ich einen Vortrag halte, lauten zwei meiner Lieblingsfragen: „Ist Jesus eigentlich mal angemacht oder sexuell versucht worden?" und „Kannte er überhaupt solche Gedanken und Gefühle?"

Gewöhnlich gebe ich den Zuhörern dann ein paar Minuten Zeit, um darüber zu diskutieren. Anschließend erkundige ich mich, zu welchen Schlüssen sie gekommen sind. Manchmal heißt es: „Nein, Jesus wurde nicht sexuell in Versuchung geführt, denn er ist ja göttlich." Einige andere schütteln daraufhin den Kopf, da sie dem nicht zustimmen. Natürlich war Jesus göttlich. Aber er war *sowohl* ganz Gott *als auch* ganz Mensch. In Johannes 1,14 steht: „Das Wort [Gott] wurde Mensch und lebte unter uns." Oder wie der amerikanische Pfarrer Eugene Peterson einmal schrieb: „Das Wort wurde Fleisch und Blut und zog in unsere Nachbarschaft."

Am häufigsten höre ich allerdings ein vollmundiges: „Ja! Natürlich kannte Jesus sexuelle Gedanken und Gefühle." Und meist wird diese Meinung mit der folgenden Bibelstelle belegt:

„Doch er gehört nicht zu denen, die unsere Schwächen nicht verstehen und zu keinem Mitleiden fähig sind. Jesus Christus musste mit denselben Versuchungen kämpfen wie wir, doch im Gegensatz zu uns hat er nie gesündigt." Hebräer 4,15

Ist Ihnen das bewusst? Er musste mit *denselben* Versuchungen kämpfen wie wir. Nirgends steht da ein Sternchen, das auf eine Fußnote verweisen würde wie: „Alles, was Sexualität betrifft, ist davon ausgenommen. *Damit* hat Jesus nichts am Hut." Nein, Jesus wurde in jeder Hinsicht allen Versuchungen ausgesetzt, die wir Männer (und Frauen) auch kennen, aber er hat durch sein Beispiel gezeigt, dass wir ihnen nicht nachgeben und uns von Gottes perfektem Plan für unser Leben und unsere Beziehungen abbringen lassen müssen.

Jesus ist nicht deshalb so makellos geblieben, weil er gar nicht *in Versuchung geriet*, sondern obwohl er damit konfrontiert war, *genau solche* Fehler hätte machen zu können, ließ er sich nichts zuschulden kommen! Das ist ein gravierender Unterschied. Mir fällt es zum Beispiel überhaupt nicht schwer, keinen Alkohol zu trinken, weil ich das Zeug einfach nicht mag. Aber mein Mann trinkt sehr gerne ein kaltes Bier, wenn wir gemeinsam essen gehen. Ihn kostet es dann einiges mehr an Selbstbeherrschung als mich, nach einem Bier aufzuhören, obwohl wir uns eigentlich in derselben Situation befinden. (Dafür kenne ich den vorübergehenden Rauschzustand, den ein kurzweiliger aber berauschender Flirt erzeugen kann. Das ist eine Situation, die meine Selbstbeherrschung sehr viel mehr auf die Probe stellt.)

Nun fragen Sie vielleicht: *Was hat das mit Jesus zu tun? Mit solchen Problemen hat er sich doch nicht herumgeschlagen, oder doch?*

Glauben Sie wirklich, dass er den köstlichen Wein nicht probiert hat, in den er das ganz gewöhnliche Wasser verwandelte? Dass er sich an dem wunderbaren Geschmack nicht erfreut hat?

Nun denken Sie: *Na gut, okay, toll, dass Jesus immer wusste, wann man es mit dem Trinken gut sein lassen muss. Aber Frauengeschichten waren für Jesus sicher kein Thema.*

Und wieder frage ich: *War das wirklich so?*

Jesus hatte außergewöhnliche und wunderschöne Frauen in seiner Gefolgschaft, die mit ihm von Stadt zu Stadt zogen. Sie kauften von ihrem Geld Kleidung und Essen für ihn, badeten seine Füße in ihren Tränen, trockneten sie mit ihren langen, seidigen Haaren, rieben seinen Körper mit teuren Ölen ein und so weiter. Ich kann mir gut vorstellen, dass etliche dieser Frauen sich aufgrund seiner Charakterstärke und Ausstrahlung zu ihm hingezogen gefühlt haben. Von seinem Mitgefühl und seinen Redekünsten (zum Beispiel darüber, was eine Frau sich von einem Mann wünscht) ganz zu schweigen wie auch von seinen erstaunlichen Wundern, Heilungen und Erweckungen. Lassen Sie uns da nicht naiv denken. Jesus hätte leicht eine dieser Frauen um seinen Finger wickeln können, dass sie seinem eigenen Ego diene, und wahrscheinlich hätte das gar niemand bemerkt. Aber Jesus hatte sich gut unter Kontrolle. Obwohl er der Sohn Gottes war (was ein wesentlich beeindruckenderer Titel war als „Elvis" oder „Die Beatles"), hatte Jesus kein Interesse daran, für sich selbst etwas auf der Erde in Anspruch zu nehmen. Vielmehr wollte er uns etwas geben. Und eines dieser großartigen Geschenke, das er uns zusätzlich zur ewigen Erlösung durch sein persönliches Opfer am Kreuz gemacht hat, ist das erstaunliche Beispiel dafür, wie man von Versuchungen umgeben sein kann und trotzdem keiner davon nachgibt.

Ich antworte daher auf die Frage: „Wie kann Jesus überhaupt darum wissen, womit wir alles beim Thema Sex zu ringen haben?" mittlerweile folgendermaßen: „Er hat denselben Erdboden berührt wie wir. Er hat miterlebt, wie wir Menschen ticken. Und er hat genauso gefühlt wie wir …" Ich liebe daher die folgenden, ermutigenden Verse:

„Er tritt für uns ein, daher dürfen wir mit Zuversicht und ohne Angst zu Gott kommen. Er wird uns seine Barmherzigkeit und Gnade zuwenden, wenn wir seine Hilfe brauchen." Hebräer 4,16

Das bedeutet: Wenn wir Gefahr laufen, einen Fehler zu machen bzw. versucht zu werden, dann gibt es niemanden, der uns da besser helfen und durchbringen könnte als Jesus selbst. Sein Beispiel zeigt uns, dass sexuelle Gedanken und Gefühle, die wir nun einmal alle als Menschen haben, *nicht* per se sündig sind.

Woher ich das weiß? Wenn Jesus sexuelle Gedanken und Gefühle hatte und „ohne Sünde" war, wie kann die Sünde dann in ihnen enthalten sein? – Die Gleichung geht sonst nicht auf! Letztlich kommt es darauf an, wie wir mit unseren sexuellen Gedanken und Gefühlen umgehen. Das macht den Unterschied aus zwischen *Heiligkeit* (dem, was Gott gefällt) und *Hedonismus* (unserem eigenen Vergnügen).

Was es heißt, mit all den pulsierenden Gefühlen von Leidenschaft und Lust, hinsichtlich des eigenen Umgangs mit Sex charakterstark unterwegs zu sein, zeigt uns Jesus durch sein Beispiel. Zusätzlich äußert er sich in der Bergpredigt über einige interessante Aspekte sexuellen Fehlverhaltens:

* *„Ihr wisst, dass es im Gesetz heißt: ‚Du sollst nicht die Ehe brechen!' Ich sage euch aber: Schon wer eine Frau mit begehrlichen Blicken ansieht, der hat im Herzen mit ihr die Ehe gebrochen."* Matthäus 5,27–28
* *„Wenn dich also dein rechtes Auge zur Sünde verführt, dann reiß es heraus und wirf es weg! Besser, du verlierst eins deiner Glieder, als dass du unversehrt in die Hölle geworfen wirst. Und wenn dich deine rechte Hand zum Bösen verführt, so hack sie ab und wirf sie weg! Es ist besser, verstümmelt zu sein, als unversehrt in die Hölle geworfen zu werden."* Matthäus 5,29–30
* *„Bisher hieß es: ‚Wer sich von seiner Frau trennen will, soll ihr eine Scheidungsurkunde geben.' Ich sage euch aber: Wer sich von seiner Frau trennt, obwohl sie ihn nicht betrogen hat, der treibt sie zum Ehebruch. Und wer eine geschiedene Frau heiratet, der begeht Ehebruch."* Matthäus 5,31–32

Diese Textstellen sind keine leichte Kost. Demnach müssten einige von uns blind und kastriert unterwegs sein, wenn sie das wörtlich nehmen wollten. Ich war zutiefst schockiert, als ich tatsächlich einmal von einer Frau gehört habe, die sich wirklich das Auge ausgestochen hatte. Leider hatte sie nicht verstanden, dass Gottes

Gnade groß ist und seine Barmherzigkeit sich jeden Morgen wieder erneuert (2. Korinther 12,9; Klagelieder 3,22–23).

Ich will damit nicht sagen, dass Jesus diese Verse nicht ernst gemeint hat; ich sage nur, dass er sehr drastische Worte benutzt hat, um uns den Ernst der Lage anschaulich zu vermitteln. Er wünscht sich nichts anderes, als dass wir uns der Besonderheit, der Heiligkeit, der Kostbarkeit unseres Körpers wie auch unseres Herzens und unserer Sinne, ebenso unserer Ehe, zutiefst bewusst sind. Locker und in meinen eigenen Worten formuliert, könnte die Aussage der vorhin genannten Textstellen vielleicht so klingen:

- Läuft dir eine attraktive Person über den Weg, dann danke dem Schöpfer dafür, nicht seiner Schöpfung! Lass dich nicht dazu verleiten, die Nähe dieser Person zu suchen, wenn er oder sie bzw. du schon gebunden ist. Verhalte dich respektvoll sowohl der Person als auch dir selbst gegenüber. Pflege deine Charakterstärke in puncto Verstand und Gefühlswelt genauso ernst wie bei deiner Lust und Leidenschaft.
- Bilde dir nicht ein, dass alles, was nicht unmittelbar in Sex mündet, zum Beispiel ein aufreizender Flirt oder andere Anzüglichkeiten, harmlos ist. Du wirst schnell zum Spielball deiner Gedanken und Sehnsüchte, wenn dich das erregt. Sie werden dich irgendwann genau dahin führen, wo du nicht hinwillst. Achte deshalb gut auf dein Herz und auf deinen Verstand, aber vor allem auf die Sprache deiner Augen und deines Körpers.
- Scheidung ist nicht die richtige Antwort auf Eheprobleme. Mann und Frau gehören für immer zusammen. Nehmt euer Eheversprechen also ernst und bleibt einander treu. Flüchtet nicht einfach von einer Ehe in die nächste. Versucht stattdessen herauszufinden, wie es weitergehen kann und wie die Liebe zwischen euch erhalten bleibt.

Wäre es bei den Ausführungen aus Matthäus geblieben, hätte man leicht auf die Idee kommen können, Jesus hätte wenig Mitgefühl für solche sexuellen wie emotionalen Entgleisungen. Aber die beiden folgenden Geschichten aus den Evangelien stellen etwas ganz anderes unter Beweis.

Die Frau am Brunnen

In Johannes 4 begegnet Jesus einer Samariterin, die Wasser aus einem Brunnen hochzog. Er bat sie um etwas zu trinken, und sie war schockiert, dass ein Jude sich dazu herabließ, mit einer Samariterin zu reden (das Verhältnis dieser Bevölkerungsgruppen war damals das einer abgehobenen Elite, die nichts mit den sozial Schwachen zu tun haben wollte).

Anschließend bot Jesus ihr an, dass er ihr zeige, wie man „lebendiges Wasser" finden kann (Lebendiges Wasser steht dabei als Metapher für eine erfüllende Beziehung mit Gott.). Im weiteren Verlauf ihres Gesprächs erfahren wir, dass die Frau alle Gesetze der Ehe gebrochen und recht ausschweifend gelebt hatte … und zwar des Öfteren. Sie hatte bereits fünf Ehemänner und lebte mit einem Mann zusammen, mit dem sie gar nicht verheiratet war.

Und was tat Jesus? Stieß er sie zurück? Ging er mit hocherhobener Nase seiner Wege und bemühte sich, jemanden zu finden, der des lebendigen Wassers würdiger gewesen wäre? Nein. Er gab sich besondere Mühe, ihr Leben heller zu machen und zu erklären, wie sie die echte Erfüllung ihres Lebens, nach der sie suchte, finden konnte. Er sah über ihre Schwächen hinweg, gestand ihr ihre Bedürfnisse zu und erwies sich damit als genau derjenige, der ihre dürstende Seele voll und ganz stillen konnte. Anschließend kehrte die Samariterin nach Hause zurück und begeisterte vor Ort andere Menschen mit ihrem Bericht über Jesus.

Selbst Menschen, in deren Leben alles schiefgelaufen ist, können schöne Gefäße sein, die Gottes lebendiges Wasser voll und ganz aufnehmen und sich bis zum Rand von seiner barmherzigen Liebe füllen lassen. Sie fließen sogar über vor Freude über das Empfangene und geben diesen Segen auch noch an andere weiter. Ein weiteres Beispiel:

Jesus und die Ehebrecherin

In Johannes 8 berichtet die Bibel von einer verzweifelten Frau, die in großen Schwierigkeiten steckte. Sie war in flagranti mit einem Mann erwischt worden, mit dem sie nicht verheiratet war. Während die Geschichte darüber schweigt, welche Strafe die gesetzgebenden Pharisäer über den verheirateten Liebhaber verhängten, wird erzählt, dass sie die Frau zu Tode steinigen wollten, wie das Mosaische Gesetz es in diesem Fall vorsah. Aber sie versuchten, Jesus dabei eine Falle zu stellen. Sie fragten ihn: „Was meinst *du*, was wir mit ihr tun sollen?"

Hielt Jesus daraufhin eine Moralpredigt über Ehebrecher? Verlangte er das Abtrennen irgendwelcher Körperteile, wie in der Bergpredigt? Nein. Jesus zeigt uns, dass hier ein viel weiseres Gesetz gilt – das der Liebe und Gnade. Statt mit dem Finger auf die Frau zu zeigen, beugte Jesus sich zu ihr herunter und schrieb mit seinem Finger etwas in den Sand. Niemand weiß, was er schrieb, aber vielleicht waren es die Namen der anderen Männer, mit denen sie ebenfalls geschlafen hatte. Das hätte sie wohl dazu bewegt, ihre Steine fallen zu lassen. Vielleicht zeichnete er auch nur Muster in den Sand, damit die Wut verpuffen konnte. Die Pharisäer wollten aber eine Antwort von ihm und deshalb sagte er die brillanten Worte:

„Wer von euch noch nie gesündigt hat, soll den ersten Stein auf sie werfen!" Johannes 8,7

Stille. Ich kann mir richtig gut vorstellen, wie die Steine zu Boden plumpsten, einer nach dem anderen, und zwar eher mit hängenden Schultern als mit zorniger Verachtung.

An diesem Tag fand keine Verurteilung statt. Nur Mitgefühl und freundliche Überzeugung. „Geh, aber sündige nun nicht mehr!", sagte Jesus liebevoll zu ihr (Johannes 8,11) und sie ging ihres Weges. Der einzige sündlose Mensch in der Menge, der einzige, der das Recht gehabt hätte, einen Stein zu werfen, entschied sich dagegen.

Können wir diese wahren Geschichten lesen und tatsächlich glauben, Jesus hätte nichts mit unseren sexuellen Herausforderungen zu tun? Dass er es nie verstehen könnte, wie es ist, ein Wesen zu sein, das menschliches sexuelles Verlangen verspürt? Er versteht es sehr wohl. Er war selbst ein Mensch. Er war mitten unter uns. Und er ist es, wann immer wir genau da seine Hilfe benötigen.

8. WIE BRAUT UND BRÄUTIGAM – WARUM BESCHREIBT DIE BIBEL SO DAS VERHÄLTNIS ZWISCHEN JESUS UND SEINER KIRCHE?

In der Bibel gibt es eine ganze Reihe an Bildern und Geschichten, die Gott in seiner Beziehung zu uns Menschen beschreibt, beispielsweise Gott als geschickten Töpfer, als unser täglich Brot, als lebendiges Wasser … als besten Freund und hingebungsvollen Vater … als schützenden Hirten … als mächtigen König .. als gnädigen Erlöser.

Für Jesus wird häufig das Bild des Bräutigams verwendet, während die Gemeinschaft der Gläubigen, seine Gemeinde, als „seine Braut" beschrieben wird. Vielleicht haben Sie sich auch schon einmal, so wie ich, über dieses hochzeitliche Paar, das hier entsteht, gewundert, und sich gefragt: *Was bedeutet das eigentlich genau?*

Ich habe lange in der Bibel geforscht, vom ersten Buch Mose bis zur Offenbarung und mich über alte jüdische Hochzeitsriten informiert, um zu sehen, ob Anklänge davon in der Bibel beschrieben werden. Am Ende war ich selber ziemlich überrascht von dem, was ich da entdeckt hatte. Es hat meine ganze Welt ins Wanken gebracht, und zwar bis heute. Denn plötzlich war Gott für mich nicht mehr länger wie ein weit entfernter Lehrer, sondern vielmehr der Liebhaber meiner Seele. Mit einem Mal verstand ich, dass er meine innersten Bedürfnisse viel tiefgehender befriedigen konnte, als das jemals ein Mensch – und damit meine ich sogar meinen Ehemann – tun könnte. Und dieses Wissen half mir, meinem Mann die Verantwortung von den Schultern zu nehmen, mein Ein und Alles zu sein. Stattdessen lerne ich, ihn so zu lieben, wie er ist und erlebe in meiner Beziehung zu Gott eine Hingabe und Leidenschaft, die mich unglaublich aufbaut und stützt.

Einige meiner Erkenntnisse, die ich hatte, werde ich Ihnen hier nun kurz vorstellen (die anderen finden sich in meinem Buch: *Completely His: Loving Jesus Without Limits*[6]), weil sie ausgezeichnet veranschaulichen, wie Gott sich seine Beziehung mit uns wünscht und wie er den Vergleich mit der Ehe benutzt, um uns sein inniges Werben mitzuteilen.

Als ich mit meiner Suche anfing, fragte ich mich, ob ich aufgrund unserer christlichen Traditionen und unseres Denkens vielleicht einige verborgene Verbindungen zu diesem intimen Bild von Braut und Bräutigam übersehen hatte. Und siehe da, ich wurde schnell fündig:

- *Das Abendmahl* – Jesus sieht Brot und Wein nicht nur als Symbole für seinen Körper an, die wir als Zeichen der Erlösung von unseren Sünden verzehren, sondern das Feiern des Abendmahls an sich auch als Zeichen seiner Zuwendung und Liebe. Im Judentum war es üblich, dass ein Mann seiner Geliebten einen Eheantrag machte, indem er ihr ein Glas Wein einschenkte und sie einlud, daraus zu trinken. Sie konnte ablehnen, womit seine Werbung hinfällig wurde, oder sie trank aus dem Glas und nahm seinen Antrag damit offiziell an. Indem Jesus seinen Jüngern Wein anbietet, fragt er sie also (und damit uns), ob wir seine Braut werden wollen.

  „Nach dem Essen nahm er den Becher mit Wein, reichte ihn den Jüngern und sagte: ,Dies ist mein Blut, mit dem der neue Bund zwischen Gott und den Menschen besiegelt wird. Es wird für euch zur Vergebung der Sünden vergossen.'" Lukas 22,20

- *Die Taufe* – Johannes der Täufer tauchte Menschen nicht nur ins Wasser als Zeichen dafür, dass sie an das Kommen des Messias glaubten (so ähnlich, wie wenn man einem Verein beitreten würde), sondern in dem Bild der reinigenden Taufe verbirgt sich hinsichtlich eines Hochzeitspaares eine noch viel tiefere Bedeutung: Eine verlobte jüdische Frau, die sich auf ihren Hochzeitstag vorbereitet, durchläuft in der Mikwa ebenfalls eine Reinigungszeremonie und wird dabei mit dem ganzen Körper in „lebendiges Wasser" getaucht, ehe ihr Bräutigam zu ihr kommen darf. Indem wir getauft werden, bekräftigen wir also unseren Glauben daran, dass unser himmlischer Bräutigam zu uns kommen darf. Wir lassen den Heiligen Geist auf uns wirken, um uns als reine und unbefleckte Braut für Jesus vorzubereiten.

„Ihr selbst könnt doch bezeugen, dass ich immer wieder gesagt habe: ‚Ich bin nicht Christus, der von Gott gesandte Retter. Ich soll ihn nur ankündigen, mehr nicht.' Die Braut gehört schließlich zum Bräutigam! Der Freund des Bräutigams freut sich mit ihm, auch wenn er nur daneben steht. So geht es mir jetzt. Meine Freude ist grenzenlos." Johannes 3,28–29

- *Die Kreuzigung* – Das Blut, das Jesus vergoss, um uns von unserer Schuld zu befreien, diente noch einem anderen Zweck: Es ist nämlich der Preis, den er für die Braut für Sie und mich und alle anderen Christen auf der Welt, die je gelebt haben, bezahlt. Denn wann immer ein junger Mann eine Frau heiraten wollte, musste er beim Anhalten um ihre Hand den Preis aushandeln, den er ihrem Vater zu zahlen hatte als Zeichen, dass er gut für sie sorgen würde. Der Preis für die gesamte Menschheit war ungemein hoch, aber unser Bräutigam zahlte ihn. Mit seinem eigenen Leben. Und wir dürfen ganz und gar zu ihm gehören!

„[Jesus] sagte zu [Petrus, Jakobus und Johannes]: ‚Ich zerbreche beinahe unter der Last, die ich zu tragen habe. Bleibt bei mir, und wacht mit mir!' Jesus ging ein paar Schritte weiter, warf sich nieder und betete: ‚Mein Vater, wenn es möglich ist, so bewahre mich

vor diesem Leiden! Aber nicht was ich will, sondern was du willst, soll geschehen.'" Matthäus 26,38–39

- *Der Himmel* – Wir fragen uns vielleicht manchmal, warum Jesus nicht immer noch körperlich bei uns sein kann, denn wenn wir ihn sehen könnten, wäre es doch wesentlich einfacher an ihn zu glauben. Aber der jüdischen Tradition entsprechend muss ein Bräutigam, der seiner Braut einen Heiratsantrag gemacht hat, sie verlassen, ins Haus seines Vaters zurückkehren und einen weiteren Raum anbauen – die Brautkammer –, in dem nach der Hochzeit der Liebesakt vollzogen wird. Der Einzige, der die Fertigstellung dieses Raums verkünden darf, ist der Vater, und deshalb können wir sicher sein, dass Jesus einfach abwartet, bis Gott ihm grünes Licht gibt, zu seiner geliebten Braut zurückzukehren – und damit sind wir gemeint!

„Denn im Haus meines Vaters gibt es viele Wohnungen. Sonst hätte ich euch nicht gesagt: Ich gehe hin, um dort alles für euch vorzubereiten. Und wenn alles bereit ist, werde ich kommen und euch zu mir holen. Dann werdet auch ihr dort sein, wo ich bin."
Johannes 14,2–3

- *Das Hochzeitsmahl des Lammes* – Bei Jesu Wiederkehr, seinem zweiten Kommen, das uns in der Bibel versprochen wird, wird er nicht nur als unser Herr, Erlöser oder Freund erscheinen. Die Offenbarung verrät uns bereits, wie diese großartige Geschichte Gottes enden wird: Christus kommt als himmlischer Bräutigam auf die Erde zurück und es wird ein opulentes, rauschendes Hochzeitsfest geben. Und wir alle sind eingeladen zu diesem Hochzeitsmahl, und zwar nicht als Gäste, sondern als die Braut!

„Wir wollen uns darüber freuen, jubeln und Gott ehren. Jetzt ist der große Hochzeitstag des Lammes gekommen; seine Braut ist

bereit! In feines, strahlend weißes Leinen durfte sie sich kleiden.
[Das Leinen ist ein Bild für die gerechten Taten der Menschen, die
zu Gott gehören.]
Dann befahl mir der Engel: ‚Schreib: ›Glücklich, wer zum Hoch-
zeitsfest des Lammes eingeladen ist!‹‘ Und er fügte hinzu: ‚Gott
selber hat das gesagt, und seine Worte sind zuverlässig!‘“ Offenba-
rung 19,7–9

Gott hat von Anbeginn der Zeit um uns Menschen geworben und
nun dürfen wir uns sehnlichst auf das größte Ereignis der Geschichte
freuen – die Rückkehr seines Sohnes Jesus als unser himmlischer
Bräutigam. In seiner wunderbaren Nähe werden wir uns aufhalten
bis in alle Ewigkeit.

Allerdings sind wir bis dahin vor die herausfordernde Aufgabe
gestellt, unsere irdischen Ehen dieselbe Leidenschaft widerspiegeln
zu lassen, die Christus für seine Braut, seine Gemeinde, empfindet.
Der Apostel Paulus erklärt diese Verbindung unmissverständlich:

„Erinnert euch an das Wort: ‚Ein Mann verlässt seine Eltern und ver-
bindet sich so eng mit seiner Frau, dass die beiden eins sind mit Leib und
Seele.‘ Das ist ein großes Geheimnis, aber es zeigt uns, auf welche Art
Christus und seine Jünger eins werden.“ Epheser 5,31–32

Ehemänner und Frauen sollen also genauso eng und dauerhaft miteinander verbunden sein wie Jesus mit der Kirche. Erreichen wir
diese Art von Verbindlichkeit in unseren Ehen? Oder, noch direkter
gefragt: Erreichen *Sie* diese Verbindlichkeit in *Ihrer* Ehe?

„Oh, aber so einfach ist *das* nicht mit der Ehe“, denken Sie jetzt
vielleicht.

Das weiß ich! Jeder, der eine gewisse Zeit verheiratet ist, wird
dieses Gefühl verstehen. Aber das Wort *Leidenschaft*, obwohl wir
normalerweise eine „stürmische Zuneigung“ darunter verstehen
oder „sexuelles Verlangen“, kann viel weiter gefasst werden. Selbst
das Webster's Dictionary nennt als erste Definition von *Leiden* „die

Leiden Christi zwischen der Nacht des letzten Abendmahls bis zu seinem Tod."[7]

Wir leiden zwar manchmal um unserer Ehe willen, aber es hält sich doch im Rahmen. Niemand musste auch nur annähernd so viel leiden wie unser himmlischer Bräutigam für uns durchgemacht hat.

9. WAS VERBINDET SEXUALITÄT UND GEISTLICHES LEBEN?

Es gibt keine Worte, die auch nur annähernd die Panik im Gesicht meiner Mutter beschreiben, als sie in die Einfahrt unseres Hauses einbog und Zeugin wurde, wie ich als Kind barfuß im taunassen Gras stand und ein heruntergefallenes Stromkabel in der Hand hielt. Ich hatte gerade die Sesamstraße geguckt, als der Fernsehbildschirm plötzlich schwarz wurde, und mit ihm erloschen alle Lichter im Haus. Ich ging hinaus, um meinen Dad um Hilfe zu bitten, als ich über das beschädigte schwarze Kabel stolperte, das schlaff im Vorgarten lag. Es schien eine mögliche Erklärung für den Stromausfall zu sein. Also hob ich es auf, als könnte ich es irgendwie wieder an seine Kraftquelle anschließen und damit alles ins Lot bringen. Erstaunlicherweise habe ich das damals überlebt und kann heute davon erzählen.

Ich will mit meinem Buch etwas Ähnliches versuchen – nämlich verheiratete Paare wieder an ihre ursprüngliche Kraftquelle anschließen, dass sie wieder Leidenschaft und Unbefangenheit im Ehebett erleben. Hoffentlich aber erreiche ich bessere Ergebnisse damit als damals, vor allem ohne allzu schockierte Gesichtsausdrücke hervorzurufen.

Wenn wir die Frage danach stellen, was Sexualität mit Spiritualität verbindet, dann geht es eigentlich für uns um die Frage: Gibt es irgendeine Verbindung zwischen dem Körper und unserem Geist? Und wenn ja, wie wirkt sich diese aus?

Unseren gottgegebenen Geist darf man sich unter anderem vorstellen als eine Art „Energie", die uns Menschen geschenkt wurde, als wir nach Gottes Ebenbild erschaffen wurden. Unser Körper stellt hingegen das Gefäß dar, das diese Energie beinhaltet. Ohne dieses Gefäß (den Körper) könnten wir die Energie gar nicht fassen und auch nicht an andere Menschen weitergeben. Und ohne Energie (den Geist) könnten unsere Körper nicht die tiefe persönliche Bindung eingehen, nach der wir uns sehnen.

Natürlich kann man versuchen, körperliche Nähe ohne ein inneres Einverständnis herzustellen, aber das sind allesamt Flucht- und Irrwege des körperlichen Verlangens – manipulative Verführung, Kindesmissbrauch, sexueller Missbrauch und Hörigkeit, Prostitution, Menschenhandel. Diese seelenlosen Kontaktversuche haben viele hässliche Gesichter.

Aber eine körperlich intime Beziehung zu jemandem, der mit uns auch eine starke spirituelle und emotionale eingeht, ist etwas ganz anderes. Das ist Liebe ... Romantik ... Leidenschaft ... Intimität ... Ekstase ... Freude.

Wenn wir unsere Sexualität so ausleben, wie unser Schöpfer sie beabsichtigt hat, dann erleben wir eine außerordentliche und nicht zu leugnende Verbindung zwischen unserem Körperlichen und Geistlichen. Als Menschen sind wir nun mal Wesen, die sowohl sexuell unterwegs sind als auch vom Geist her bestimmt. Das ist unser gemeinsamer Nenner. Es gibt, um es mal so auszudrücken, keine geistlich gesinnten Menschen ohne Sexualität. Allerdings gibt es sehr wohl Menschen, denen das Geistliche in ihrem Leben so wichtig ist, dass sie bereit sind, auf das Ausleben des Körperlichen zu verzichten. Sie sind sexuell nicht aktiv und leben als Priester, Mönche oder Nonnen zölibatär. Oder sie haben sich als Singles entschieden, sexuell abstinent zu bleiben, bis sie einen passenden Partner gefunden haben. Nichtsdestotrotz sind sie alle geschaffen worden mit einer eigenen Sexualität, die sie auch bis zum Lebensende begleiten wird.

Gibt es denn Menschen, die nur die körperliche Seite leben, ohne sich um die tiefere geistliche Seite von Sex Gedanken zu machen? – Das hängt vermutlich davon ab, wen man fragt. Manche werden behaupten, dass Menschen, die keine Beziehung zu Jesus haben, nur leere Hüllen sind. Das ist allerdings eine sehr enge Definition sowohl vom Christsein als auch von einem geistlichen Verständnis. Andere werden sagen, dass alle Menschen in einem gewissen Sinne geistlich unterwegs sind, einfach weil sie lebendig sind – ganz unabhängig davon, ob sie zurzeit ihren persönlichen Glauben ausleben oder nicht. Ich schließe mich dieser zweiten Meinung an. Denn ich denke zunächst einmal, dass alle Menschen nach Gottes Ebenbild geschaffen wurden, ob wir sie nun anerkennen oder nicht, und auch ganz abgesehen davon, ob sie persönlich ihr Leben mit Gott gestalten oder nicht.

Geist und Körper lassen sich einfach nicht voneinander trennen (jedenfalls nicht, bevor der Körper tot ist). Genauso wenig wie zwei Seiten einer Münze. Alles ist miteinander verbunden. Sexualität und Spiritualität, Körper und Geist, können nicht getrennt voneinander gesehen werden. Da wir sie vielmehr als Einheit zu verstehen haben, stellt sich die Frage, wie man noch mehr dieses Verständnis ins Leben integrieren kann, sodass eine wunderbare Synergie entsteht.

James B. Nelson schrieb in seinem Buch *The Intimate Connection: Male Sexuality, Masculine Spirituality* (Die intime Verbindung: männliche Sexualität und männliche Spiritualität), dass die Sehnsucht eines Paares nacheinander in Wirklichkeit eine Sehnsucht nach Gott ausdrückt:

„Wir wünschen uns einen engen, erfüllenden und lebendigen Kontakt miteinander, mit unserer Welt und mit uns selbst. Das bedeutet, dass wir uns eine stärkere Verbundenheit mit Gott wünschen, der sich im Zentrum dieses Universums befindet. Wenn wir uns nach lebendigen Beziehungen zu einer Person oder einem anderen Bestandteil der Schöpfung sehnen, strecken wir gleichzeitig die Arme aus nach Gott. Denn Gott ist die geistliche Präsenz, die sich im und durch das Fleischwerden ausdrückt. Man könnte auch sagen, dass wir uns schlicht und einfach danach sehnen, unsere Sexualität und unsere Spiritualität miteinander zu vereinen." [8]

Vielleicht ist diese Denkweise neu für Sie – dass Gott sich „im und durch das Fleischwerden ausdrückt". Obwohl Christen „das Fleisch" eher gering achten, dürfen wir nicht vergessen, dass Gottes Sohn selbst Fleisch geworden ist (Johannes 1,14; Hebräer 2,14). Und viele Theologen sehen es so, dass die Warnungen der Bibel vor den Versuchungen des „Fleisches" sich auf unsere sündhafte Natur beziehen, nicht auf unsere körperlichen Bedürfnisse.[9] Außerdem steht in der Bibel in Epheser 6,12:

„Denn wir kämpfen nicht gegen Menschen, sondern gegen Mächte und Gewalten des Bösen, die über diese gottlose Welt herrschen und im Unsichtbaren ihr unheilvolles Wesen treiben."

Und wenn wir mit einer Sache zu tun haben, gegen etwas kämpfen, sollten wir zunächst „den Feind definieren" und uns darüber bewusst sein. Und ich möchte Ihnen sagen: Der Feind ist *nicht* unsere Sexualität. Unsere körperlichen Bedürfnisse sind kein Gegner. Sie sind vielmehr ein gottgegebenes Verlangen, weil unsere Körper tatsächlich Tempel des Heiligen Geistes sind (1. Korinther 6,19). Anstatt also in unserem Fleisch etwas Böses zu sehen, das verachtet und lächerlich gemacht wird, sollten wir lernen, uns an unseren Körpern zu freuen. Sie sind die Gefäße, durch die sexuelle Energie fließen kann, die in sich selbst heilig ist. Denn unsere Sexualität und unsere Spiritualität sind unwiderruflich miteinander verknüpft, wie Charles Henderson erklärt:

„Die ursprüngliche Einheit von Fleisch und Geist, Gott und Menschheit, wurde durch eine tragische Polarisierung ersetzt. Nicht nur, dass die Menschen gegeneinander kämpfen, sondern auch Geist und Körper werden gegeneinander ausgespielt ...

Jesus identifizierte die korrupten religiösen Führer seiner Zeit als Verantwortliche für die moralischen Probleme der Menschen [wie Prostitution und andere Vergehen], denn die selbst ernannten Hüter von Güte und Wahrheit definierten Sex als etwas Böses und machten aus uns allen Sünder. Jesus sah die selbstgefällige Frömmigkeit ebenso als Gefahr wie die Promiskuität, denn beide Haltungen verstärken den Antagonismus zwischen Fleisch und Geist.

Heute stehen wir vor einem ähnlichen Problem. Wann immer Sexualität und Spiritualität voneinander getrennt und gesondert betrachtet werden, verlieren sie ihre Bedeutung. Sex ist in der Tat etwas Niedriges, wenn man ihn nur noch als Ware betrachtet, und Religion verliert ebenso ihren Wert, wenn sie lediglich als sinnentleertes Ritual oder abstrakte Lehre begriffen wird. "[10]

Wenn man einmal einen Moment lang drüber nachdenkt, darf man sich wundern: Gott hat uns nach seinem Ebenbild und gleichzeitig als sexuelle Wesen erschaffen! *Warum hat er das getan?*

Ich glaube, dass wir ihn so am besten kennenlernen können, ihn sinnlich erleben und eine umso größere Liebe erfahren. Schon seit Jahren denke ich über diese Frage nach und ich könnte mich wohl noch hundert Jahre mit ihr beschäftigen und trotzdem keine endgültige Antwort finden. Aber ich weiß, Gott eröffnet mir durch meine Sexualität einen ganz anderen Blick:

- Eine Frau, die ich einmal beraten habe, fragte mich: „Warum hat Gott uns so geschaffen, dass sich unsere Gefühle körperlich äußern? Warum bekomme ich Schmetterlinge im Bauch, wenn mir jemand gefällt, feuchte Hände, Herzrasen? Warum wird mir schwindelig?" Meine erste Antwort war: „Keine Ahnung", aber dann gab mir Gott plötzlich eine Antwort in den Sinn, die sich anfühlte, als würde sie gerade meine lange Leitung in Luft auflösen: *Shannon, ich habe die Menschen und ihre körperlichen Reaktionen auf Liebe so geschaffen, damit sie wissen, wie ich empfinde, wenn sie mir ihre Herzen und ihre Aufmerksamkeit zuwenden!*
  Ich fühlte mich wie vom Schlag getroffen. Als ich meine Klientin an diesem Gedanken teilhaben ließ, ging es ihr genauso. *Der Gott des Universums hat ein schwindeliges Gefühl, wenn wir*

uns ihm zuwenden? Ja, so ist es. Und wir dürfen uns eine Vor-stellung davon machen, indem wir dieselben Gedanken und Gefühle haben, wenn wir uns unserem Partner in Liebe und mit unserer Begierde zuwenden.

• Eines Morgens, es war einer dieser Faulenzer-Samstage, wartete ich sehnsüchtig darauf, dass mein Ehemann aus der Dusche kam und wieder zu mir ins Bett kroch. Einen Augenblick lang wunderte ich mich: *Warum sehnt sich mein Körper eigentlich danach, ihn in mir zu fühlen?* Und dann kam mir die Ant-wort ohne Umschweife in den Sinn, so als ob Gott nur darauf gewartet hätte, sie mir zu beantworten: *Ebenso, wie eine Frau sich danach sehnt, sich mit ihrem Mann zu vereinigen, sehne ich mich danach, mit meiner Braut eins zu sein. Der Unterschied ist nur, dass dein Ehemann nur bis zu einer bestimmten Tiefe dich auszufüllen vermag, während mein Heiliger Geist jeden Nerv und jede Faser der Seele erreicht.*

• Einmal musste ich darüber nachdenken, warum Gott den menschlichen Körper eigentlich so geschaffen hat, dass ein Orgasmus als etwas so Intensives und Lustvolles erlebt wird. Sex allein fühlt sich so gut an, es entstehen wunderbare Babys dabei und er schweißt Paare unverbrüchlich zusammen, wes-halb gibt es dann als Krönung noch den Orgasmus dazu? Viel-leicht wollte unser himmlischer Vater uns wie bei einem Ver-steckspiel einen kleinen Blick in die Zukunft gewähren und uns zeigen, worauf wir uns freuen können – auf das große Finale, wenn man so will. Gibt es in unserem Leben einen Moment, in dem wir eine ursprünglichere Freude fühlen, einen stärkeren Kontrollverlust (im positiven Sinn) oder eine größere Ekstase als in diesen heiligen Augenblicken der extremen, intensiven Lust? Ich kann es mir nicht anders vorstellen, als dass Chris-tus eines Tages kommt, um uns zu holen und in unser himm-lisches Heim zu begleiten, und die Intensität dieses Gefühls wird noch umwerfender und erschütternder sein als der fantas-tischste Orgasmus, den wir je hatten.

Wenn es eine so kraftvolle Verbindung und Wechselwirkung zwischen unserer Sexualität und unserer Spiritualität gibt, dann ist es vielleicht gut, wenn wir ein bisschen mehr Energie in unsere sexuellen Begegnungen investieren.

Können Sie sich vorstellen, was das beste Aphrodisiakum überhaupt ist? Das Gebet! Wenn wir uns aneinanderkuscheln, uns umarmen und gegenseitig und vor Gott unsere Herzen ausschütten, dann entsteht ein intensiver Kontakt. Tatsächlich kann man sich in so einem Moment unmöglich umdrehen und einschlafen. Wir sollten dem abendlichen „Amen" ruhig öfter mal einen wunderbaren Liebesakt folgen lassen!

Lassen Sie sich doch mal von diesem Gedanken inspirieren und probieren Sie es einmal aus. Sehen Sie selbst, ob die Nähe zu Gott nicht unweigerlich auch die Nähe zueinander vergrößert und umgekehrt.

Nachdenkenswert
- Sehen Sie eine Verbindung zwischen Spiritualität und Sexualität in Ihrer Ehe?
- Wie nähern Sie sich Ihrem Partner geistlich bzw. körperlich?
- Was könnte Ihr Partner zu einer intimeren Verbindung beitragen?

10. FINDET SEXUALITÄT IM HIMMEL STATT?

All diese Überlegungen über Spiritualität und Sexualität münden letztlich in die Frage, mit der sich die meisten Christen, wenn sie ehrlich sind, zumindest einmal in ihrem Leben schon beschäftigt haben: Werden wir im Himmel Sex haben?

Ich habe vor einigen Jahren ein Radiointerview gegeben, das mich unglaublich auf die Palme gebracht hat. Ich bin nicht sicher, ob der Pfarrer, der mich interviewte, einfach des Teufels Advokat spielen wollte (dann war er kein guter Schauspieler) oder ob es wirklich seine Meinung war, aber er hat eine wirklich vertrackte Frage gestellt – wohl um mich zu provozieren: „Sie ermutigen verheiratete Paare dazu, freizügig Sex zu praktizieren. Bedeutet das nicht, ‚sündige, animalische' Triebe auszuleben?"

Hallo?, dachte ich. *Meinen Sie das ernst? Wie kann ein Mensch mit theologischem Hintergrundwissen so abwegige Schlüsse ziehen?*

Ich erinnerte ihn daran, wie Gott in der Schöpfungsgeschichte alles erschaffen hat, auch den Sex in der Ehe, *bevor* der Sündenfall überhaupt stattfand. Wie kann es sich dann dabei um eine Sünde handeln? Vielleicht erscheint es uns so, weil Satan uns der Vorstellung beraubt hat, Sexualität sei ein Teil von Gottes perfekter Schöpfung. Und genau das ist sie doch – ein Teil von Gottes perfekter Schöpfung. Warum um alles in der Welt sollte es dann im Himmel keinen Sex geben? Das wäre ja so, als würde Gott irgendwann aufwachen und feststellen: „Oh, ich hätte ihnen nicht sagen sollen, dass sie im Garten Eden all diesen schmutzigen Kram machen, denn hier im Himmel erlauben wir das nicht."

Nein, das glaube ich nicht.

Auch aufgrund von Matthäus 22,30 vermuten manche Menschen, dass es im Himmel keinen Sex geben wird. Da steht:

„Wenn die Toten auferstehen, werden sie nicht wie hier auf der Erde verheiratet sein, sondern wie die Engel Gottes im Himmel leben."

In anderen Worten: Im Himmel besteht keine Notwendigkeit mehr zu heiraten. Da unsere Ehe Gottes Verbundenheit mit seiner Braut, der Gemeinde, widerspiegelt, brauchen wir – sobald wir im Himmel sind – diese irdische Stellvertretung nicht mehr. Dort ist dann alles real. Unsere Aufmerksamkeit und Zuneigung gilt dann nur noch unserem himmlischen Bräutigam und nicht mehr unserem „irdischen Ersatz".

Ich glaube, die Antwort auf die Frage, ob es im Himmel wirklich Sex geben wird, muss daher lauten Ja und Nein.

„Was *ist* denn eigentlich Sex?" – Sexualität besteht nicht nur aus dem Verkehr – sondern auch aus unserem Geschlecht. Wenn man eine Bewerbung schreibt und ins Formular sein „Geschlecht" einträgt, gibt man selbstverständlich „männlich" bzw. „weiblich" an. Aber was werden wir im Himmel sein? Dasselbe? Oder werden wir uns an der Himmelspforte in ein Neutrum verwandeln?

In Matthäus 22,30 heißt es, dass wir „Engel" sein werden, nicht Kastraten oder Eunuchen. Gott will uns erlösen und von einer fehlerhaften in eine vollkommene Welt führen. Er will chaotische Zustände, die wir verursacht haben wie auch der Teufel, lösen und beenden, aber er will bestimmt nicht Ebenbildliches, das er erschaffen hat, vernichten.

Wenn unser Geschlecht im Himmel intakt bleibt, hat Gott im Himmel dann auch so etwas wie eine sexuelle Identität? Ja, Gott ist ein sexuelles Wesen, *das sexuellste aller Wesen*, was schockierend in den Ohren jener klingt, die Sexualität auf das Körperliche beschränkt sehen wollen.

Sexualität hat sowohl eine körperliche als auch eine geistliche Dimension. Obwohl wir Gott gemeinhin als männliches Wesen verstehen, übersteigt sein Wesen jede Vorstellung von Geschlechtlichkeit. Er hat Mann und Frau geschaffen „als sein Ebenbild" (1. Mose 1,27); deshalb ist Gott maskulin und feminin gleichermaßen. Und ich gehe fest davon aus, dass sowohl Gottes Sexualität als auch unsere im Himmel erhalten bleiben, so auch von uns selbst verstanden und uns mit Freude erfüllen wird. Es wird ein reines, ungetrübtes, zwangloses Gefühl sein, und wir werden die Heiligkeit, Reinheit und Vollkommenheit all dessen genießen, was Gott gemeint hat, als er uns „nach seinem Ebenbild" schuf und uns gleichzeitig mit Sexualität ausstattete.

Vermutlich wollen Sie aber noch etwas über den letzten Aspekt von Sexualität im Himmel wissen: *Wird so etwas wie körperlicher Verkehr stattfinden?* Da es dort keine Ehe und keine Notwendigkeit zur Fortpflanzung mehr geben wird, bezweifele ich das. Aber diese Nachricht sollte keineswegs niederschmetternd aufgefasst werden, denn laut Dr. Peter Kreeft werden wir noch etwas dazubekommen, statt dass wir an irgendetwas Mangel leiden:

„Ich denke, dass es wahrscheinlich eine Million andere, adäquate Arten gibt, unsere Liebe auszudrücken, als die unbeholfene Vereinigung zweier Körper, die an das Zusammenfügen zweier Puzzleteile erinnert. Selbst der befriedigendste Verkehr zwischen zwei Ehepartnern kann nicht ihre ganze Liebe vollständig ausdrücken. Wenn sich die Möglichkeit zum Geschlechtsverkehr im Himmel nicht bietet, dann hat das wahrscheinlich denselben Grund, warum irdische Liebende nicht während des Verkehrs Süßigkeiten essen: Es gibt einfach etwas viel Besseres zu tun. "[41]

Das Vergnügen, das wir durch unsere gottgegebene Sexualität fühlen, wird im Himmel vielleicht eine andere Form annehmen, aber mit ziemlicher Sicherheit exponentiell größer ausfallen. Gott wird uns unsere Sexualität jedenfalls nicht *wegnehmen*. Er wird sie durch etwas anderes *ersetzen*.

Das Vergnügen, das wir durch unsere gottgegebene Sexualität fühlen, wird im Himmel vielleicht eine andere Form annehmen, aber mit ziemlicher Sicherheit exponentiell größer ausfallen. Gott wird uns unsere Sexualität jedenfalls nicht *wegnehmen*. Er wird sie durch etwas anderes *ersetzen*.

Statt das Fehlen körperlicher Sexualität im Himmel zu bedauern, sollten wir uns riesig auf ein viel größeres sexuelles Erlebnis freuen ... Denn der Sex, den wir als Ehepaar auf der Erde erleben, ist Blümchensex verglichen mit dem Gefühlsfeuerwerk, das wir im Himmel erleben werden. Stellen Sie sich die großartigsten sexuellen Empfindungen vor – ihre explodierenden Sexualhormone, um ein Exponentielles gesteigert – und Sie greifen *immer noch* nach Strohhalmen im Vergleich zu dem, was uns in unserem himmlischen Zuhause an Freuden der Liebe erwartet.

Nur nach den Regeln?

11. SIND UNSERE SEXUELLEN VORLIEBEN FÜR GOTT IN ORDNUNG?

Sehen Sie sich diese Frage bitte einmal genau an, ehe ich auf sie eingehen will. Sie lautet nicht:

- Findet Ihre beste Freundin das in Ordnung, woran Sie beide Spaß haben?
- Ist Ihre Mutter einverstanden mit dem, was Sie in Ihrem Ehebett veranstalten?
- Stimmen Ihre Arbeitskollegen mit dem überein, was Ihnen Lust bereitet?

Interessiert es überhaupt, dass wir all diese oder andere Leute um Rat fragen, wenn es um unser Sexualleben geht? Wen geht das überhaupt etwas an? Was hinter der Schlafzimmertür passiert, betrifft doch eigentlich nur drei Personen: Sie, Ihren Partner bzw. Ihre Partnerin und Gott. Das sind die einzigen drei Beteiligten, auf deren Meinung es ankommt.

> Was hinter der Schlafzimmertür passiert, betrifft doch eigentlich nur drei Personen: Sie, Ihren Partner bzw. Ihre Partnerin und Gott. Das sind die einzigen drei Beteiligten, auf deren Meinung es ankommt.

Gott hat in der Bibel sehr deutlich gemacht, dass Sex, und damit ist jegliche Art sexueller Handlungen gemeint, nur mit unserem angeheirateten Partner erlaubt ist. Aber über das, was sich im ehelichen

Schlafzimmer abspielt (oder in einem anderen Raum des Hauses), hält sich die Bibel bedeckt. Nichts darüber, ob wir Reizwäsche tragen, am Kronleuchter schwingen oder deftige Ausdrücke verwenden dürfen oder unsere sexuellen Fantasien gemeinsam ausleben (darauf kommen wir später noch zu sprechen). Im Grunde erfahren wir rein gar nichts darüber.

Leicht kann sich daraus aber eine Zwickmühle entwickeln, nämlich dann, wenn wir meinen, nur weil Gott etwas nicht ausdrücklich verboten hat, muss er es ja vergessen haben zu erwähnen. Aber meiner Meinung nach wäre das Gotteslästerung. Denn es würde ja bedeuten, dass wir der Bibel etwas *hinzufügen* und behaupten würden: „So sagt es der Herr … oder so *hätte* er es sagen sollen."

Es gab tatsächlich einmal eine ganze Gruppe von Menschen, die so argumentiert haben. Die Pharisäer. Zur Zeit Jesu gehörten sie der religiösen Elite des Landes an, und sie bestanden darauf, weitere Anmerkungen zu den Vorschriften zu machen, die Gott ihnen bereits gegeben hatte (insbesondere zu den Zehn Geboten). Die Pharisäer versuchten alles, was die Menschen taten, zu bestimmen und zu beeinflussen – zum Beispiel wann welche Arbeiten verrichtet werden durften, welches Essen gegessen oder als Opfer dargebracht werden sollte und aus welchem Stoff die Leute ihre Kleidung herstellten. Es waren viele unnötige Belastungen, die für die Leute damit einhergingen. Und das jüdische Volk fühlte stets, vor Gott gewaltig zu scheitern. Denn die vielen Regeln bewirkten ja, dass sie ständig Gefahr liefen, Fehler zu begehen. Sie liefen vorsichtig wie im Porzellanladen durchs Leben und verspürten keine Freiheit mehr. Das war übrigens der Hauptgrund, warum Jesus überhaupt in diese Welt kam – um den Menschen die Freiheit zurückzugeben, Gott in Geist und in Wahrheit anzubeten und nicht religiös eifernd oder scheinheilig.

Wir können viel Zeit damit verbringen, darüber nachzudenken und zu diskutieren, woran Gott vielleicht in unseren privaten Schlafzimmern Anstoß nehmen könnte. Aber wenn man bedenkt, dass die Bibel dazu wirklich keine Anhaltspunkte liefert, finde ich es sinnvoller, sich darauf zu konzentrieren, was Gott *wirklich* verärgert.

Was hat denn Jesus mehr als alles andere auf die Palme gebracht? Ganz sicher nicht, was Frauen vor ihren Ehemännern für Kleidung trugen oder welche Stellungen sie beim Sex bevorzugten. Es ging dabei überhaupt nicht um das, was im Ehebett passierte, sondern darum, was die Pharisäer Gottes Volk antaten mit ihren Gesetzen, die man unmöglich einhalten konnte. Sie erweiterten das, was Gott gesagt hatte, indem sie unnötige Regeln aufstellten, die das private und öffentliche Leben der Menschen beeinträchtigten. Und genau das machte Jesus richtig wütend.

Bitte verstehen Sie mich nicht falsch, ich möchte Jesus nichts in den Mund legen, nur wenn ich in christlichen Gemeinden Sätze höre wie die folgenden, werde auch ich wütend:

* „Frauen sollten sich für ihre Ehemänner nicht sexy kleiden, sonst bekommen sie Lust auf pornografische Bilder." *(Merkwürdig – eine solche Begründung kann ich in der Bibel nirgends finden.)*
* „Die Missionarsstellung ist der einzige, heilige Weg für Ehepaare, miteinander zu schlafen." *(Wirklich? Wo steht das denn, bitte schön?)*
* „Ein Mann sollte von seiner Frau nicht erwarten, dass sie öfter als ein- oder zweimal in der Woche Sex mit ihm macht, sonst fühlt sie sich benutzt." *(Wow! Ich kann mich nicht erinnern, dass das irgendwo im Alten oder Neuen Testament gepredigt wird, weder von einem Hohepriester noch von einem Propheten oder Apostel.)*

Selbst die Aufrechtesten unter uns können manchmal völlig danebenliegen. Und ich glaube, dass deshalb viele Menschen auf der ganzen Welt die Kirche *nicht* als Trägerin letzter Wahrheit sehen, wenn es um Sexualfragen geht.

Hoffentlich verstehen Sie jetzt, warum ich Paaren in keiner Weise vorschreiben will, was sie in ihren Schlafzimmern tun oder lassen sollen. Dem, was Gott uns bereits mit auf den Weg gegeben hat, will ich nichts hinzufügen, sonst mache ich mich selbst des Pharisäertums schuldig. Deshalb sage ich ganz einfach – „Das Ehebett ist ein Ort persönlicher Freiheit!"

Wer allerdings klar umrissene, schwarz-weiße Grenzen rund um und im Ehebett ziehen möchte, bekommt hier einige Anhaltspunkte, die Ihnen vielleicht Sicherheit geben, Sie aber nicht einengen:

Was empfehlenswert ist

- Beten Sie gemeinsam für Ihre Sexualität, dass Gott Ihnen ein erfülltes Liebesleben schenkt und Ihre Zeit im Ehebett segnet.
- Geben Sie sich beim Sex einander hin. Völlig unbeschwert, denn es ist ein Akt des Lobpreises für Gott, den Schöpfer.
- Verspüren Sie Lust, etwas Neues auszuprobieren und scheint Ihnen das vielleicht ein bisschen gewagt zu sein? Wenn Sie kein Verbot in der Bibel finden, haben Sie gelbes Licht, denn es ist an Ihnen vorsichtig vorzugehen.
- Sprechen Sie mit Ihrem Partner, um sicherzustellen, dass er sich mit der neuen Idee wohlfühlt. Wenn Ihr Partner keine Einwände hat, können Sie loslegen.
- Ihr Partner sollte sich in Ihrer Gegenwart immer absolut sicher fühlen können.
- Genießen Sie die gemeinsame Leidenschaft und Intimität unbefangen, ohne Schuld- oder Schamgefühle.

Was Sie nicht tun sollten

- Fragen Sie keine Außenstehenden, was in *Ihrem* Ehebett geschehen soll und vertrauen Sie nicht blind auf fremde Ratschläge. Wer zählt, sind Sie, Ihr Partner bzw. Ihre Partnerin und Gott.
- Unterstellen Sie nicht, dass Ihr Partner mit allem einverstanden ist, nur weil Sie sich wohlfühlen. Jeder hat eigene Grenzen.
- Setzen Sie Ihren Partner nicht durch negative Ausdrücke wie „prüde", „Spielverderber", „Spaßbremse" herab, ebenso wenig sollten Sie ihn „abartig" nennen oder „pervers".

Im Folgenden werden Sie mehr über Antworten auf Sexualfragen und Ratschläge bei Unstimmigkeiten erfahren. Im Grunde lassen sich alle Fragestellungen diesbezüglich in zwei Gruppen teilen. Sie werden entweder durch (1) die Bibel geregelt oder durch (2) persönliches Gewissen. Wenn Gott sich ganz klar gegen etwas ausgesprochen hat, dann steht das mit Sicherheit auch in der Bibel. Das sollten wir um unserer selbst, unserer Ehe und letztlich um unserer persönlichen Beziehung mit Gott willen beherzigen. Wird jedoch etwas nicht in der Bibel erwähnt, so dürfen wir eine persönliche Gewissensentscheidung treffen. Und zwar eine eigene, selbstständige, von *fremden Meinungen* unabhängige. Sie entscheiden, ob etwas für Sie okay ist, ob es Ihnen gefällt und ob es Ihrer Beziehung guttut.

Wollen Sie sich also „nett" anziehen, um Ihren Partner etwas anzumachen, wird niemand Sie aufhalten, selbst Gott nicht. Falls Sie vorhaben, am Kronleuchter zu schwingen, stellen Sie nur sicher, dass er Ihr Gewicht aushält. Und falls Sie mehrmals pro Woche oder gelegentlich sogar mehrmals am Tag Sex haben wollen, dann tun Sie sich keinen Zwang an! Gott hat uns keine Einschränkungen auferlegt, wenn es um Leidenschaft geht.

Nachdenkenswert
- Sind Sie manchmal unsicher, ob Gott etwas „okay" findet?
- Haben Sie für sich Antworten darauf gefunden, nachdem Sie diesen Abschnitt gelesen haben?
- Können Sie sich vorstellen, dass es für Sie als Paar eine vollkommene und damit befreiende Gewissheit darüber gibt, dass Gott Ihre sexuelle Aktivität befürwortet?

12. EINANDER „UNTERTÄNIG" SEIN – WIE KLAPPT DAS IN DER EHE?

„Warum um alles in der Welt soll ich Sex mit einem Mann haben, bei dessen bloßem Anblick mir übel wird?", fragte mich verzweifelt vor einiger Zeit eine Frau, die mir davon erzählt hatte, wie ihr Mann ihr vorgeworfen hatte, dass sie frigide sei. Nur, sie hatte überhaupt gar kein Problem damit, mit ihrer sexuellen Erregung. Ihr Herz war vielmehr das Problem. Es war erkaltet gegenüber dem Mann, den sie geheiratet hatte. Und so schlimm es für mich war, ihr zuzuhören, will ich mir kaum vorstellen, wie ihre Worte in den Ohren ihres Ehemanns geklungen haben müssen, der bei diesem Beratungsgespräch vor mir und neben ihr auf dem Sofa saß. Er zitterte am ganzen Körper, teilweise vielleicht vor Ärger, dass sie ihn verbal in Stücke zerriss, sicher aber auch aus Angst, dass dies das Ende ihrer Ehe bedeuten würde.

Leider ist das kein Einzelfall, besonders wenn man es mit Paaren zu tun hat, die einen gläubigen Hintergrund haben. Warum? Weil Christen Experten darin sein können, *Teile* der Bibel zu verstehen, während sie andere Teile vollständig ausblenden. Die meisten Männer kennen die Worte des Apostels Paulus aus Epheser 5,22–24:

„Ihr Frauen, ordnet euch euren Männern unter, so wie ihr euch dem Herrn unterordnet. Denn wie Christus als Haupt für seine Gemeinde verantwortlich ist, die er erlöst hat, so ist auch der Mann für seine Frau verantwortlich. Und wie sich die Gemeinde Christus unterordnet, so sollen sich auch die Frauen in allem ihren Männern unterordnen."

Von allem losgelöst betrachtet, könnte man darin leicht das Stereotyp des dominanten Mannes erkennen, der sich auf der Couch vor dem Fernseher herumfläzt, ein Bier bringen lässt, wenn er ins Bett kommt noch eine Runde Sex erwartet und dabei verlangt, dass alles nur nach seinem Wunsch läuft. – Aber sollte das wirklich Gottes Plan entsprechen? Sollte ein Mann eine derartig blinde Unterordnung und Dienstbereitschaft von einer Frau erwarten, nur weil er als Mann „das Haupt" des Hauses ist? – Nein! Dass sich eine Frau im biblischen Sinne unterordnet und ihrem Mann respektvoll begegnet, kann sich nur *auf freiwilliger Basis entwickeln* und darf nicht *gefordert* werden. Dasselbe gilt für den Bereich der Sexualität. Natürlich kann ein Ehemann einiges dafür tun, dass seine Frau gerne mit ihm schläft, aber verlangen kann er das genauso wenig wie man eine Rosenknospe dadurch zur vollen Blüte bringt, indem man ihre äußeren Blätter ausrupft. Denn bringt man ihr nicht Zeit entgegen und versorgt sie mit den entsprechenden Bedürfnissen und Bedingungen, die sie braucht, um sich zu entfalten und zu gedeihen, wird sie verwelken.

Auch umgekehrt, was die Geschlechter betrifft, lässt sich das manchmal beobachten. Ich hatte schon einige Ehemänner bei mir auf der Couch sitzen, die mir davon erzählten, dass sie nicht die geringste sexuelle Anziehung für ihre Ehefrauen empfanden, weil diese sie respektlos oder sogar grob behandelten. Ein Grund dafür kann darin liegen, dass diese Frauen vielleicht eine ungeklärte Wut in sich tragen, weil sie früher Ressentiments gegenüber männlichen Autoritätspersonen (vielleicht hatten sie einen kühlen Vater oder einen Grobian von Ex-Mann oder Ex-Freund) empfunden haben. So etwas kann eine respektvolle Unterordnung durchaus sehr schwierig machen. Sollte das auf Sie zutreffen, sollten Sie sich fragen, wie lange Sie dieses Bündel noch mit sich herumschleppen wollen. Sie machen damit nur sich selbst und Ihrer Familie das Leben schwer. Sie sollten sich Erleichterung verschaffen und einen Therapeuten aufsuchen, der Ihnen helfen kann, Ihre Beziehungen zu Männern wieder zu klären. (In einem späteren Abschnitt werde ich stärker auf das Thema eingehen.)

Im Laufe meines eigenen Lebens und durch die Beratung von Paaren habe ich verstanden, dass es einen riesigen Unterschied macht, ob eine Frau Autorität ausübt, die sie mit ihrem Partner teilt, oder ob sie ihre Autorität dazu benutzt, ihren Mann und andere zu gängeln. Man kann die Zügel in die Hand nehmen, um Gutes für die Familie zu bewirken, Verantwortungsbereiche zu delegieren und den Haushalt gemeinsam und effektiv zu führen. Man kann aber auch die Familie drangsalieren, indem man die anderen anblafft, den eigenen Kopf durchsetzt und jeden erniedrigt, der aus der Reihe tanzt. Wir Frauen können unglaublich mächtig sein. Und das ist gut so. Aber wir haben zu lernen, unsere Waffen so einzusetzen, dass wir unserem Ehemann Fürsorge bieten, statt ihm das Gefühl zu geben, er würde bestraft oder überstimmt. Indem wir unsere Macht dazu benutzen, ihm *Gutes* zu tun, statt ihm etwas *aufzulasten*, erzeugen wir eine Verbindung, die uns zusammenhält, nicht nur emotional, sondern auch sexuell. Wo das Herz einer Frau ist, dahin wird ihr Körper folgen, und den meisten Männern geht es ähnlich.

Wie mein Mann Greg mich als Frau behandelt, ist einfach wunderbar. Manchmal denke ich selbst, das ist ein Wunder. Und ich stelle fest, so wie er mich behandelt, schenkt mir das ein unglaublich positives Selbstwertgefühl. Denn soweit ich mich zurückerinnern kann, hat er mich noch nie angeschrien – nicht einmal in den Situationen, als ich ihm die Worte um die Ohren gepfeffert habe. Ich weiß, das klingt für Sie vielleicht unglaublich und entspricht nicht der Realität jedes Paares, aber bei uns ist es so. Niemals – zu keinem Zeitpunkt – hatte ich während unserer Ehe Angst, dass er mir oder unseren Kindern auch nur ein Haar krümmen könnte. Wir schätzen alle seine außerordentliche Sanftmut. Er ist einer der entspanntesten Menschen, die ich kenne. Und obwohl mich dieser Zug seiner Persönlichkeit auch manchmal total wahnsinnig macht, überwiegen die Vorteile seines Verhaltens alle Nachteile. Hat er beispielsweise Befürchtungen bei einer Sache, äußert er diese ruhig und respektvoll. Meist gelingt es ihm, mich umzustimmen, weil es einfach schwer ist, jemandem etwas entgegenzusetzen, der einen so freundlich und einfühlsam behandelt. Er würde alles für mich tun (innerhalb gewisser Grenzen natürlich), und das weckt meine Bereitschaft, auch für ihn alles zu tun. Und diese gegenseitige respektvolle Einstellung wie Bereitschaft, dem anderen ein „Gefallen" zu sein, bestimmt auch unseren Umgang miteinander im Schlafzimmer.

In der Bibel gibt es auch noch ein paar andere Textpassagen, in denen die Rede davon ist, wie es sich mit der Unterordnung verhält:

„Ihr Männer, liebt eure Frauen so, wie Christus seine Gemeinde liebt, für die er sein Leben gab, damit sie ihm ganz gehört. Durch sein Wort und durch das Wasser der Taufe hat er sie von aller Schuld gereinigt. Wie eine Braut soll seine Gemeinde sein: schön und makellos, ohne Flecken, Falten oder einen anderen Fehler, weil sie allein Christus gehören soll. Darum sollen auch die Männer ihre Frauen lieben wie ihren eigenen Körper. Wer nun seine Frau liebt, der liebt sich selbst. Niemand hasst doch seinen eigenen Körper. Vielmehr hegt und pflegt er ihn. So sorgt auch Christus für seine Gemeinde." Epheser 5,25–29

Ihr Ehemänner, geht ihr mit eurer Frau genauso liebevoll um wie Christus mit uns? Wenn das der Fall wäre, bräuchtet ihr euch um das Thema Unterordnung keine Gedanken mehr zu machen. Eine Frau stellt sich gerne zu dem, der sie liebt, wertschätzt und ihr Aufwartung macht – insbesondere dem Ehemann, der sein Leben ihrem Schutz, ihrer Fürsorge und dem Erfüllen ihrer Bedürfnisse und der ihrer Kinder gewidmet hat. Es liegt einfach in unserer gottgegebenen Natur, dass wir uns um die kümmern, die sich um uns bemühen. Darüber hinaus verrät uns die Bibel Weiteres über die Rolle des Mannes in der Ehe:

„Ihr Männer, liebt eure Frauen und kränkt sie nicht." Kolosser 3,19

„Ihr Männer, nehmt Rücksicht auf eure Frauen, so wie sie es als die Schwächeren brauchen; achtet und ehrt sie. Vergesst nicht, dass Gott in seiner Gnade allen das ewige Leben schenkt, Männern wie Frauen. Nichts soll zwischen euch stehen, das euch am Beten hindert." Petrus 3,7

Obwohl Männer in ihren Ehen und Familien Autorität ausüben sollen, gibt diese Position weder Raum noch Recht, Härte oder grobes Verhalten an den Tag zu legen. Letztlich bedingt auch das Verhalten, wie ein Mann seine Frau behandelt, die Wirksamkeit seiner Gebete, wie 1. Petrus 3,7 zeigt. Demnach glaube ich, Gott ist es genauso wichtig, dass ein Mann seine Frau liebt, wie er die Unterordnung der Frau unter den Mann wünscht. Doch mein Lieblingsvers bei dieser ganzen Unterordnungsgeschichte, und dass sie überhaupt funktioniert, steht in Epheser 5,21, wo es heißt:

„Ordnet euch einander unter; so ehrt ihr Christus."

Einander! Anders gesagt: Sich unterzuordnen kann nur auf Gegenseitigkeit beruhen. Genauso, wie sich Mann und Frau lieben und füreinander da sind, sollten sie auch einander nachgeben, respektvoll behandeln, wahrnehmen und in Liebe sehen. Eine schöne Vorstellung, oder? Stellen Sie sich nur einmal vor, wie eine solche Ehe aussehen würde ... welche Harmonie in unsere Häuser einkehren, wie sich das Konfliktpotenzial in unseren Familien verringern würde und wie viel Freude wir bei unseren alltäglichen Aufgaben haben würden. Und nicht auszudenken, welches geistliche Wachstum wir aneinander erleben würden, wenn wir alle Kraft darauf verwenden, einander mehr zu sein, sich zu unterstützen und zu vervollkommnen, als darüber wettzustreiten, wessen selbstsüchtige Wünsche zuerst befriedigt werden.

Vor diesem Hintergrund ließe sich eine großartige Liebesgeschichte schreiben. Ach was, Sie sind ja schon dabei! Sie beide als Ehepartner sind Schaffende und Gestaltende Ihrer Ehe. Und ich wünsche Ihnen, dass Sie die gemeinsame Autorität, die Gott Ihnen geschenkt hat, zu nutzen wissen, um eine Ehe zu führen, an die man sich gerne und lange erinnert.

13. WAS, WENN WIR UNTERSCHIEDLICHE NEIGUNGEN HABEN?

Haben Sie sich auch früher vorgestellt, wie es ist, verheiratet zu sein? Wenn wilde Fantasien, wie jederzeit Sex haben zu können, endlich in die Tat umgesetzt werden können? Wann, wo und wie oft man es sich wünscht? Und dann sind Sie vor den Altar getreten, haben sich das Jawort gegeben und bald darauf festgestellt, dass in Ihren Fantasien alles möglich ist, im Ehebett jedoch nicht.

In vielen Ehen haben Mann und Frau unterschiedliche Ansichten darüber, was Spaß macht, was Lust verschafft, interessant ist, sicher, praktikabel und Einverständnis gewährend. Es würde mich ziemlich überraschen, wenn ein Paar diese Art Unstimmigkeiten *überhaupt nicht* kennen würde. (In dem Fall würde ich unterstellen, dass die beiden einfach noch nicht lange genug verheiratet sind, um sich irgendwelcher Konflikte bewusst zu sein, aber das hält nicht lange an. So etwas schleicht sich sehr schnell ein.)

Wenn ich gemeinsam mit Fred Stoeker, einem meiner Freunde und Co-Autoren der „Every Man's Battle"-Serie gemeinsam Vorträge halte, dann höre ich immer wieder gerne seine Geschichte über die ersten Ehejahre mit seiner Frau Brenda. Er brachte bestimmte Fantasien mit in die Beziehung, wie ihr Eheleben aussehen würde. Zum Beispiel stellte er sich vor, dass sie am Strand, im romantischen Mondlicht, mitten in den Dünen miteinander schlafen würden, gemeinsame Joghurtbäder nehmen würden oder im Auto auf einem Parkplatz Sex miteinander haben würden.

Brenda fand jedoch nicht an allen Fantasien von Fred Gefallen. Schon bald brachte sie gute Gründe an, warum sie bestimmte Dinge einfach nicht mitmachen würde. Fred hatte sich also zu entscheiden. Er konnte entweder darauf bestehen, dass seine Wünsche erfüllt werden, wobei er allerdings Gefahr gelaufen wäre, dass seine Frau ihm ihre Zuneigung entzog, oder er konnte die Grenzen seiner Frau akzeptieren und somit in Ehren halten, „was Brenda wirklich ausmacht". Zum Glück traf er die richtige Entscheidung. Mittlerweile sind sie nicht nur zweiunddreißig Jahre glücklich verheiratet, sondern erzählen auch vielen anderen Ehepaaren davon, wie Gott ihre Partnerschaft gesegnet hat.[12]

Einmal sprachen Fred und ich gemeinsam auf einem Eheseminar in Colorado Springs. Als er wieder einmal seine Fantasien-Geschichte zum Besten gab, und wie er seiner Frau damals nachgegeben hatte, waren die anwesenden Paare davon so bewegt, dass wir beschlossen, Fred am nächsten Morgen beim Frühstück eine besondere Freude zu machen.

Erinnern Sie sich noch an die Szene am Ende des Films *A Beautiful Mind*, als alle Kollegen von Russell Crowe sich beim Essen um seinen Tisch versammeln und ihm mit ihren Montblanc-Federhaltern ihre Achtung ausdrücken, ihren Respekt und ihren Dank? Wir haben am Frühstückstisch etwas Ähnliches gemacht; nur dass wir Fred statt Federhaltern Joghurtbecher überreichten, die wir auf seinem Teller zu einer hohen Pyramide stapelten – um den vielen Joghurtbädern zu gedenken, auf die er verzichtet hatte, um seiner Frau zu zeigen, dass *sie* viel wichtiger war als irgendwelche dummen Fantasien. Die Cafeteria füllte sich mit Gelächter und Applaus. Und ich freute mich riesig, dass Fred so viel schöne Anerkennung erhielt.

Nicht immer hat es der Mann zu sein, der in der Ehe nachgibt, um das Herz seiner Ehefrau zu gewinnen. Elizabeths E-Mail drückt beispielsweise ein wenig davon aus, wie eine gesund verstandene und gelebte Unterordnung in der Ehe aussehen kann:

„Vor Kurzem erlebte ich in der Ehe mit meinem Mann eine Art Durchbruch, und ich weiß, dass ich das Ihrem Buch verdanke, The Sexually Confident Wife. Will, mein Mann, hatte mich schon mehrmals darum gebeten, dass ich mir die Fingernägel lackiere, und zwar am liebsten rot. Das wollte ich nie und habe es einfach immer abgelehnt, ohne mir etwas dabei zu denken.

Nun habe ich Will aber gefragt, ob er sich von mir etwas wünschen würde in Bezug darauf, wenn wir miteinander intim werden. Und da fing er abermals mit diesen roten Fingernägeln an. Ich spürte sofort wieder, wie sich etwas in mir dagegen sträubte, nur dieses Mal beschäftigte mich der Gedanke, den Grund zu suchen, warum ich das eigentlich nicht mochte, statt es kategorisch abzulehnen.

Und mir fiel ein, dass die einzige Frau, die ich mit roten Fingernägeln kannte, meine Großmutter mütterlicherseits war. Und ich konnte rote Fingernägel nicht leiden, weil sie für mich mit meiner harten, materialistischen und emotional distanzierten Oma verbunden waren! Sollte das tatsächlich ein Grund sein, meinem Mann zu verwehren, eine relativ harmlose Fantasie auszuleben, dass er seine Frau mit ihren roten Fingernägeln nicht liebkosen kann? Ich hatte gar nicht geahnt, woher meine Aversionen kamen! Sobald es mir aber klar war, konnte ich damit umgehen und darauf eingehen. Am nächsten Tag lackierte ich mir die Nägel und Will genießt sie seitdem sehr. Obwohl ich noch nicht so weit bin, mich mit ihnen sexy zu fühlen, gefällt es mir aber sehr, meinen Ehemann damit zu erregen. Und insofern haben wir doch – jeder auf seine Weise – Gefallen daran.

Nach einer Weile habe ich dann Will gefragt, ob er denkt, dass ich mich in letzter Zeit verändert habe. Er sagte mir, dass er findet, ich hätte mehr Interesse an Sex, und dass er das gut fände, weil es damit weniger „Tanz um den heißen Brei" gäbe, was in der Vergangenheit häufig zu Enttäuschungen und Missverständnissen geführt habe.

Ich setze mich jetzt bewusster damit auseinander, warum ich bestimmte sexuelle Neigungen, Fantasien und Handlungen mag bzw. nicht mag. Und ich versuche, das, womit ich mich nicht wohlfühle, zu analysieren. Das hilft mir herauszufinden, wo und warum ich im Lauf der Jahre einige meiner „sexuellen Überzeugungen" gesammelt habe. Dabei merke ich, dass sich frühere schlechte Erfahrungen beiseiteschieben und stattdessen in den Kontext der liebevollen Beziehung mit meinem Mann setzen lassen, und manches davon hat mir wirklich zum ersten Mal in meinem Eheleben gefallen!"

Elizabeth geht uns mit gutem Beispiel voran. Wir alle kennen doch diese gelegentlichen sexuellen Spannungen und bemühen uns, wieder auf eine gemeinsame Wellenlänge zu kommen.

Gibt es etwas, das Ihrem Mann oder Ihre Frau gefallen würde, was Sie aber lieber nicht ausprobieren wollen, weil Sie nie wirklich verstanden haben, warum Sie so zögerlich sind? Wenn das der Fall sein sollte, denken Sie über Ihr Nein einmal ernsthaft nach. Vielleicht können Sie wie Elizabeth dabei mehr gewinnen als verlieren, wenn Sie einmal „nachgeben", statt einfach auf Ihrem Standpunkt zu beharren.

Unsere Sexualität setzt sich nicht aus einer Handvoll oder einhundert verschiedenen Erlebnissen zusammen, sondern aus Tausenden von Erfahrungen aus unserem ganzen Leben. Damit meine ich die Beziehungen, in denen wir groß geworden sind, innerhalb wie außerhalb unserer Elternhäuser. Im Kino und im Fernsehen haben wir Dinge gesehen, wir haben Musik gehört, sind an Plakaten vorbeigelaufen, haben Predigten gehört, haben uns mit Gleichaltrigen in Schulbussen unterhalten und im Unterricht darüber diskutiert – all das summiert sich zu einer kollektiven sexuellen Identität. Und da keine zwei Menschen über identische Lebenserfahrungen verfügen, ist zu erwarten, dass diese Unterschiede zu verschiedenen Erwartungshaltungen führen.

Einer meiner Lieblingssätze ist: „Unsere Sexualität ist genauso einmalig wie unser Fingerabdruck." Wenn wir uns das immer wieder vor Augen halten, können wir negative Gedanken wie Angst, Verwirrung, Urteile und Verurteilungen unserem Partnern gegenüber von vorneherein ausschließen. Anstatt unsere Partner aufgrund ihrer sexuellen Sehnsüchte für krank, schräg oder pervertiert zu halten, entdecken wir, wie abenteuerlustig, spielerisch und aufregend das sein kann. Statt zu unterstellen, dass unsere Partner frigide sind, Spielverderber oder zugeknöpft prüde, sollten wir respektieren, dass sie über Selbstkontrolle verfügen, Felsen in der Brandung sind und ihre sexuelle Integrität verteidigen. Das bedeutet nicht, alle Hoffnung begraben zu müssen, ein vielfältiges und befrie-

> Unsere Sexualität ist genauso einmalig wie unser Fingerabdruck.

digendes Sexleben zu haben, nach dem wir uns sehnen, nur weil unsere Partner sich konservativer verhalten, als wir das gerne hätten. Wir können immer daran arbeiten, Vertrauen in unseren Ehepartner aufzubauen und zu hoffen, dass sie ihre Meinung irgendwann ändern. Es bedeutet auch nicht, dass wir sexuelle Prügelknaben werden müssen, wenn unsere Partner sich eher am liberalen Ende des sexuellen Spektrums befinden, und allem nachgeben müssen, was sie sich ausdenken. Wir können trotzdem auf einem gesunden Maß bestehen und nur dem zustimmen, womit wir uns wohlfühlen.

Indem Sie die Sexualität Ihres Partners durch eine neutrale Brille betrachten, kann er und kann sie sich respektiert fühlen – sicher, geehrt, geliebt und bewundert. Sind das nicht unsere Hauptziele in einer Ehe?

II. MIT DEN GEDANKEN GUT UMGEHEN LERNEN

Kopfsache!

14. WARUM DENKEN WIR SO OFT AN SEX?

Im Sommer 1999 haben wir nachmittags mit unseren kleinen Kindern einen Zoobesuch unternommen. Als wir zum Streichelgehege kamen, waren Erin und Matthew begeistert, dass sie die Tiere endlich anfassen durften. Den ersten Halt machten wir an einem Pferch mit Longhorn-Rindern, wo mehrere Dutzend Eltern und Kinder darauf warteten, das neugeborene Kalb streicheln zu dürfen, das gerade am Euter seiner Mutter zu einem Nachmittagssnack andockte. Mein dreijähriger Sohn beobachtete das staunend und fragte mich dann weithin hörbar: „Mama, hättest *du* das mit *mir* auch so gemacht, wenn du eine Kuh gewesen wärst?"

Alle Erwachsenen, die sich in Hörweite befanden, mussten lachen, und mir ging es nicht anders. Dabei handelte es sich um eine ernst gemeinte Frage, also beantwortete ich sie ehrlich: „Matthew, ich habe mich *wirklich* manchmal wie eine Kuh gefühlt, als ich dich gestillt habe!" Das Gelächter um mich herum wurde noch etwas lauter und wir erinnern uns noch heute gerne an diesen Nachmittag.

Matthew erfuhr damals nicht nur, wie Kälber und Menschenkinder von ihren Müttern ernährt werden, sondern auch wie Babys entstehen. Es schien, als wären in jedem Käfig, an dem wir vorbeikamen, brünstige Tiere zugange. Die Giraffen rieben sich aneinander, die Gazellen waren wuschig und die Kamele praktizierten bereits Trockensex. Es schien, als hätte jemand das gesamte Heu des Zoos mit einem starken Aphrodisiakum getränkt. Und natürlich war in der Menge immer irgendein neugieriges Kind, das wissen wollte: „Warum *machen* die Tiere das?"

Obwohl sich Menschen selbstverständlich auf einer ganz anderen Ebene befinden als Tiere, was Intellekt, Geist und Verstand betrifft, unterscheiden wir uns in unseren grundlegenden körperlichen Instinkten nicht wesentlich von ihnen. Auch wir kennen vier Hauptaktivitäten, um die unsere Gedanken oft kreisen: essen, trinken, schlafen und sich fortpflanzen. So hat Gott uns geschaffen, und eigentlich ist das etwas sehr Schönes, wenn man sich seinen großen Plan vor Augen hält.

Warum verspüren wir denn Hunger und Durst? Damit wir nicht verhungern, dehydriert zusammenbrechen oder krank werden. Damit unsere Körper Nahrung haben und die Energie produzieren, die wir brauchen, um so zu funktionieren, wie es nur mit gesundem Essen und Wasser möglich ist.

Und warum müssen wir schlafen? Damit unsere Körper und Gehirne sich ausruhen und sich für einen neuen wunderbaren Tag regenerieren können. Damit wir unsere Tage erfrischt beginnen, bis unsere Batterien wieder aufgeladen werden müssen.

Und warum haben wir Sex? Auch hierfür gibt es gute Gründe:

- damit süße Babys geboren werden
- damit unsere Körper und Gehirne intensive körperliche Lust erleben
- um Stress und Spannungen abzubauen
- um verletzte Gefühle zu heilen
- damit sich unsere Herzen und Seelen ganz eng miteinander verbunden fühlen und sich lustvoll mit einem anderen Menschen vereinen
- damit wir uns leidenschaftlich geliebt fühlen und ihm bzw. ihr auf eine besonders eindrückliche und intime Art mitteilen, dass er bzw. sie auch geliebt wird

Die meisten Menschen akzeptieren Hunger und Durst ebenso wie das natürliche Bedürfnis nach Schlaf, aber die Tatsache, dass wir auch sexuelle Wesen sind, ist offenbar schwerer zu verdauen; zumindest erzeugt es nicht selten Schuldgefühle. Aber wir fühlen uns doch auch nicht schlecht, wenn wir mehrmals am Tag Hunger verspüren? Oder Durst? Ist es ein Fehler, wenn man nach achtzehn Stunden müde wird? Natürlich nicht. So funktionieren unsere Körper, und wie die Tiere im Zoo würde niemand seine Zeit damit verschwenden, das zu analysieren. Wir befriedigen diese Bedürfnisse, damit es uns gut geht.

Warum verwenden wir dann Zeit und Energie darauf, unsere sexuellen Triebe zu analysieren, zu rechtfertigen, zu hinterfragen und uns deswegen schuldig zu fühlen? Das ist doch dumm, oder nicht? (Oder haben Sie eher meine Veranlagung und finden die menschliche Sexualität so faszinierend, dass Sie gar nicht anders können, als eine Menge Zeit und Energie mit ihrer Analyse zu verbringen?)

Vielleicht nehmen wir die Sexualität deshalb als so problematisch wahr, weil wir irgendwie der Lüge aufgesessen sind, Sex sei schmutzig,

> Wir sind irgendwie der Lüge aufgesessen, Sex sei schmutzig, peinlich, erniedrigend, animalisch und hedonistisch anstatt ihn als natürlich, instinktiv, geistlich, grandios und heilig zu begreifen.

peinlich, erniedrigend, animalisch und hedonistisch anstatt ihn als natürlich, instinktiv, geistlich, grandios und heilig zu begreifen. Manche von uns haben die Fähigkeit verloren, diesen Bestandteil unseres Menschseins zu akzeptieren oder zu genießen. Stattdessen jagt es uns verlegene Schauer über den Rücken, wenn unser Kopf uns so oft an Sex denken lässt. Manche wünschten sich vielleicht, wir könnten einen Hebel umlegen und überhaupt nicht mehr an Sex denken. Sie haben tatsächlich eine ganze Reihe von Techniken entwickelt, die genau das bewirken sollen – und ignorieren und vernachlässigen ihre natürliche, gottgegebene Sexualität. Obwohl ich sicher niemanden bloßzustellen will, finde ich es eine Schande, wenn wir unsere natürlichen sexuellen Bedürfnisse so austrocknen lassen.

Warum können wir nicht akzeptieren, dass Gott uns als Menschen sexuell erschaffen hat und dass ein natürlicher, gesunder Sexualtrieb zu uns gehört – zu seinem ursprünglichen Bauplan? Dass sexuelle Gedanken so selbstverständlich sind wie ein alltäglicher Heißhunger? Oder ein trockener Mund? Oder verschlafene Augen? Was, wenn wir uns damit anfreunden könnten, uns einem ekstatischen nachmittäglichen Rendezvous in unserem Ehebett hinzugeben, vielleicht mit einem Teller unserer Lieblingsknabbereien, einem Becher mit heißem Kakao oder einem Glas Wein und einem anschließenden Nickerchen inklusive, um das kalorienbedingte Koma erträglicher zu machen? – Sex ebenso frei zu genießen, wie wir uns gestatten, unsere anderen natürlichen Bedürfnisse zu erfüllen, ist tatsächlich möglich.

Gott hat diese menschlichen Triebe aus gutem Grund – und aus *vielen* göttlichen Gründen – in uns hineingelegt. Hätten wir keinen inneren Kompass, der uns auf Nahrungssuche gehen ließe, würden wir doch verhungern, oder nicht? Und verspürten wir nicht das Bedürfnis zu trinken, wären wir innerhalb von achtundvierzig Stunden vollständig dehydriert. Und wenn es keine natürliche Schwerkraft hin zum Kopfkissen gäbe, kämen wir innerhalb weniger Tage an den Rand eines körperlichen Erschöpfungszustands. Und selbst wenn einige Menschen lange Zeit ohne sexuelle Aktivität leben, vielleicht sogar ein ganzes Leben, wenn sie es so für sich gewählt haben, kann man dies in ein großes Bild fassen: Denn was würde passieren, wenn Menschen generell keinen Appetit mehr auf Sex hätten? – Wir würden nicht nur schmerzhaft getrennt und isoliert voneinander leben, die menschliche Rasse würde auch im Laufe ungefähr eines Jahrhunderts aussterben. Ein Horrorszenario!

Gott hat uns für alles – was unser Geist, unser Körper und unsere Seele *braucht* – einen natürlichen, gesunden Appetit gegeben. Dieser

Appetit garantiert unser optimales Überleben. Er soll ein Segen sein, keine Last. Wir sollten ihn annehmen, hegen und pflegen, und ihn nach allen Möglichkeiten genießen.

Nachdenkenswert

- Wie gehen Sie mit Ihrem natürlichen und immer wieder-kehrenden Appetit nach sexueller Erregung, Stimulation und Befriedigung um?
- Haben Sie sich jemals gewünscht, Ihre sexuellen Antennen abstellen zu können? Glauben Sie, dass das überhaupt möglich ist?
- Falls Ihr Appetit in Sachen Sex eine Weile ignoriert wurde bzw. eine Zeit lang hungern musste, können Sie sich vorstellen, ihn wieder zu füttern und Ihre Ehe diesbezüglich zu beleben?

15. WARUM DENKE ICH VERGLEICHS-WEISE ÖFTER/WENIGER AN SEX ALS MEIN PARTNER?

Wie bereits im vorigen Kapitel erwähnt, ist es für uns vollkommen normal, an Sex zu denken. Es kann allerdings vorkommen, dass einer der beiden Partner wesentlich häufiger an Sex denkt als der andere. Dadurch kann ein spürbarer Unterschied in der partnerschaftlichen Libido entstehen. In Frage 35 werden wir eine Antwort darauf geben, wie man zu einer Balance bei unterschiedlich stark ausgeprägten Sexualtrieben findet. Nur warum gibt es diese Unterschiede überhaupt?

Ich kenne beide Seiten des Problems, wie viele Eheleute. Es gab Zeiten, in denen ich sexuell an meine Grenzen gestoßen bin und wenig oder überhaupt kein Interesse verspürte, und andere Zeiten, in denen ich fast die Wände hochgegangen bin, weil ich so viel angestaute sexuelle Energie in mir hatte. Ebenso hatte Greg manchmal eine ständig wiederkehrende Lust auf Sex, und dann wieder war er so von anderen Dingen abgelenkt, dass Sex bei ihm kein Interesse weckte.

Wir haben herausgefunden, dass die Lösung von diesen Pendelausschlägen von einem Extrem ins andere lautet ... bitte stellen Sie sich einen leisen Trommelwirbel vor: *Nehmen Sie es einfach nicht persönlich!* Sollten Sie derjenige sein, der zurückgewiesen wird, hat das höchstwahrscheinlich überhaupt nichts mit *Ihnen* zu tun. Und wenn Sie gerade eine vorübergehenden Flaute Ihrer Libido erleben, bedeutet das nicht, dass Ihre Beziehung zum Sinken verurteilt ist wie die Titanic. Vermutlich haben diese Unterschiede in unseren sexuellen Gedankenmustern mehr mit der Hormonproduktion zu tun als mit irgendetwas sonst, und das befindet sich außerhalb unserer Kontrolle.

Ich will um jeden Preis Klischees vermeiden. Grobe Verallgemeinerungen wie *„Männer denken die ganze Zeit an Sex, Frauen nie"* können nicht nur sehr falsch sein, sondern auch sehr verletzend, besonders für die Frau, die sich fragt: „Warum ist denn mein Mann nicht einer von denen, der genauso oft (oder noch öfter) an Sex denkt wie ich?" Wenn das so ist, meine Liebe, warten Sie bitte geduldig ab, bis wir auf praktikable Wege zu sprechen kommen, wie wir uns gegenseitig in Stimmung bringen und füreinander entflammen können. Doch jetzt widmen wir uns erst einmal den männlichen und weiblichen Hormonen.

Dr. Louann Brizendine ist der Frage nachgegangen, warum es bestimmte sexuelle Stereotype überhaupt gibt. Sie verglich Beobachtungen am männlichen und weiblichen Gehirn miteinander und forschte danach, was für die Diskrepanzen verantwortlich sein könnte, insbesondere was die Häufigkeit sexueller Gedanken betrifft:

• Die Bereiche im männlichen Gehirn, die Männer an Sex denken lassen, sind zweimal größer wie die von Frauen, was erklärt, warum Männer im Verlauf eines Tages häufiger an Sex denken, während Frauen das im Schnitt vielleicht nur ein- oder zweimal am Tag tun.[13]

- Testosteron ist ein Hormon, das unsere sexuellen Gedanken stimuliert, und der männliche Körper produziert von sich aus zehn- bis hundertmal so viel Testosteron wie der einer Frau.[14]
- Bei Stress (in der Ehe, Elternschaft, Karriere, ...) reagieren Männer häufig mit einer erhöhten sexuellen Aktivität. Frauen hingegen produzieren ein Hormon, das Cortisol heißt und das Verlangen nach Sex und körperlicher Nähe drosselt.[15]

Biologisch betrachtet haben Männer also wirklich die Anlage, häufiger an Sex zu denken als Frauen. Auch wenn unsere Ehe sich weiterentwickelt und wir eine Familie gründen, ändert sich häufig das Muster unserer sexuellen Gedanken. Typisch ist Folgendes:

- Die erste Euphorie romantischer Liebe sowie das intensive sexuelle Interesse aneinander halten ungefähr sechs Monate bis zwei Jahre an. Sobald eine Beziehung länger andauert, produziert das Gehirn weniger Dopamin und Oxytocin (die Hormone, die dafür verantwortlich sind, dass sich zwei Menschen wie Magnete anziehen). Das mentale Bedürfnis, einander in den Armen zu liegen, nimmt drastisch ab.[16]
- Zwei Wochen nach der Geburt eines Kindes verändert sich das Gehirn einer Frau radikal. Es verlegt seinen Schwerpunkt von ihrem Sexualpartner auf ihr neugeborenes Baby. Nach der Geburt kann das Stillen das Verlangen der Mutter für ihren Partner ersetzen oder zumindest beeinträchtigen.[17]

In anderen Worten, die Flitterwochen dauern nicht ewig. Das *Neue* verblasst und unser Ehealltag stellt sich gewöhnlich etwas anders dar, als wir uns das in unseren kurzsichtigen Fantasien ausgemalt hatten. Wenn dann noch Kinder ins Spiel kommen, kann die hingebungsvolle Sorge einer Frau um ihre Kinder ihren sexuellen

Bedürfnissen einen weiteren Dämpfer verpassen, und das über viele Jahre (oder Jahrzehnte) hinweg. Beim Mann kann die berufliche Karriere etwas Ähnliches bewirken, wenn er sich zu stark darauf fixiert. Sowohl Ehemänner als auch Ehefrauen müssen sich daher bewusst Zeit nehmen und sich einen Raum schaffen, ihre Beziehung zu pflegen, die so wichtig für anhaltendes Wohlbefinden ist. Denn eines ist klar: Kinder wachsen heran und verlassen eines Tages das Nest. Karrieren kommen und gehen. Freundschaften enden. Aber unsere Ehe soll *für immer* halten, und deshalb müssen wir unsere Erwartungen zurechtrücken, nachdem die Euphorie der Flitterwochen verschwunden ist.

Realistisch das Ganze zu sehen, hat auch etwas Ermutigendes. Denn obwohl unsere Gehirne nicht mehr dasselbe sexuelle Hochgefühl produzieren, das wir so sehr genossen haben, muss unsere Liebe deswegen nicht vollständig schwinden. Es bedeutet lediglich, dass unsere Körper nicht dazu gedacht sind, den überdrehten Zustand leidenschaftlicher Liebe dauerhaft auszuhalten.

Wenn man die Dinge in diesem Licht betrachtet, ist das eigentlich eine positive Entwicklung. Denn obwohl die Liebe uns nicht mehr so oft zu Kopf steigt, wird keiner von Ihnen beiden das Handtuch werfen, nur weil das Interesse an einem spannenden Sexualleben alles andere ausblendet. So verhalten sich nur Paare, die es mit der Beziehung nicht so genau nehmen. Diese Ehen sind wie Regenpfützen. Sie funkeln an der Oberfläche, aber sie besitzen keine Tiefe. Zwei reife Erwachsene jedoch, die mit allen Konsequenzen lebenslang einen Bund miteinander geschlossen haben, werden lernen, wie das mit der Liebe funktioniert und wie man sie erhalten kann.

Eine der Sachen, die Greg und ich herausgefunden haben, ist, dass man nicht unbedingt „scharf" aufeinander sein muss, um Sex miteinander zu haben. Schließlich gibt es im Leben viele Momente, in denen wir einfach nicht die Zeit und Energie aufbringen und in denen uns nichts so richtig antörnt. Deshalb haben wir persönlich für uns einen Paradigmenwechsel vollzogen. Jeder kleine

Grund zur Freude (gute Nachrichten, beruflicher Erfolg, Familienfeste, Antwort auf Gebete) kann ein Anlass sein, miteinander zu schlafen. Wenn wir gestresst von der Arbeit kommen, kann Sex uns zur Entspannung dienen. Wenn wir uns schlapp fühlen, kann ein kurzer „Quickie" und das Ausglühen des Gefühls unsere Batterien aufladen für den Rest des Abends. Und wenn einer von uns traurig ist, kann auch ein liebevoller Akt eine tröstliche Wirkung entfalten.

Dass Sex nur Sinn macht, wenn uns danach ist, die ganze aufgestaute Erregung endlich zu entfesseln – dem ist nicht so. Vielmehr sollte man Sex verstehen als etwas, das ein Ehepaar auf sehr intime und kraftvolle Art miteinander verbindet – sowohl in guten als auch in schlechten Zeiten.

16. WORIN UNTERSCHEIDET SICH LIEBE VON LUST?

Seit er drei Jahre alt ist, hat mein Mann einen immer wiederkehrenden Albtraum von einer männlichen Gestalt, die das Zimmer betritt, während er schläft. Dieser Mann trägt ein großes, scharfes Schwert in seiner Hand, und er hat es darauf abgesehen, Greg damit niederzustechen. Lange Zeit hatte er große Angst vor dem Mann mit dem Schwert und versuchte, sich möglichst fern von ihm zu halten.

Erst im Erwachsenenalter begriff Greg, dass der Mann in Wirklichkeit ein Arzt war und das Schwert eine Spritze, mit der der Mann Greg eine Medizin zur Behandlung einer schweren Hirnhautentzündung injizieren wollte, die er sich als Kleinkind eingefangen hatte. Der Mann wollte Greg überhaupt nicht verletzen oder gar töten, sondern ihm helfen, ihn heilen und

> In Wirklichkeit ist die Sexualität unsere größte Verbündete, sie wird nur leider allzu oft als etwas Schlechtes angesehen.

ihm damit das Leben retten. Greg hatte also jemanden für gefährlich gehalten, der in Wirklichkeit sein größter Verbündeter war.

Wir haben aus unserem sexuellen Verlangen ein ähnliches Zerrbild gemacht. In Wirklichkeit ist die Sexualität unsere größte Verbündete, sie wird nur leider allzu oft als etwas Schlechtes angesehen. Jahrzehntelang wurde uns eingeimpft, sexuelles Verlangen sei tierisch, schmutzig, vulgär, widerlich, unappetitlich, verstörend und obszön – um nur ein paar der gängigen Adjektive zu gebrauchen. Wer in diesem Glauben erzogen wurde, hat mit Sicherheit versucht, seine Sexualität so gut es geht auf kleiner Flamme zu halten. Alle sexuellen Gefühle, Gedanken und Handlungen wurden tabuisiert und per se zur Sünde erklärt.

Glauben wir denn wirklich, Gott wollte uns ein Bein mit der Sexualität stellen, damit wir hinfallen? Nein, aber vielleicht erklärt dieser Irrglaube, warum ich so oft E-Mails von Männern wie Frauen bekomme, in denen folgende Sätze auftauchen …

- „Ich versuche, meine Frau nicht so oft anzusehen, sonst bekomme ich sofort Lust auf sie."
- „Ist es schlimm, wenn ich den Körper meines Ehemanns vor mir habe und dabei meine Gedanken mit mir durchgehen, was ich so alles mit ihm anstellen könnte?"
- „Ich habe wirklich gedacht, nach der Hochzeit wäre ich endlich von meiner Begierde geheilt, stattdessen will ich weiterhin die ganze Zeit Sex mit meiner Frau."

Falls Ihnen das nicht schon aufgefallen sein sollte – diese Menschen haben leider Liebe mit Lust verwechselt. Sie halten etwas wunderbar Natürliches für eine Perversion und glauben, sie wären fürchterlich falsch gewickelte Kreaturen, nur weil sie das heilige Verlangen in sich verspüren, das Gott uns in alle Fasern unseres Wesens eingewoben hat. Dabei ist gar nichts Lüsternes an dem, was sie beschreiben.

Es ist wichtig, dass wir den Unterschied zwischen *Liebe* und *lüsterner Begierde* verstehen, damit wir wissen, wann wir eine Grenze überschreiten und wann wir uns auf vollkommen sicherem Terrain bewegen. Niemand braucht Angst zu haben vor etwas, was uns gesund und lebendig hält – und nichts in der Ehe ist so gesund und lebensspendend wie wenn die Chemie in Sachen Sex stimmt.

Spaßeshalber können wir aus dem Folgenden ein Quiz machen. Antworten Sie mit „Liebe", wenn Sie glauben, dass es sich um eine normale Beziehungsdynamik handelt, und antworten Sie mit „Lust", wenn Sie eine Verletzung der sexuellen und spirituellen Integrität sehen:

1. Ein verheirateter Mann denkt beim Anblick seiner Partnerin, was für eine großartige Frau sie ist und sehnt sich danach, Sex mit ihr zu haben – *Liebe* oder *Lust?*
2. Eine verheiratete Frau saugt ihren Ehemann durch ihre Augen und Ohren förmlich ein, dabei schwirren ihr erotische Bilder durch den Kopf – *Liebe* oder *Lust?*
3. Ein Paar befriedigt seinen sexuellen Appetit durch eine intime Begegnung und kann trotzdem nicht aufhören, immer weitere Zärtlichkeiten auszutauschen – *Liebe* oder *Lust?*

Die richtige Antwort ist in allen drei Fällen – *Liebe.* Warum um alles in der Welt sollte irgendjemand eines dieser Dinge verbieten? Nur weil ein Gedanke, ein Gefühl oder eine Handlung mit Sex zu tun hat, ist daran doch nichts Verkehrtes. Wir müssen in der Lage sein, zwischen beidem zu unterscheiden, wenn wir vernünftig mit unserer Sexualität umgehen wollen.

Eine der besten Definitionen von *Lust* habe ich einmal von James Robinson bei einem Fernsehinterview gehört. James sagte:

„Lust hat nichts damit zu tun, dass wir jemanden sexuell anziehend finden. Daran können wir nichts ändern, dass Gott so außerordentlich attraktive Menschen in die Welt gesetzt hat! Lust bedeutet vielmehr, dass wir jemanden manipulieren wollen und uns etwas sexuell aneignen, was uns nicht gehört."

Ihr Partner *gehört* Ihnen jedoch mit Haut und Haar, deshalb ist es vollkommen in Ordnung, wenn er Ihnen den Kopf verdreht und immer wieder Ihre Lust weckt. Das ist ein Grund zur Freude. Nur wenn wir versuchen, jemanden, der nicht zu uns gehört, in eine sexuelle oder emotionale Beziehung zu locken, befinden wir uns auf wackeligem Boden. Bewerten Sie folgende Szenarien:

- Sie machen einen Umweg, um am Arbeitsplatz eines verheirateten Kollegen vorbeizugehen, weil Sie ihn attraktiv finden und gerne mit ihm flirten – *Liebe* oder *Lust?*
- Sie besuchen ein Lokal, nur weil die Kellnerinnen sich ein bisschen freizügiger kleiden und Sie diese Atmosphäre genießen – *Liebe* oder *Lust?*
- Sie haben Langeweile und suchen im Internet nach einer alten Flamme, nur um wieder einmal gemeinsam mit ihr zu lachen und ein paar alte Erinnerungen aufzuwärmen (weil das Ihrem Ego guttut) – *Liebe* oder *Lust?*

Um auf diese Fragen die richtigen Antworten zu geben, braucht man keinen besonderen Scharfsinn. Wenn wir unsere Egos von jemandem streicheln lassen, mit dem wir nicht verheiratet sind, geraten wir schnell auf lüsterne Abwege. Aber wenn wir unsere sexuelle Energie darauf konzentrieren, eine bereichernde, erfüllende Beziehung mit der einen Person zu kultivieren, mit der wir eine irrsinnig tolle Zeit verbringen dürfen, sooft wir Lust dazu verspüren, dann hat das überhaupt nichts mit Lüsternheit zu tun. Hören Sie also auf, sich mit falschen Schuldgefühlen zu belasten, betrachten Sie das attraktive Gegenüber, mit dem Sie verheiratet sind, mit neuen Augen und nehmen Sie sich die Freiheit, einander rückhaltlos zu genießen.

Auf einer Wellenlänge sein

17. WARUM STELLEN WIR UNS UNTER LIEBE UND SEX OFT SO ETWAS UNTERSCHIEDLICHES VOR?

„Ich will einfach nur die Nähe meines Ehemanns genießen!", rief Gina während der Beratung bei mir. Tags darauf traf ich mich mit Gina und ihrem Ehemann. Nachdem ich ihnen ein paar Fragen gestellt hatte, wusste ich, dass Connor sich genau das Gleiche wünschte. Auch er wollte seiner Frau nah sein und war ziemlich frustriert, dass seine Bemühungen immer wieder von ihr abgeschmettert wurden. Wie kommt es, dass ein Paar eigentlich das Gleiche will und trotzdem so kläglich scheitert?

Zuerst fragte ich Gina, was sie denn unter *Nähe* überhaupt versteht.

„Ich will einfach nur bei ihm sein. Mehr mit ihm reden. Ich würde gerne häufiger mit ihm beten. So, als wären wir die besten Freunde", antwortete sie.

Dann fragte ich sie, was Connor ihrer Meinung nach unter *Nähe* versteht. Nach einer langen Pause war es, als ginge eine ganze Lichterkette in ihrem Kopf an, und sie erklärte kühn: „Sex!"

Connor schüttelte wild seinen Kopf hin und her wie ein Baby-Ferkel mit ADHS, das nach einer Geburtstagsparty einen Zuckerschock erleidet.

Und er sagte: „Ich würde emotional auch einen viel besseren Draht zu dir bekommen, wenn du bereit wärst, mich auch körperlich öfter an dich heranzulassen."

„Bei mir ist es genau andersherum", entgegnete sie.

Ein anderes Paar, Kim und Rick, erzählte, dass es bei ihnen nach der Geburt der Kinder mehrere Jahre dauerte, ehe sie ihre unterschiedlichen Vorstellungen von Sex und Liebe wieder herausgefunden haben. Kim erklärte: „Nach dem Tag mit unseren Kindern und einem Baby war ich einfach nur müde und platt. Sex war dann wirklich das Letzte, das ich mir vorstellen konnte." Rick entfernte sich daraufhin von ihr, weil er das Gefühl hatte, von seiner Frau abgelehnt zu werden. Keiner von beiden konnte diese Gefühle verbalisieren, ohne dass es irgendwie egoistisch klang. Aber nachdem sie einige Monate lang nur noch alle paar Wochen mal miteinander geschlafen hatten, ergriff Rick das Wort: „Ich habe überhaupt keinen Zugang mehr zu dir, Kim. Ich weiß, dass du müde bist, aber ich brauche dich, um aufzutanken. Wenn wir miteinander schlafen, dann drückt das für mich auch die Nähe, die ich zu dir verspüre, aus."

Kim sagte ihm, dass sein Kommentar sie frustrierte, weil es ihrer endlosen To-do-Liste nur einen weiteren Punkt hinzuzufügen schien.

„Natürlich wünschte auch ich mir mehr Intimität mit meinem Ehemann, nur mein Problem war, dass ich einfach keine körperliche Energie mehr für ihn übrig hatte. Und das konnte er einfach nicht verstehen, dass Sex sich für mich wie etwas anfühlte, was ich dann pflichtschuldig *erledigen* musste und nicht wie etwas, wonach ich mich selber sehnte."

Ist es nicht erschreckend, wenn Mann wie Frau das gleiche Ziel verfolgen, dabei aber völlig unterschiedliche Strategien anwenden? Wie *kommt* es nur, dass sie so unterschiedliche Vorstellungen von Sex und Liebe haben?

Gott hat Männern und Frauen bestimmte Rollen zugewiesen. Gott hat Männer dafür geschaffen, die Menschheit fortzupflanzen. Sie sind so gepolt, dass sie die Kontinuität der Generationen im Blick behalten, und zwar mittels ihres gesunden Sexualtriebs. Solange Männer Sex haben wollen, werden Babys gezeugt. Und das ist eine gute Sache. In diesem Sinne also ein Hoch auf den männlichen Sexualtrieb! Und ein Hoch auf die süßen Babys, die dabei entstehen sowie die neu gegründeten Familien!

Frauen hingegen sind von Gott als Versorgerinnen der Menschheit gedacht. Sie sind so gepolt, dass sie für das gesunde Heranwachsen der Babys Sorge tragen und fürsorglich deren Bedürfnisse befriedigen. Mütter sind bereit, alles für ihre Kinder zu tun, und auch das ist eine gute Sache. Ein Hoch auf alle praktisch veranlagten, emotional verfügbaren Mütter!

Weil Männer die Erfüllung ihrer Rolle durch den Sexualtrieb finden, wünschen sie sich natürlicherweise möglichst häufig körperliche Zweisamkeit. Und weil Frauen eher emotional angetrieben werden, was ihre Rolle betrifft, sehnen sie sich ebenso natürlich nach einem engen seelischen Gefühlskontakt.

Ich will nicht unterschlagen, dass es zuweilen auch Ehemänner gibt, die sich stärker nach der rein gefühlsmäßigen Verbindung mit ihrer Frau sehnen, während es auch Ehefrauen gibt, die sich mehr Sex mit ihrem Mann wünschen. Aber wie dem auch sei, wenn beide gegeneinander antreten – und nicht bereit sind, nachzugeben, bis ihre eigenen Bedürfnisse oder Wünsche befriedigt werden –, wird keiner gewinnen. Wenn Mann und Frau hingegen lernen, ihre jeweils einzigartige Bestimmung miteinander auszuleben, kann das große Freude in ihrem Miteinander bewirken. Ein gegenseitiges Empfangen und Beschenken, das die Sehnsüchte beider befriedigt.

Nachdenkenswert
- Was verstehen Sie unter „Nähe" in Ihrer Ehe?
- Wie nah fühlen Sie sich Ihrem Partner in der aktuellen Lebensphase auf einer Skala von 1 bis 10 (1 = sehr distanziert, 10 = sehr nahe)?
- Beschreiben Sie eine Zeit in Ihrem Leben, als Sie sich einander besonders nah fühlten.
- Was brauchen Sie konkret, um sich Ihrem Partner nah zu fühlen?

18. WIE KOMMEN WIR IN STIMMUNG, UM ÖFTER SEX MITEINANDER ZU HABEN?

Diese Frage ist höchst komplex und zugleich sehr einfach zu beantworten. Komplex, weil sie auf mehreren Ebenen zu stellen ist – aber diese lassen sich im Grunde auf vier einfache Fragen reduzieren:

- Was macht eine Frau an?
- Wodurch verliert eine Frau das Interesse an Sex?
- Was macht einen Mann an?
- Wodurch verliert ein Mann das Interesse an Sex?

Um die Antworten auf diese Fragen zu erhalten, ist der einfachste Weg, einander zu befragen.

So sehr ich es mir auch manchmal wünsche, das Geheimnis lüften zu können, warum eine verheiratete Person oder ein Paar nicht mehr oft miteinander schläft, so unmöglich ist es wahrscheinlich für Sie, mir die sexuelle Anziehungskraft in *meiner* Ehe zu erklären. Niemand kann diesen Code entschlüsseln außer dem Paar selbst.

Es liegt also an Ihnen, die Antwort auf diese Fragen selbst herauszufinden. Um Ihnen den Einstieg in Ihr Gespräch etwas zu erleichtern, habe ich exemplarisch mehrere Ehemänner wie Ehefrauen gebeten, mir doch einmal zu verraten, was sie besonders erregt bzw. abschreckt. Vielleicht finden Sie ja Übereinstimmungen. In den Antworten der Männer tauchten folgende drei Aussagen besonders häufig auf:

- „Ich erwarte nicht, dass meine Frau wie ein Model auszusehen hat. Ich weiß, dass es den Körper einer Frau verändert, vier Kinder geboren zu haben. Trotzdem schätze ich es sehr, dass meine Frau Wert auf ihr Aussehen legt, relativ gesund isst und beweglich bleibt. *Das* finde ich sexy."
- „Der größte Feind meiner Libido ist, wenn meine Frau nicht aufhört an mir herumzunörgeln und zu kritisieren. Ich weiß, ich bin nicht perfekt, und sie hat recht, gelegentlich etwas an

mir auszusetzen, aber wenn sie das währenddessen tut, wenn wir in Stimmung geraten, fühle ich mich wie ein totaler Versager und habe ganz sicher keine Lust mehr darauf, mit ihr zu schlafen."

- „Ich will nicht immer derjenige sein, der die Initiative ergreift. Ich finde es schön, wenn sie mich auch mal umwirbt. Ich will spüren, dass sie sich nach mir körperlich sehnt und nicht nur auf meine Frustration reagiert, sondern ihr eigenes Verlangen nach mir befriedigt."

Wie Sie sehen, sind die Antworten der Männer relativ klar – eine Frau sollte auf ihr Aussehen achten, ihn emotional rücksichtsvoll behandeln und ab und zu auch mal sexuell vorpreschen.

Die Frauen, die ich befragt habe, waren dagegen wesentlich ausführlicher mit ihren Beschreibungen, was sie in Stimmung bringt und was nicht. Eine Frau verliert das Interesse am Sex, wird müde oder abgelenkt, wenn …

1. sie erschöpft ist von den alltäglichen und abendlichen Routinen.
2. sie das Gefühl hat, sie würde nicht dabei unterstützt, die Kinder zeitig ins Bett zu bringen.
3. sie an ihre To-do-Liste für den nächsten Tag denken muss.
4. einer von beiden Mundgeruch hat.
5. das Schlafzimmer unaufgeräumt oder ungemütlich ist.
6. zu viel Schleim (oder andere Körperflüssigkeiten) ins Spiel kommen.
7. sie Angst hat, dass die Kinder hereinkommen könnten.
8. er ihr aus Versehen an empfindlichen Stellen wehtut, sie tritt, zwickt oder auf ihr kniet.
9. er sich in letzter Zeit nicht viel mit ihr unterhalten oder mit ihr gebetet hat.
10. ihr kalt ist und sie nur noch unter die warme Decke kriechen und schlafen will.

Tja, wir sind vielleicht ein wenig anspruchsvoll, aber eine Frau schätzt es eben sehr, wenn ihre körperlichen, mentalen, emotionalen und geistlichen Bedürfnisse gestillt sind, ehe es bei ihr zur Sache geht. Hier ein paar Tipps für Paare, falls einige der oben genannten Punkte bei Ihnen ein Thema sind:

1. Männer, denkt daran, dass Sex bereits in der Küche beginnt. Wer beim Geschirrspülen, Baden der Kinder oder anderen Dingen, die Ihre Frau zu erledigen hat, bevor sie abends ins Bett springen kann, seine Hilfe anbietet, kann darauf hoffen, als „Held" belohnt und nicht für das Gefühl bestraft zu werden, dass sie wieder alles alleine machen musste.

2. Stellen Sie für die Kinder eine Regel auf, dass „Hausaufgabenhilfe" um 20 Uhr abends endet (oder zu einer anderen Zeit, die dem Alter Ihres Kindes angemessen ist), damit Sie Ihre späten Abendstunden nicht damit zubringen, sich in höhere Mathematik oder andere Wissensgebiete zu vertiefen.

3. Ihr Frauen, notiert euch die wichtigsten Dinge für den nächsten Tag, ehe ihr abends ins Bett fallt! Dann erliegt ihr nicht der Versuchung, euch über diese Dinge den Kopf zu zerbrechen, sobald euer Mann neben euch auf dem Kissen liegt.

4. Kaufen Sie ein Mundwasser, das im Bad aufbewahrt und benutzt wird, bevor man abends ins Bett krabbelt.

5. Heben Sie die schmutzige Wäsche vom Boden auf und räumen Sie die saubere Wäsche in den Schrank, damit im Schlafzimmer alles „ordentlich" ist. Ein Kerzenlicht, gerne auch zwei oder zehn, erzeugt auf überaus schlichte Art eine angenehme Atmosphäre. Achten Sie auch auf Gerüche! Verwenden Sie beispielsweise Duftkerzen oder Duftöle mit Lavendel, Vanille oder Moschus, die als sexuell anregend gelten. Auch das Schlafzimmer von Grund auf zu sanieren, kann eine lohnende Investition sein – ein paar Tage Arbeit, ein paar Hundert Euro, und schon haben Sie einen Raum, in dem Sie sich wieder gerne aufhalten.

6. Bewahren Sie eine Box Taschentücher im Nachttisch auf, damit Sie schnell reagieren können, falls zu viel an Flüssigkeiten fließen sollten.

7. Bauen Sie ein Türschloss ein und schon können Sie sicher sein, dass im entscheidenden Moment kein kleiner Überraschungsbesuch am Bett steht.

8. Lassen Sie eine Lampe neben dem Bett brennen, damit Ihr Ehemann *sehen* kann, wohin er seine Hände und Knie setzt; das hilft, um unbeabsichtigte Verletzungen zu vermeiden.

9. Ehemänner, beginnt die Unterhaltung nie mit den Worten: „Willst du jetzt Sex haben?" Fragen Sie lieber: „Wie war dein Tag?" oder „Wann habe ich dir zuletzt gesagt, was für eine tolle Frau du bist?" oder „Weißt du eigentlich, wie sehr ich dich liebe?" Sie verstehen mich schon richtig. Wärmen Sie Ihre Frau ein bisschen vor, bevor Sie erwarten, dass sie in Flammen aufgeht.

Und da wir gerade vom Vorglühen sprechen: Ich habe extra für den letzten Punkt auf der Liste der sexuellen Abtörner (das „Kältegefühl") einen eigenen größeren Beitrag vorgesehen. Denn wenn es Frauen kalt ist, können Sie auch meist keinen Orgasmus haben. Das ist nicht nur in euren Köpfen verankert, liebe Ladys – es handelt sich um eine biologisch erwiesene Tatsache. Um einen Orgasmus zu erleben, benötigt man sowohl die richtige innere Einstellung als auch ein gewisses Maß an körperlicher Entspannung. Und beides ist so gut wie unmöglich, wenn wir frösteln. Hier also ein paar Tipps, damit es zwischen Ihnen und Ihrem Ehemann heiß hergeht:

1. Sollte Ihr Schlafzimmer zu kühl sein, stellen Sie etwa eine Stunde bevor Sie ins Bett gehen einen zusätzlichen Heizkörper dazu, damit die Zimmertemperatur angenehm warm ist.

2. Machen Sie am Ende des Tages ein paar Turnübungen – Kniebeugen oder Liegestütz –, gerade ausreichend, um die Blut-

zirkulation anzuregen und den Körper auf natürliche Art zu erwärmen.

3. Nehmen Sie vor dem Zubettgehen eine heiße Dusche oder ein Vollbad.

4. Experimentieren Sie mit Ihrer Nachtbekleidung, probieren Sie es z. B. mit zuknöpfbaren (oder knopflosen) Oberteilen, die bestimmte Körperteile leicht zugänglich machen, während andere (Schultern, Rücken, Arme) warm bleiben.

5. Experimentieren Sie mit Ihrer Decke, machen Sie z. B. ein Zelt, indem Sie Ihre Knie als Zeltpfosten benutzen, die Decke aber in der Mitte herunterziehen, damit bestimmte Teile Ihres Körpers sich in Reichweite befinden. (Wenn wir diese Position in der Geburtsvorbereitung einnehmen können, sollte uns das auch für unsere Ehemänner möglich sein.)

6. Es sieht nicht übermäßig sexy aus, aber vielleicht hilft es, wenn Sie Ihre flauschigen Socken anbehalten. An den Füßen wird uns am ehesten kalt, weil das Blut die weite Entfernung zurücklegen muss.

7. Erwärmen Sie etwas Körperlotion in der Mikrowelle und bitten Sie Ihren Ehemann um eine heiße Fuß- oder Rückenmassage. Ich kann mir nicht vorstellen, dass er ablehnen wird, wenn ihm die dahinterliegende Absicht bewusst wird.

Ich fasse noch einmal zusammen: Ein wenig Kooperation und Kommunikation, ein Notizblock mit Stift, eine Flasche Mundwasser, ein paar Kerzen, eine Box Taschentücher, ein Türschloss, flauschige Socken, eine Körperlotion ... nehmen Sie ruhig noch weitere hilfreiche Gegenstände in Ihre Liste auf. Die Kosten dafür sind wesentlich niedriger als die für eine Eheberatung, falls Ihr Sexualleben irgendwann nicht mehr das ist, was Sie beide sich vorstellen. Nehmen Sie sich Zeit, darüber nachzudenken, was Sie sexuell erregt und was Sie eher abschreckt. Vor allem aber seien Sie offen dafür, mit Ihrem Partner darüber zu sprechen, sodass Sie die Beziehung leben können, die Sie sich emotional wie intim beide wünschen.

19. VOREINANDER NACKT SEIN OHNE SCHAMGEFÜHL – GEHT DAS?

Obwohl viele Eventualitäten ein Paar im Schlafzimmer ausbremsen können, gibt es ein Thema, das die größte Gefahr ist – die eigene wie auch die Körperwahrnehmung des anderen.

Bevor wir uns darin vertiefen, möchte ich klarstellen, dass in der Bibel mit der Feststellung, dass Adam und Eva beide nackt waren und keine Scham voreinander empfanden (1. Mose 2,25), wesentlich mehr gemeint ist als das rein körperliche Wohlgefühl im Garten Eden.

Nur wie negativ beeinflusst denn die Körperwahrnehmung das Gefühl von Freiheit bzw. Hemmungslosigkeit, das im Schlafzimmer eigentlich herrschen sollte? Ich rede hier übrigens nicht nur von Frauen – auch Männer können Betroffene sein. Sie finden ihre Körper vielleicht zu schmächtig, ihre Bäuche zu dick oder sie sehen einfach nicht so aus wie der super-durchtrainierte Kerl mit dem Waschbrettbauch aus der Fitnesswerbung und haben ein Problem damit. Auch ein Mann reagiert empfindlich, wenn Fettröllchen über seinem Gürtel hängen. Kürzlich erst musste ich herzhaft lachen, als ein Pfarrer aus Neuseeland spaßeshalber erzählte: „Meine Frau sagt, dass ich den Körper eines Gottes habe. – Ich sehe aus wie Buddha!" Wie schön, dass er darüber lachen konnte, aber natürlich wird auch das Selbstwertgefühl eines Mannes negativ beeinflusst durch solche körperlichen Attribute, die in unserer auf Äußerlichkeiten fokussierten Kultur nicht gerade dem Ideal entsprechen.

Und wo ich schon dabei bin – auch mein fünfzigjähriger Ehemann regt sich darüber auf, dass sein Brusthaar ergraut und sein Haaransatz immer mehr zurückgeht. Obwohl ich ihm versichere, dass ich einen älteren, distinguiert aussehenden Mann mag und dass er in meinen Augen immer sexy sein wird, ganz egal wie viele Haare er verliert oder wie viele Falten er bekommt, ist es schwer für ihn zu akzeptieren, dass das Alter von seinem Körper einen Tribut verlangt, so wie von jedem anderen. Obwohl auch Männer von negativen

Körperwahrnehmungen geplagt werden, sind sie meistens trotzdem in der Lage, dieses Thema einfach kurzzeitig auszuklammern, ihre Haare Haare sein zu lassen und im Schlafzimmer eine Menge Spaß zu haben.

Warum aber können Frauen das nicht so einfach? Es kommt doch eher selten vor, dass Männer in der Ecke des Schlafzimmers kauern, sich an ihren flauschigen Morgenmantel klammern und jammern: „Du kannst mich doch unmöglich sexy finden!" Männer blenden ihre eigene physische Erscheinung lange genug aus, um aus vollem Herzen ins Schlafzimmer hineinzurufen: „Hey, Schatz! Lass uns loslegen!"

Die wenigsten Frauen bringen das fertig. Ist es also nicht erstaunlich, dass solche kleinen Dinge eine derartige Bedeutung haben? Dinge wie …

- zu groß sein
- zu klein sein
- zu fett sein
- zu dünn sein
- kleine Brüste
- große Brüste
- Hängebrüste
- Milchbusen
- rundlicher Bauch
- Cellulite
- Dehnungsstreifen
- Kaiserschnittnarben
- dicker Po
- flacher Po
- breite Hüften
- kaum Hüften

- dicke Schenkel
- dürre Beine
- geschwollene Knöchel
- Krampfadern
- dünnes Haar
- dickes Haar
- glattes Haar
- krauses Haar
- blasse Haut
- dunkle Haut
- Sommersprossen
- Muttermale
- Krähenfüße
- Lachfältchen
- Akne-Narben
- Altersflecken

Und ich gehe davon aus, dass jede Frau ihre ganz persönlichen Problemzonen zu dieser Liste hinzufügen könnte.

Aber hier nun die alles entscheidende Frage: Kann eine Frau nicht lernen, ihren Körper frei und unbeschwert mit ihrem Ehemann zu teilen, ohne dass Angst oder Scham sich einschleichen und die Stimmung trüben? Kann sie ihre eigenen Unsicherheiten nicht beiseitelassen, wenigstens eine Zeit lang, um ihren sexuellen Gefühlen freien Lauf zu lassen, sich in der liebenden Umarmung ihres Ehemanns zu verlieren und sich ihm ganz hinzugeben?

Ich glaube, dass jede Frau, ganz gleich wo auf der Tabelle des *Zu-viel*-von-dem oder *Zu-wenig*-von-dem sie sich befindet, lernen kann, die Haut zu lieben, in der sie nun einmal steckt – und die Wirkung, die diese Haut auf ihren Ehemann und ihre Ehe hat, wenn sie sich ihm anvertraut.

Charissa zum Beispiel hat einen Großteil ihres Lebens mit einer Essstörung gekämpft und konnte kaum den Blick in den Spiegel ertragen, ohne Hass zu empfinden, aber trotzdem hat sich die Ehe als Schutzraum erwiesen, der sie von vielen ihrer Zwänge befreit hat. Ich zitiere aus ihrem Blog:

„Ich erinnere mich noch daran, als mein Ehemann mich zum ersten Mal im Bikini sah. Es tat mir weh, ein Kleidungsstück nach dem anderen abzulegen. Ich vermied den Augenkontakt zu ihm, aus Angst, dass er die Scham in meinen Augen sehen könnte. Nichtsdestotrotz hat er nicht aufgehört, mich zu beobachten. Es war mehr als ein kurzer Blick, es fühlte sich an wie ein aufdringliches Starren, als würde er direkt in meine Seele schauen. Obwohl ich weglaufen wollte, konnte ich fühlen, wie Gott mein Herz heilte.

Ich habe gelernt, dass es für mich das Schlüsselerlebnis schlechthin ist, wenn ich es zulasse, dass mein Ehemann mich ansieht. Er sieht mich nun nicht mehr im Bikini. Inzwischen studiert er jeden Quadratzentimeter meines nackten Körpers. Und er macht das gerne, selbst wenn ich einen nicht so guten Tag hinter mir habe. Statt meinen aufgeblähten Bauch oder die Dellen auf meinem Hintern zu kommentieren, sieht er mich nur an ... sehnsüchtig ... genauso wie damals am Pool.

Sogar wenn wir miteinander schlafen, lassen wir die Augen offen, die Lichter an und nehmen die Decken weg! Obwohl das am Anfang für mich nervenaufreibend war, erlebe ich es inzwischen als Befreiung, wenn mein Ehemann alle Ecken und Winkel meines Körpers kennt. Er lässt die Scham in meinem Kopf verstummen, wenn seine Augen feucht werden vor Anteilnahme und Bewunderung. Er ist voller Neugier, fließt über vor Liebe und möchte alles an mir erforschen."

Ihr Ehemänner, hört euch an, wie Charissas Ehemann auf ihre Verletzlichkeit reagiert hat und wie die Einwilligung, ihren (nackten) Körper mit ihm zu teilen, ihr die Freiheit gab, das sooft wie möglich zu tun. Leider höre ich von anderen Ehefrauen, dass ihre Männer oft kritisch sind, sogar grausam, indem sie ihre Frau mit einem Model vergleichen und sich darüber beschweren, wenn sie da nicht mithalten kann.

Liebe Männer – als ob das dazu führen würde, dass sie sich öffnen und die gottgegebenen Körper mit ihnen teilen würden. Tun Sie sich selbst den Gefallen und nehmen Sie sich einen Ratschlag zu Herzen: Nicht einmal Models sehen in Wirklichkeit so aus wie auf diesen Fotos, mit denen Sie Ihre Frau vergleichen. Digitale Medien und Retusche erzeugen einen unmöglichen Standard, den keine Frau erreichen kann. In dieser Art zu vergleichen zerstört jegliche Libido. Wenn Sie sich wirklich eine makellose, alterslose Perfektion wünschen, dann heiraten Sie eine Bronzestatue. Aber wenn Sie wollen, dass eine Frau aus Fleisch und Blut Sie liebt und dankbar mit Ihnen alt wird, dann umarmen und würdigen Sie jeden Teil von ihr in jeder Phase ihres Lebens. Dann fühlt sie hoffentlich die Freiheit, dasselbe mit Ihnen zu tun.

> Ein gutes Körpergefühl müssen Sie von innen heraus entwickeln – es ist ein Geschenk, das nur Sie selber sich machen können.

Und liebe Frauen, warten Sie nicht darauf, dass Ihr Ehemann Ihnen sagt, wie schön und sexy Sie sind – Sie können selbst damit

anfangen sich so zu sehen. Das Maß der Freizügigkeit in Ihrem Ehebett hängt im Wesentlichen davon ab, wie *Sie* sich selbst fühlen. Ein
gutes Körpergefühl müssen Sie von innen heraus entwickeln – es ist
ein Geschenk, das nur Sie selber sich machen können. Terrica durfte
eine wunderbare Erfahrung machen, bei der genau das passierte:

*„Ich bin überzeugt davon, dass es auf diesem Planeten keine einzige Frau
gibt, die nicht irgendwann in ihrem Leben einmal Probleme mit ihrem
Körper gehabt hat. Vor einigen Jahren, als ich gerade verheiratet und
Anfang zwanzig war, bekam ich einen Job als Shannons Assistentin für
ihr Buch ,The Sexually Confident Wife'. Mehrere Monate lang durch-
forstete ich alle möglichen Zeitschriftenartikel, wissenschaftliche Studien
und sogar Aussagen von Prominente, und ganz gleich um welche Quelle
es sich handelte, wenn es um die weibliche Körperwahrnehmung ging,
war der Tenor aller Aussagen negativ. Das haute mich um.*

*Ich war selbst mit Gewichtsproblemen und den daraus resultierenden
Störungen meines Selbstbewusstseins aufgewachsen, aber mir war nicht
bewusst gewesen, wie überwältigend präsent dieses Thema sogar in den
Kreisen ist, wo man es eigentlich nicht erwartet (zum Beispiel in Hol-
lywood). Als ich meine Nachforschungen ausweitete, fand ich immer
mehr Geständnisse von Frauen, die ich selbst für atemberaubend gut
aussehend hielt, angefangen bei meinen engsten Freunden und Fami-
lienangehörigen bis hin zu makellosen Gesichtern, die wöchentlich auf
den Titelseiten von Zeitschriften zu sehen sind. Ehrlich gesagt machte
mich das regelrecht wütend! Alle fielen sie auf diese Lügen und Werbe-
kampagnen herein. Und ich war davon überhaupt nicht ausgenommen.*

*Im Gegenteil, ich sah deutlich, dass ich ein Teil davon war. Ich hörte
meine eigene Stimme im Chor der allgemeinen Beschwerden, wie sie
dieselben Lügen über mich selbst Tag für Tag wiederholte. Es war niederschmetternd und peinlich.*

*Irgendwann mitten in dieser monatelangen Recherche, als ich schon
ganz krank war vom ständigen Auf und Ab, das diese Beschäftigung
mit Körperwahrnehmungen in mir auslöste, traf ich eine Entscheidung:
Ich wollte da nicht mehr mitmachen. Ich würde mich dem nicht mehr*

unterwerfen, ganz einfach. Als lebenslustige, gesunde junge Frau wurde mir klar, dass diese Mentalität schlicht und ergreifend wahnsinnig war und ich war entschlossen, das zu ändern.

Nachdem ich diese Entscheidung getroffen hatte, fühlte ich mich wohler in meiner Haut. Ich zog die Vorhänge zu und lief nun manchmal nackt in meiner Wohnung herum, einfach so. Ich begann Selbstgespräche über das Leben zu führen, zitierte dabei Bibelstellen und dankte Gott dafür, dass er mich genau so geschaffen hatte, wie ich war. Und wenn ich mich selbst bei negativen Gedanken ertappte, brach ich sofort ab und ersetzte sie durch positive. Ich begab mich auf lange Spaziergänge und gezielte Einkaufstouren, bei denen ich Gourmetzutaten einkaufte, um köstliche und gesunde Mahlzeiten zuzubereiten. Ich spürte dabei, wie gut es war, mich selbst, Körper und Seele, zu ernähren. Ich wollte mich vor allen Dingen gut fühlen und vertraute darauf, dass sich dann alles andere von selbst ergab. Ich durchkämmte sämtliche Bücher und Blogs und Artikel, in denen ich etwas Wissenswertes über Gesundheitsthemen fand.

Im Wesentlichen entdeckte ich gänzlich ungeniert meine kulturelle Prägung von Gesundheit und Schönheit und machte mir einen ganz eigenen Begriff davon, aber diesmal mit einem breiten Wissenshorizont, bewusst um Verständnis bemüht und unter Berücksichtigung der biblischen Grundlagen. Ich wünschte mir leidenschaftlich, Gott damit zu ehren, wie ich meinen Körper und mein Leben behandelte, denn beides sind seine Schöpfungen.

Übrigens sitze ich, während ich das hier schreibe, vor meiner Tastatur und bin im achten Monat schwanger mit meinem ersten Kind, und ich kann ganz ehrlich sagen, dass ich mich noch nie so schön gefühlt habe. Die Hüften und Schenkel, über die ich mich während meiner Jugend beklagt habe, dienen heute einem so wunderbaren Zweck, wie ich es mir nie erträumt habe und bereiten sich buchstäblich darauf vor, mein Kind in diese Welt zu bringen. Die Brüste, die ich mal zu klein und ein anderes Mal für zu groß gefunden habe, versetzen mich in Staunen, denn bald werden sie ein winziges neues Leben ernähren. Der Bauch, den ich für seine bloße Existenz verflucht habe, dehnt sich jeden Tag mehr aus, wunderbarerweise, um darin ein winziges Mädchen zu beherbergen, das ich bald mehr als meine eigenes Leben lieben werde.

Heute bin ich einfach nur dankbar für jede einzelne Kurve dieser aufwendig und liebevoll entworfenen körperlichen Hülle, und ich schätze mich glücklich und kann es kaum abwarten, dieses Wissen und seine tiefe Weisheit an meine Tochter weiterzugeben, die mein Körper so wunderbar austrägt."

Als ich diese Worte in ihrem Blog gelesen habe, musste ich weinen. Es freut mich so sehr, wenn Frauen sich verlieben – in einen Mann, aber auch in sich selbst. Es gibt absolut keinen Grund, das *nicht* zu tun, wenn man bedenkt, was für einen außergewöhnlichen Körper Gott einem jeden von uns gegeben hat und auf was für eine wunderbare Weise er funktioniert, damit wir und diejenigen, die wir lieben, lebendig sein können.

Wenn doch nur jede Frau ihren Körper auf diese Art und Weise mit Achtung behandeln könnte, um ihren Gott damit zu ehren und ihren Ehemann zu segnen … Wie Sie sich vielleicht erinnern, hat Gott unsere Brüste, Hüften und Vaginas nicht nur geschaffen, damit Babys entstehen. Er hat sie gemacht, damit wir Freude daran haben. Und unser Ehemann. Und, ja, sogar zu seinem eigenen, göttlichen Vergnügen, denn dadurch lieben wir auch unseren Schöpfer und seine wunderbar gemachte Schöpfung.

Vereinbarungen treffen

20. WIE LÄSST SICH SEXUELLES GEDANKENSCHWEIFEN VERHINDERN?

Einmal erhielt ich einen schockierenden Telefonanruf. Die Stimme am anderen Ende der Leitung war ziemlich dünn und die Person, zu der sie gehörte, war schon etwas älter. Sie sagte, dass sie gerade einige meiner Bücher gelesen hätte und wollte wissen, ob sie mir dazu ihre Meinung sagen dürfte. Ich bat sie fortzufahren.

Diese Frau war über fünfzig Jahre verheiratet gewesen, allerdings hatten ihr Ehemann und sie nach dreißig Jahren beinahe das Handtuch geworfen. Sie waren schon auf dem Weg zum Scheidungsrichter, als ihr Ehemann sie inständig bat: „Würdest du *bitte* wegen deiner sexuellen Probleme eine Beratung aufsuchen?"

Obwohl er die Verantwortung für die bröckelnde Ehe auch bei sich sah, hatte er den Eindruck, dass viele ihrer Probleme mit ihrem verkümmerten Sexualleben zu tun hatten. Sie ging auf ihren Mann ein. Als sie dann ihrem Therapeuten ihre Ängste und Unsicherheiten beim „Loslassen" im Bett eröffnete, sagte sie: „Ich weiß, dass Gott mit meinen ganzen Gedanken an Sex, die mir durch den Kopf gehen, nicht einverstanden wäre, und ich will ihn doch nicht *verärgern*!"

Der Therapeut fragte, was das denn für Gedanken wären, die sie so quälen würden und fand heraus, dass es sich dabei um ganz normale Dinge handelte. Niemand hatte dieser Frau jemals erklärt, dass die Fähigkeit, einen Orgasmus zu erleben, bei Frauen zu 95 Prozent von der inneren Einstellung abhängt und es für unser Gehirn ganz natürlich ist, erregende Gedanken zu erzeugen, während unser Ehemann uns körperlich stimuliert.

„Wenn Gott Ihren Körper und Ihr Gehirn so geschaffen hat, dass sie gemeinsam so funktionieren, um Ihnen und Ihrem Mann sexuelles Vergnügen zu bereiten, ist das dann nicht eine *gute* Sache? Hat Gott nicht genau das beabsichtigt? Warum sollte es denn anders sein?", fragte er. Und weiter: „Glauben Sie nicht, dass Sie Gott *gerade* dann verärgern, wenn Sie wegen sexueller Probleme eine Scheidung einreichen?"

Herausgefordert und berührt durch diese Fragen erlebte die Frau einen solchen Wandel in ihrer persönlichen Einstellung, dass sie und ihr Mann das mit der Scheidung sein ließen. Sie sagte mir: „Ich bin jetzt zweiundsiebzig und habe inzwischen intensivere Orgasmen als je zuvor!"

Ich muss persönlich gestehen, dass ich ihre Reaktion ziemlich ermutigend fand. Und ich dachte bei mir: *Vielleicht wird ja doch alles besser, wenn wir älter werden.*

Gott hat die meisten von uns mit einer ziemlich lebhaften sexuellen Vorstellungskraft ausgestattet. Sie ist sowohl für unsere Ehe als auch für unser Ehebett als Segen gedacht. Anstatt uns schuldig zu fühlen, sollten wir dankbar sein, unsere sexuelle Energie dazu zu benutzen, unser häusliches Feuer am Brennen zu halten und nicht anderweitig anfangen zu zündeln.

Aber gut, manchmal haben wir Gedanken an Sex, die sich eher wie eine Last anfühlen als wie ein Segen – Gedanken, die alle möglichen Unsicherheiten und Schuldgefühle hervorrufen und so weit gehen können, dass unsere Selbstachtung und unser Vertrauen in unsere Beziehung bröckelt wie eine Felswand.

Die meisten Menschen, die ich in Gesprächen begleite, geben zu, dass ihre sexuell ausschweifenden Fantasien vor allem dann zum Problem werden, wenn sie sich auf eine bestimmte Person beziehen – einen Kollegen oder einen Freund – und nicht auf irgendwelche Leute, die nur in ihrer Einbildung existieren. In solchen Fällen ermutige ich sie zu einer „Gehirnwäsche", die ihnen den Appetit auf solche verbotenen Früchte abgewöhnt. Eine Art Gedankenstopp, der weiteren Tagträumen einen Riegel vorschiebt.

Geht das denn?, fragen Sie vielleicht. Aber sicher! Womit wir uns beschäftigen, können wir beeinflussen. Daher können wir auch ausschweifende Gedanken an eine bestimmte Person oder Handlung vermeiden, wenn wir das wirklich wollen. Backe ich beispielsweise einen wohlschmeckenden Schokoladenkuchen, den ich einer Person überreichen möchte, für die ich ihn gebacken habe, stelle ich ihn ja auch nicht mitten auf den Tisch neben einen Kuchenteller und eine Gabel. Ich bewahre ihn in der Speisekammer auf oder stelle ihn sonst wo beiseite. – Getreu dem Motto: Aus den Augen, aus dem Sinn. Wenn jemand gerne angeln geht, sich die Ausrüstung im Moment aber nicht leisten kann, dann muss er ja nicht direkt am Fachgeschäft vorbeifahren, wenn er von der Arbeit kommt. Wir entscheiden selber, wie viel Zeit, Aufmerksamkeit und Energie wir auf etwas verwenden. Wir können aufpassen, *„dass sich nicht alles um [unsere] Wünsche und Begierden dreht!"* (Römer 13,14).

Allerdings darf die Bibelstelle nicht falsch verstanden werden. Wir sollen nur dem Erfüllen unserer Wünsche und Begierden entsagen, nicht in erster Linie jeglichen sexuellen Gedanken und Vorstellungen. Von einem Menschen zu erwarten, dass er überhaupt nicht an Sex denkt, wäre so ähnlich, als würde man von einem Affen erwarten, dass er Bananen aus seinem Kopf streicht. Nur das wird niemals passieren. Je eher wir also akzeptieren, dass das menschliche Gehirn auf Sexualität programmiert ist, umso besser werden wir die Kontrolle behalten können (auch ohne uns das strikte Verbot jeglicher sexueller Gedanken aufzuerlegen).

> Anstatt uns schuldig zu fühlen, sollten wir dankbar sein, unsere sexuelle Energie dazu zu benutzen, unser häusliches Feuer am Brennen zu halten und nicht anderweitig anfangen zu zündeln.

Um ausschweifenden Begierden und falschen sexuellen Tagträumereien in unseren Köpfen den Wind aus den Segeln zu nehmen, hier ein paar Tipps und Hinweise:

- Gedanken, die nicht mehr gefüttert werden, verhungern mit der Zeit und verlieren Reiz wie Macht. Sollte Sie also eine bestimmte Person herausfordern, Ihre Gedankenwelt rein zu halten, gehen Sie ihr aus dem Weg oder vermeiden Sie den Kontakt so weitgehend wie möglich.

- Sollte diese Person aktiv Ihre Nähe suchen, mit Ihnen flirten wollen, bereiten Sie Ihr keinen Nährboden. Halten Sie das Aufeinandertreffen so kurz wie möglich. Steigen Sie nicht auf Neckereien oder irgendwelche Anspielungen ein und unternehmen Sie nicht selber dergleichen. Beherzigen Sie, dass Ihr Verhalten, das Sie ausstrahlen, eine Resonanz bei der anderen Person auslöst, und dass Ihnen als verheiratete Person Respekt entgegengebracht werden sollte.

- Können Sie das Aufeinandertreffen mit der Person, die eine sexuelle Anziehung auf Sie ausübt, nicht vermeiden, dann bemühen Sie sich darum, mit dieser Person nicht alleine zu sein, besonders nicht hinter einer geschlossenen Tür oder in einem Auto. Viele Büroromanzen haben genau so angefangen.

- Wenn Sie mit dieser Person ein privates Gespräch führen müssen (aus einem offiziellen Anlass, nicht auf eigenen Wunsch hin), dann achten Sie auf jedes Wort, das Sie sagen, als stünde Ihr Partner neben Ihnen. Denken Sie daran, auch Gott hört Ihre Worte.

- Führen Sie keine privaten Nebenbei-Gespräche oder -Telefonate. Verschicken Sie auch keine E-Mails mit kleinen Flirts oder sonstige aufwühlende Nachrichten. Bleiben Sie sachlich und gerade im beruflichen Umfeld professionell, dann kann nichts schiefgehen.

- Dass sich in Ihnen ein bestimmter Gedanke entwickelt oder ein Gefühl für eine bestimmte Person regt, bedeutet *nicht*, dass darauf eine Tat folgen muss. Ich habe mir schon oft vorgestellt, wie es wäre, eine Bank zu überfallen, es aber noch nie getan. Und ich habe auch nicht die geringste Sorge, dass ich es irgendwann tun werde, insbesondere wenn ich die Konsequenzen bedenke. Eine Affäre kann zu ähnlich schmerzhaften und zerstörerischen Ergebnissen führen.

- Denken Sie daran, dass Gedanken und Gefühle, die nicht mit einer Handlung verknüpft sind, Sie (oder Ihre Ehe) nie so verletzen können wie solche, die in die Tat umgesetzt wurden.
- Wie das Sprichwort schon sagt: „Du kannst nicht verhindern, dass Vögel über deinen Kopf fliegen. Aber du kannst verhindern, dass sie sich da oben ein Nest bauen." Anders ausgedrückt: Gelegentliche ausschweifende Gedanken und Träumereien in puncto Sex sind unvermeidlich, aber sich von ihnen bestimmen zu lassen oder ihnen Taten folgen zu lassen, muss nicht sein.

Blicken wir auf unsere vergangenen Beziehungen zurück, dann haben wir doch eigentlich *nie* bedauert, wenn einem unpassenden sexuellen Gedanken *keine* Handlung gefolgt ist. Stimmt doch, oder? Haben wir allerdings nachgegeben, folgte oft die Reue auf dem Fuß. Wir sollten daher aus der eigenen Vergangenheit lernen, unsere Gedanken und Worte besser unter Kontrolle zu halten, anstatt dieselbe Lektion immer wieder von Neuem zu beginnen, oder?

21. WARUM SCHADET ES, SICH MIT PORNOS ETWAS ANZUHEIZEN?

Ein Paar, das zu mir in die Beratung kam, stellte diese Frage gleich in der ersten Sitzung. Die beiden waren weniger als ein Jahr verheiratet und der Ehemann behauptete beharrlich, dass eines der Dinge, auf die er sich am meisten in der Ehe gefreut hatte, das gemeinsame Ansehen von Pornofilmen mit seiner Frau war. Er fand daran überhaupt nichts Verwerfliches, solange es keine Geheimnisse zwischen ihnen gab und sie beide involviert waren. Das einzige Problem an der ganzen Geschichte war, dass seine Frau *keine* Lust darauf hatte, sich Pornos anzusehen und es auch nicht wollte, dass er sie sich alleine ansah.

Damals habe ich ein ähnliches Problem mit in die Ehe gebracht. Ich bin keineswegs stolz darauf, das hier zu erzählen, aber ich hoffe, es hilft betroffenen Paaren weiter.

Als wir aus den Flitterwochen kamen, packte ich zu Hause meine persönliche kleine Pornosammlung aus. *Greg wird es wunderbar finden, das gemeinsam mit mir anzusehen*, dachte ich. Aber damit lag ich falsch. Ihm verschlug es die Sprache, als er die Handvoll Videos sah und forderte von mir entschlossen: „Shannon, wirf das Zeug weg!"

Und dann fing er an mir zu erzählen, wie er als Teenager lange Zeit süchtig war nach Pornografie und Selbstbefriedigung. Mittlerweile, als sechsundzwanzigjähriger verheirateter Mann, hatte er keinerlei Interesse daran, wieder in eine solche Abhängigkeit zu schlittern, geschweige denn sich vorstellen zu müssen, dass unsere Kinder eventuell diese Leichen im Keller, die allerdings ihr Fleisch noch auf den Rippen hatten, in unserem Schlafzimmerschrank entdecken könnten. Je mehr ich über seine Forderung nachdachte, umso angenehmer fühlte ich mich überrascht. Später sprach ich noch einmal mit ihm, nur um sicherzugehen, dass ich ihn richtig verstanden hatte.

„Du willst mir damit sagen, dass ich … *ganz allein ich* … dir genüge? Du brauchst dir keine anderen Frauen ansehen, um sexuell in Fahrt zu kommen?", fragte ich.

„Richtig! Du bist alles, was ich dazu brauche", antwortete er selbstbewusst.

Ein größeres Kompliment hatte ich in meinem ganzen Leben nicht bekommen. Ich glaube, dass es mir auch deswegen möglich ist, mich mit meinem Körper beim Sex so offenherzig meinem Ehemann zuzuwenden und mich dabei so glücklich zu fühlen. Selbst mit sechsundvierzig Jahren und nach zwei Schwangerschaften, nach denen die Schwerkraft ihren Tribut fordert, sieht Greg nur *meinen* Körper nackt. Für ihn bin ich „die Eine". Er hat nicht das Bedürfnis mich zu vergleichen; und deshalb fühle ich nicht die Notwendigkeit zu konkurrieren. Das brauche ich einfach nicht. So findet unser Sex „ganz natürlich" statt, und wir finden es beide toll, dass es so ist.

Aber nicht jedes Paar hat diese Grundlage. Irgendwo auf dem Weg werden manche von uns in die Irre geleitet.

„Die Bibel erwähnt Pornografie nicht explizit, was soll also daran falsch sein?", fragen manche Männer, aber auch Frauen. Ich habe meinen Freund Luke Gilkerson, der Mitarbeiter bei einem Internetservice ist, dazu befragt, welche Auswirkungen das Anschauen von Pornografie haben kann, und er lieferte nicht nur eine, sondern gleich fünf Antworten, die er auch in seinem hilfreichen Ratgeber-E-book *Your Brain on Porn (Porno in deinem Kopf)* nennt. Er sagt darin, dass der Konsum von Pornografie …

1. *den Grad unserer sexuellen Befriedigung mindert.* Zwischen der Menge an konsumierter Pornografie und der eigenen sexuellen Befriedigung in Beziehungen gibt es eine direkte Verbindung. Menschen, die sich viel Pornografie ansehen, berichten typischerweise davon, dass sie weniger zufrieden mit ihren Intimpartnern sind, sowohl was deren Aussehen betrifft als auch ihre Zuneigung und ihr Können im Bett.[18] – Wenn Pornokonsum also Unbehagen gegenüber dem eigenen Ehepartner auslöst, kann das doch nichts Gutes bedeuten, oder?

2. *uns unserer realen Beziehungen entfremdet.* „Die Hochglanzbilder oder Bildschirmpixel haben keinerlei Bezug zu unserer Sexualität und zu unseren Beziehungen." Demzufolge sind sowohl männliche als auch weibliche Zuschauer lediglich „digitale Voyeure" und „stellen den billigen Reiz einer Fantasie über eine verbindliche Beziehung."[19] – Unsere Augen und Gemüter sehnen sich nach etwas, womit unsere Herzen und Hände nie wirklich in Berührung kommen können. Wenn das mal keine sexuelle Frustration auslöst!

3. *unsere Achtung vor Frauen mindert.* Männer nehmen durch Pornos Frauen nicht als die schönen, wertvollen Wesen, die nach dem Ebenbild Gottes geschaffen wurden, wahr. Vielmehr ent-

wickeln Sie unrealistische Erwartungen und sehen bei *wirklich* nackten Frauen nur noch eine geringe Ähnlichkeit mit dem Ideal, der im Porno vorgeführten.[20] – Als Gesellschaft zahlen wir ganz offensichtlich einen hohen Preis für den freizügigen Umgang mit Pornos, insbesondere Frauen und Mädchen, die fühlen müssen, nie gut genug zu sein.

4. *uns Gewaltdarstellungen gegenüber abstumpfen lässt.* Auch wenn Pornografie nicht zwangsläufig Gewalt beinhaltet, indoktrinieren die Themen, die sich durch das gesamte Genre ziehen, die Betrachter dahingehend, dass Frauen Aggressionen und Demütigungen genießen.[21] – Eigentlich müssten die meisten pornografischen Filme ein Warnetikett tragen: Achtung! Probieren Sie das bloß nicht zu Hause mit Ihrer Frau aus, sonst dreht sie durch!

5. *uns süchtig danach macht, immer mehr Pornos zu sehen.* Untersuchungen haben gezeigt, dass der gewohnheitsmäßige Umgang mit Pornografie den Betrachter im Laufe der Zeit zu einer immer größeren Toleranz gegenüber sexuell explizitem Material verleitet. Das bedeutet, dass er oder sie schließlich auf immer neues und neu gestaltetes Material zugreifen wird, um den gewünschten Erregungslevel aufrechtzuerhalten.[22] – Pornografie wirkt ähnlich wie ein Rauschmittel. Es steckt darin ein Kitzel, der sich nie ganz befriedigen lässt und der immer schlimmer wird, je mehr wir uns kratzen. Das Einzige, was hier helfen kann, ist, ganz mit dem Kratzen aufzuhören.

Gilkerson diskutiert diese Untersuchungsergebnisse wesentlich detaillierter und erklärt in seinem Buch schrittweise, wie man aus einer Bindung an Pornografie herauskommen kann. Zunächst besteht die ganz praktische Möglichkeit, einen entsprechenden Internetfilter auf Heimcomputern, Laptops und Smartphones zu installieren, der den Zugang zu pornografischen Inhalten verhindert. So können Sie beide in Ihrer Ehe zeigen, dass Sie bereit sind, voreinander Rechenschaft abzulegen und auch Ihre Kinder zu schützen.

Mit einer solchen installierten Software haben Sie die Frage, ob Sie Pornografie ansehen wollen oder nicht, eindeutig beantwortet. Es gibt kein heimliches Ringen mehr darum. Sie haben es geschafft. Ihre Ehe und Ihre Familie sind geschützt – vorerst.

Denn Pornografie werden Sie vermutlich weiterhin verlockend finden – *bitte*, zerfleischen Sie sich nicht deswegen. Den meisten Menschen geht das so, weltweit. Selbst „die Besten" unter uns Christen haben regelmäßig damit zu kämpfen – Pfarrer wie Schulrektoren ebenso Ordensbrüder und Missionare. Sie alle spüren diese Versuchung, die bei den entsprechenden Gelegenheiten von unseren Laptops ausgeht.

Tatsächlich gibt mehr als die Hälfte (57 %) der Pfarrer in den Vereinigten Staaten zu, dass in ihren Gemeinden durch die Abhängigkeit von Pornografie ein immenser Schaden entsteht.[23] Insofern kann man davon ausgehen, dass viele Christen mit Beziehungsproblemen und geistlichen Auswirkungen zu kämpfen haben, aufgrund dessen, dass sie die Frage „Pornografie – ja oder nein" nicht richtig beantwortet haben. Leider!

Wie gravierend ist der Schaden, der entstehen kann? – Pornografiesucht hat bereits viele ihre Ehe gekostet oder ihre Verlobte, Karriere, Selbstachtung und anderes mehr. Ein definitiv viel zu hoher Preis für kurzzeitige Höhepunkte am Bildschirm, die durch Pornografie gespeist wurden, oder? Ich denke, es gibt leichtere und vor allem weniger kostspieligere Wege, auf gesunde Art und Weise unsere sexuellen Sehnsüchte zu befriedigen und dabei im Rahmen einer heilig geführten ehelichen Verbindung zu bleiben.

Hier einige Einsichten, die ich im Rahmen meiner Beratertätigkeit von Frauen und Männer gesammelt habe. Pornografie ist demnach eine Falle und es gibt verschiedene Möglichkeiten zu vermeiden, auf sie hereinzufallen:

- William sagte: „Für mich besteht der Reiz an Pornografie nicht allein in dem Augenschmaus. Es beinhaltet auch die Illusion, dass die Frau dort auf dem Bildschirm mich begehrenswert findet. Obwohl das nicht real ist, fallen viele Männer auf diese Lüge herein, weil ihnen von ihren Partnerinnen nicht dasselbe Verlangen entgegenschlägt. Meine Frau wünscht sich von mir ... dass ich die Wäsche zusammenlege, das Haus putze, die Kinder bade, Geld verdiene und all das sein lasse, was sie an mir nervt. Die sexy Lady auf dem Bildschirm hingegen lässt mich glauben, dass sie *mich* begehrt, mich als Mann."

- Elaine sagte: „Es ist ein Mythos, dass nur Männer auf Pornografisches stehen. Ich bin oft versucht, meinen Mann zu fragen, ob er sich nicht mit mir ein paar heiße Szenen ansieht, damit ich gut in Stimmung komme. Aber ich muss mir keine anderen Leute beim Akt ansehen. Ich brauche das nur, um ein bisschen vorzuglühen. Frauen können nicht innerhalb von Sekunden von null auf hundert hochfahren wie Männer. Wenn man ein Ehebett frei von Pornografie halten will, dann muss es unbedingt ein Vorspiel geben, damit sie Zeit hat, auf den Zug leidenschaftlicher Erregung aufzuspringen."

- Harry sagte: „Sex wirkt für die Frau festigend, was die Beziehung zu ihrem Mann betrifft. Für ihren Mann hingegen wirkt sich Sex wie ein geistlicher Schutz aus. Weil Männer stark von visuellen Reizen angesprochen werden, spielen die Ehefrauen eine unglaublich wichtige Rolle. Denn sie können die Gedanken und Vorstellungen ihres Mannes davor schützen, eine ungesunde Richtung einzuschlagen, z. B. sich andere Frauen, insbesondere pornografische Darstellungen, anzusehen. Denn drücken Ehefrauen ihr sexuelles Verlangen nach uns aus, dann helfen sie uns tatsächlich dabei, uns vor diesen Gefahren zu schützen. Wenn eine Frau zeigt, dass sie ihren Mann begehrenswert findet, dann haut ihn das regelrecht um! Es verhindert aber auch, dass andere Bilder ihn bedrängen, die dieselbe Botschaft enthalten, aber keinen Bezug zur Realität haben. Ich frage mich, ob Frauen Sex auch auf diese Weise sehen und verstehen können. Wenn nicht, dann sollten sie meines Erachtens mal darüber nachdenken."

Falls Ihnen die Studien und Statistiken, die hier erwähnt wurden, als Begründungen nicht ausreichen, warum Sie die Finger von Pornografie lassen sollten, beantworten Sie einfach einmal folgende Frage: „Welche Richtung wollen Sie für sich einschlagen?"

Jeder Reisende sollte wissen: „Wohin bin ich eigentlich unterwegs?" Das gilt auch für die Ehe. Ist es Ihr erklärtes Ziel, den größtmöglichen Kitzel zu erleben oder eine tief gehende Beziehung? Pornografie kann Sie in rasender Geschwindigkeit in einen enormen Erregungszustand versetzen, aber die zwischenmenschliche Beziehung bleibt dabei allzu häufig einfach auf der Strecke. Was erwarten Sie denn persönlich von einer gesunden sexuellen Beziehung? Beantworten Sie dazu einmal die folgenden Fragen:

• Ist es Ihr Ziel, immer intensivere Orgasmen sowie immer Neues zu erleben und miteinander herumzuexperimentieren? Oder sehnen Sie sich nach einer aufrichtigen Beziehung miteinander?
• An was soll Ihr Partner während des Geschlechtsverkehrs denken? Ist es Ihnen recht, wenn er bzw. sie dann einen Porno-Star vor Augen hat?
• Könnte es nicht sein, dass Sex sich *besser* anfühlt, wenn Sie wissen, dass Ihr Partner seine *ganze* Aufmerksamkeit auf Sie richtet und nicht nur Ihren oder seinen Körper zur Verfügung stellt?

Ich glaube, dass Ehemänner wie Ehefrauen ehrlicherweise antworten müssten: „Nein, ich will nicht, dass mein Partner irgendeine unangemessene Fantasie hervorrufen muss, um zum Orgasmus zu kommen. Ich will das Gefühl haben, dass er/sie mit seinen/ihren Gedanken ganz bei mir ist."

Letztlich gilt es auch daran zu denken, dass Gott der gute und weise Erfinder des Sex ist. Und das, was er damit geschaffen hat, ist nicht auf solche lüsternen Reize angewiesen.

Lüsternheit kann „Begehren" bedeuten, das heißt, nach etwas zu verlangen, was einem nicht zusteht. Luke Gilkerson erklärt das so: „Sicher gehen manche Paare blauäugig davon aus, dass sie bzw. ihre Ehepartner nicht spitz werden auf die Frauen und Männer, die sie als Darsteller in Pornos sehen, weil sie ja lediglich ihr Schlafzimmerleben etwas damit anreichern wollen. Aber solche Paare verschließen die Augen davor, was wirklich im Kopf sowie auf seelischer und geistlicher Ebene abläuft. Wenn Ihr Partner alleine vor einem Porno masturbiert, dann hat das sehr wohl etwas mit Lüsternheit zu tun. Wenn Ihr Partner sich bei Ihnen im Schlafzimmer aufhält, aber von Frauen und Männern auf einem Bildschirm erregt wird, dann sind genauso lüsterne Gefühle involviert. Ja, natürlich hat auch die Anwesenheit des Partners eine Wirkung. Aber das ist so, als würde man einen Salat verzehren, gleichzeitig einen Big Mac herunterschlingen und anschließend behaupten, das sei eine gesunde Mahlzeit gewesen."[24]

Nachdenkenswert
- Stimmen Sie dem zu, dass Pornografie der Ehe mehr schadet als nutzt? Warum oder warum nicht?
- Soll unsere Ehe frei sein von Pornografie? Wie erreichen wir dieses Ziel?

22. WAS, WENN ICH EINE SEXUELLE FANTASIE AUSLEBEN MÖCHTE?

Meine Nichte hat kürzlich ihr erstes Baby bekommen und sie ist eine der erstaunlichsten jungen Mütter, die ich je gesehen habe. Sie ist unglaublich aufmerksam und hat zu Recht einen enormen Beschützerinstinkt. Sie liebt das kleine Mädchen so sehr. Nie würde sie es zulassen, dass dem Baby irgendetwas zustößt.

Stellen Sie sich also vor, dass meine Nichte anfängt, sich nach einem passenden Kindergarten für ihre Tochter umzusehen und dabei zwei Optionen hat. Entweder wählt sie eine Einrichtung, die farbenfroh und sauber gestaltet ist und wo der Spielplatz von einem hohen Zaun umgeben ist, der die Kinder vor Autos oder Fremden schützt. Oder sie schickt sie in einen anderen Kindergarten, ebenso hübsch anzusehen und von einem hübschen Spielplatz umgeben, der aber nicht eingezäunt ist. Die Kinder laufen frei herum, auf die belebte Straße hinaus, und Fremde können das Gelände ungehindert betreten. Haben Sie irgendwelche Zweifel, für welchen Kindergarten sie sich entscheiden wird? Natürlich nicht. Sicherheit und Schutz haben für alle besorgten Eltern oberste Priorität. Eine klare Grenze, um etwas so Kostbares wie ihr Kind zu schützen, ist die beste Verteidigung gegen alle denkbaren Gefahren.

Als Ehepartner sollten Sie sich ähnlich Gedanken darüber machen, welche klare Grenze nötig ist, um die intime und liebevolle Beziehung zueinander innerhalb Ihrer Ehe zu schützen. Immer wenn mir eine der Frauen, die ich begleite, erzählt, dass sie mal eine ihrer sexuellen Fantasien in die Tat umsetzen möchte, erscheint ein rotes Lämpchen vor meinem inneren Auge. Ich will sofort mehr darüber wissen – vielmehr –, was genau sie vorhat. Nicht aus Neugier, sondern vor allem deswegen, um zu erfahren, wer sonst außer ihr noch involviert ist.

Eine Frau beispielsweise wollte am Valentinstag den Traum ihres Mannes wahr werden lassen und ihm eine ganz ausgefallene Liebeserklärung machen. Sie buchte für ihn ein Zimmer in einem schicken Hotel und klopfte abends – verkleidet als verführerische Reinigungsfrau – an seine Tür. Obwohl nicht alle Ehefrauen Gefallen an einem derart abenteuerlichen Rollenspiel finden, schien mir dieses Szenario harmlos genug und ich gratulierte ihr zu ihrem Mut. Ihr Ehemann war sowohl überrascht als auch erfreut von diesem Liebesabenteuer. – Wo kein Kläger, da kein Richter.

Aber eine andere Frau (ich nenne sie „Connie") erzählte mir etwas Unglaubliches. Sie vertraute mir an, dass ihr Ehemann sie gebeten habe, ein Treffen mit einer ihrer alten Schulfreundinnen zu arrangieren. Der Grund dafür war folgender: Connie hatte ihm irgendwann gestanden, dass sie mit dieser Freundin sehr eng befreundet gewesen war, wozu auch lesbisches Ausprobieren gehörte. Ihr Mann erklärte ihr, dass er wie auch Gott ihr das vergeben würden. Aber später fand er den Gedanken so erregend, dass er sie bat, dieses Szenario noch einmal stattfinden zu lassen, damit er ihnen dabei zusehen könnte.

Ich fragte Connie, wie sie sich in Bezug auf die Bitte ihres Mannes fühlte. Sie saß ganz still da und drehte ihren Ehering ein paar Sekunden lang herum. Dann traten ihr Tränen in die Augen und sie antwortete: „Ich hatte wegen dieser Sache jahrelang mit enormen Schuld- und Schamgefühlen zu kämpfen, und es hat mich viel gekostet, es ihm überhaupt zu gestehen. Anfangs war ich dankbar für sein Mitgefühl und seine Vergebung. Aber als mir klar wurde, dass er meine Würde opfern und mich bitten würde, eine derart unpassende Beziehung wieder aufzunehmen, hätte ich ihm auf die Schuhe spucken und ihn in den Bauch boxen können! Ich weiß nicht mehr, ob er mich wirklich liebt oder ob ich für ihn nur ein Lustobjekt bin." Zweifellos hatte Connies Ehemann eine sehr tiefe Wunde aufgerissen und zusätzlich Säure darüber gegossen. Und er wird es schwer haben, ihr Vertrauen nach einem solch egoistischen Vorschlag überhaupt wiederzugewinnen.

Ein anderes Paar wandte sich an mich, nachdem sie eine Fantasie bereits ausgelebt hatten. Sie dachten, das wär's, aber leider kam ein ganzer Rattenschwanz hinterher. Bob und Tina waren gemeinsam auf einer Tagung gewesen und hatten in einem schicken Hotel in einem Doppelzimmer übernachtet, von Freitag auf Samstag. Als Bob vorschlug, dass sie auf seinem Firmen-Laptop einen Porno ansehen könnten, zögerte Tina zunächst, stimmte dann aber zu, weil ihre jugendlichen Kinder hier im Hotel so überhaupt nichts davon erfahren würden. Tatsächlich schöpften die Kinder später auch nicht den geringsten Verdacht, dafür aber Bobs Chef. Denn auf dem Firmen-Laptop war eine spezielle Filter-Software installiert, die der IT-Abteilung einen Bericht schickte, sobald unerlaubte Aktivitäten vermutet wurden. Bob kam also am Montagmorgen nach diesem wilden Wochenende mit einem Lächeln auf dem Gesicht ins Büro, wurde aber noch vor dem Mittagessen mit seinen persönlichen Habseligkeiten aus der Eingangstür wieder herauseskortiert.

Und die Moral von der Geschicht? *Manche Fantasien sollten besser Fantasien bleiben.* Sie zum Leben zu erwecken, kann häufig mehr Kummer mit sich bringen als Lustgewinn. Hier ein paar nützliche Hilfen, um zu unterscheiden, ob es sich überhaupt lohnt, eine Fantasie in die Tat umzusetzen:

- Stellen Sie sich in Ihrer Fantasie vor, dass eine weitere Person anwesend ist? Egal, ob es sich dabei um eine Prostituierte, einen Porno-Star, eine Telefonsex-Stimme oder einen persönlichen Kumpel handelt – es ist niemals eine gute Idee. In der Bibel steht klar, deutlich und unmissverständlich, dass das Ehebett von allem rein gehalten werden soll (Hebräer 13,4). Das heißt im Klartext: nur Ehemann und Ehefrau gehören hinein.
- Könnte das In-Szene-Setzen dieser Fantasie einem der Ehepartner das Gefühl geben, in irgendeiner Form missbraucht zu werden? In einem solchen Fall ist der entstandene Schmerz nie durch das erhoffte Vergnügen zu rechtfertigen.
- Angenommen, jemand sollte herausfinden, wie Sie Ihre sexuelle Fantasie ausgelebt haben, würde Sie das in irgendeiner Weise beunruhigen, eine Bedrohung darstellen oder Sie als Christ unglaubwürdig erscheinen lassen?

- Könnte es Ihren Job (Lebensunterhalt und familiäre Absicherung) eventuell gefährden, wenn andere dieses Geheimnis aus Ihrem Sexualleben entdecken?

Seien Sie ehrlich! Wegen solcher Fantasien sind schon ganze Karrieren gescheitert, wurden politische Ämter vor die Wand gefahren, Familien sind zerbrochen und ganze Kirchengemeinden sind kollabiert mitsamt ihrer Gemeindemitglieder, die ratlos zurückblieben. Alles nur wegen ein paar Sexfantasien, die besser nie hätten Realität werden sollen.

Bevor Sie also beschließen, eine Sexfantasie in die Tat umzusetzen, sollten Sie die möglichen Gefahren genau abschätzen – für Ihre Ehe, Ihr Amt, Ihre Familie, Ihre Freundschaften, Ihre finanzielle Absicherung und Ihren guten Ruf. Meist ist es das Beste für Ihre Sicherheit und die Ihrer näheren Umgebung, wenn eine Fantasie das bleibt, was sie ist – eine schöne Vorstellung.

Nach vorne schauen!

23. WIE GEHE ICH MIT DER SEXUELLEN VORGESCHICHTE MEINES PARTNERS UM?

Vor Kurzem fuhren wir auf der Autobahn und standen plötzlich vor einer Vollsperrung. Vermutlich durch das ansteigende Flutwasser war ein ganzer Straßenabschnitt weggerutscht und es führte kein Weg drum herum. Wir mussten umkehren und einen anderen Weg suchen.

Auch in der Ehe gibt es solche Situationen. Manchmal entdecken wir eine innere Blockade, die man beim besten Willen nicht ignorieren kann, und wir müssen einen neuen Weg finden, der uns unserem Ziel näherbringt, echte Intimität und sexuelle Erfüllung zu erleben. Eine der häufigsten inneren Barrieren liegt in der Vergangenheit des einen Partners. Sie kann in der Ehe zu einem Störfaktor werden. Ein Mann namens David schrieb mir zum Beispiel folgende E-Mail:

„Meine Frau und ich haben gerade unseren ersten Hochzeitstag gefeiert. Unser Sexleben ist gut, außer in einem Punkt. Ich war Jungfrau, als wir geheiratet haben. Meine Frau nicht und das wusste ich auch. Es hat mich eigentlich nicht gestört ... bis wir uns das Jawort gegeben hatten. Ich fing an mir Sorgen zu machen: *Bin ich gut genug, damit sie das, was früher war, vergisst? ... Wird sie Vergleiche anstellen ... Wird sie daran denken, wenn wir miteinander schlafen? Werde ich ihre Erwartungen erfüllen?*

Eines Tages sagte sie: ,Warum hast du mich nie gefragt, wie oft ich schon Sex hatte?' Sie nannte eine Zahl, aber das half mir auch nicht weiter. Es wurde immer schlimmer, bis zu dem Punkt, an dem ich selber anfing, ihr Fragen zu stellen – und wünschte, ich hätte das nie getan! Es hat meine Ängste nur vergrößert und brachte ihr Dinge in Erinnerung, die sie schon fast vergessen hatte! Was soll ich bloß tun, wenn die Gedanken an ihre früheren Sexpartner mir nicht aus dem Kopf gehen? Bisher bin ich dem Rat gefolgt: Hör auf, mit dem Teufel Tauziehen zu spielen … du kannst nicht gewinnen … lass das ‚Seil' (die Erinnerung an ihre Liebhaber) einfach fallen. Haben Sie vielleicht eine andere Ermutigung oder einen Rat für mich?"

Tatsächlich fallen mir einige Strategien ein, die dabei helfen können, über die sexuelle Vergangenheit des Ehepartners hinwegzukommen.

Sehen Sie auf das Positive, nicht das Negative

Wie sind wir Menschen denn gestrickt? Wenn Sie partout an eine bestimmte Sache nicht denken *wollen, sollen* oder *können*, was tun Sie dann automatisch? – Ihre Gedanken kreisen ständig darum. Konzentrieren Sie sich daher lieber darauf, was Sie aktiv tun können oder wollen. Suchen Sie Ihre Stärke in diesem positiven Denken. *Entscheiden* Sie sich, um das Vertrauen Ihres Partners werben zu wollen (glauben Sie mir; Ihre Unsicherheit ist ebenso groß wie ihre oder seine), und Sie werden ihr/sein Herz gewinnen. *Glauben Sie* daran, dass Sie der ideale Liebhaber werden können, denn das hat wesentlich mehr mit Zärtlichkeit zu tun als mit sexueller Erfahrung und ich garantiere Ihnen, dass alle früheren Liebhaber daneben verblassen werden.

Wie stößt man diesen Heilungsprozess denn nun am besten an? Mein Ehemann und ich standen vor dreiundzwanzig Jahren vor einer ähnlichen Herausforderung. Er trat in mein Leben als sechsundzwanzigjährige Jungfrau. Ich dagegen hatte im Alter von fünfzehn bis zwanzig Jahren so viele verschiedene Partner, dass kaum eine Frau sich damit brüsten würde. Ich hatte Greg vorgewarnt, „was für eine

Frau" er sich da angelacht hatte, noch bevor wir uns verlobten. Es schien ihm nichts auszumachen. Nach zwei Ehejahren fing ich an zu weinen: „Du würdest mich nicht mehr lieben, wenn du wüsstest, mit wie vielen Männern ich zusammen gewesen bin!", doch er blieb der Fels in der Brandung meiner unsicheren Welt.

„Ich brauche nicht zu wissen, *wie viele* es waren, Shannon. Aber wenn es für dich *wichtig* ist, es mir zu sagen, dann tu es", lautete seine Antwort. Ich verbrachte zwei Tage damit, meine Erinnerungen zu durchforsten und eine lange Liste aufzustellen. Sie war noch länger, als ich es befürchtet hatte. Ich machte mich darauf gefasst, dass er mich verachtungsvoll ansehen und sein eheliches Treueversprechen widerrufen würde. Als ich die Zahl schließlich ausspuckte, erstickte ich fast an dem Klang, der aus meiner Kehle kam; so niedergedrückt war ich von Scham und Selbstverachtung.

„Selbst wenn du mir eine Zahl nennst, die einhundert Mal größer ist, werde ich bei dir bleiben", sagte Greg mit fester Stimme. „Außerdem weiß ich, dass deine Vergangenheit nichts mit uns beiden zu tun hat – sondern nur mit dir und deinem Vater." Obwohl ich das damals nicht verstanden habe, hatte Greg absolut recht: Ein emotional distanzierter Vater hatte ein solches Loch in meine Seele gefressen, dass ich als naiver Teenager versucht habe, es mit Liebe zu stopfen. Deswegen war Greg nicht der erste Mann, mit dem ich geschlafen habe. Aber infolge seiner bedingungslosen Liebe gehe ich davon aus, dass er der Letzte sein wird. Und ist es nicht das, was zählt? Ganz gleich wie viele Sexualpartner es in der Vergangenheit Ihres Ehepartners gegeben hat, trösten Sie sich damit und seien Sie stolz darauf, dass Sie zwar nicht der oder die Erste waren, dass Sie aber mit Sicherheit der oder die Letzte sein werden. Niemand liebt Ihren Ehepartner so wie Sie.

Mein Ehemann hat diese Zahl bzw. meine wenig löbliche Vergangenheit in diesen dreiundzwanzig Jahren nie gegen mich verwendet. Ich habe keinen Zweifel, dass es ihn manchmal gequält hat; ich kann mir nicht vorstellen, wie es anders sein sollte. Aber er hat seine Bedenken nie als Waffe gegen mich gerichtet und seine Bindung an mich hat nie gewankt oder geschwankt. Wir haben immer versucht, mit unseren eigenen Problemen und Unsicherheiten zurechtzukommen, haben uns unsere Gedanken mitgeteilt, haben ein harmonisches Verhältnis und Trost gesucht, anstatt uns böse zu sein wegen Dingen, die man sowieso nicht ändern kann. Wir haben allmählich erkannt, dass Gott seine göttliche Aufgabe wahrnimmt – und einen tiefen Heilungsprozess in uns fördert. Dieses Heilwerden hat sicher dazu beigetragen, dass wir emotionales und sexuelles Selbstbewusstsein erlangt haben, und es ist ein gegenseitiges Aufbauen gewesen.

Deshalb lautet mein Ratschlag für David und jeden anderen Ehepartner, dessen bessere Hälfte auf eine bewegte Vergangenheit zurückblickt: „Kopf hoch und seien Sie der Fels in der Brandung, auf den Ihr Partner bauen kann." Nehmen Sie die sexuellen Irrungen Ihres Partners nicht persönlich. Es hatte noch nichts mit Ihnen zu tun. Schlüpfen Sie in Jesu Haut.

Ihr Leben und Ihre Liebe kann ein lebendiges Abbild von Gottes bedingungsloser Liebe und Gnade sein. Zeigen Sie einander, dass der Wert eines Menschen nichts mit einer sexuellen Punktetabelle zu tun hat, sondern sich darauf gründet, wer wir vor Jesus sind.

> Ganz gleich wie viele Sexualpartner es in der Vergangenheit Ihres Ehepartners gegeben hat, trösten Sie sich damit und seien Sie stolz darauf, dass Sie zwar nicht der oder die Erste waren, dass Sie aber mit Sicherheit der oder die Letzte sein werden. Niemand liebt Ihren Ehepartner so wie Sie.

Einige Sicherheitsmaßnahmen

Ein sexuell gesundes Paar besteht aus zwei sexuell gesunden Individuen, deshalb ermutige ich Sie beide, ehrlich mit sexuellen und emotionalen Altlasten umzugehen, die während Ihrer gemeinsamen Zeit auftauchen. Sie sollten gemeinsam Lösungen dafür finden. Da der Geist Gottes Gutes hervorbringt, wie in Galater 5,22–23 erwähnt (Liebe, Freude, Frieden, Geduld, Freundlichkeit, Güte, Treue, Besonnenheit und Selbstbeherrschung), können Paare erfüllende und Kraft spendende eheliche Beziehungen eingehen, die in der Gegenwart und Zukunft gültig sind, unabhängig davon, was in der Vergangenheit stattgefunden hat.

Obwohl es wichtig ist, ehrlich miteinander zu sein, was die jeweilige sexuelle Vergangenheit angeht (insbesondere wenn es dabei um Missbrauch, Abhängigkeiten, sexuell übertragbare Krankheiten und/oder Abtreibungen geht – einfach weil das notwendig ist, um davon verursachte emotionale Nachwirkungen zu verstehen), sollte man auch bestimmte Grenzen ziehen, damit während dieser Auseinandersetzungen kein *neues* Trauma entsteht.

Der Ehemann einer Freundin hat ihr zum Beispiel kürzlich seine vorehelichen Eskapaden gebeichtet. Die Details seines Berichts muten geradezu grausam an. Er erwähnte ausführlich, in welcher Hotelkette er und seine Freundinnen üblicherweise nächtigten und was er mit ihnen am nächsten Morgen gefrühstückt hatte. „Hast du eine Ahnung, wie viele Hiltons und IHOP-Restaurants es in Seattle gibt?", fragte sie mich bitter. Ich wusste es nicht, aber sie hat sie offensichtlich gezählt, denn jedes Mal, wenn sie an einem dieser Gebäude vorbeifuhr, riss die alte Wunde wieder in ihr auf.

Sollten Sie also Geständnisse machen, bleiben Sie beim Wesentlichen! Widerstehen Sie der Versuchung, Ihre Fehltritte in allzu schillernden Farben auszumalen, insbesondere was die Identität der früheren Sexualpartner angeht, die Details zu Vorspielen oder Stellungen und Ortsangaben, wo sie es mit jemandem getan haben. Nichts davon ist besonders dienlich. Es wird nur immer wieder schmerzhaft an Ihr sexuelles Fehlverhalten erinnern, jedes Mal, wenn diese Person, dieser Ort oder ein anderes Detail aus der Vergangenheit auftaucht.

Konzentrieren Sie sich also weniger darauf, wer wann was mit wem in seinem sexuellen Vorleben getan hat, sondern auf die Lektionen, die Sie dabei gelernt haben, wie Sie sich seither verändert haben und wie Sie Ihren Partner in seinem Wachstums- und Reifeprozess unterstützen können.

Nichtsdestotrotz wissen wir alle, dass es Zeiten gibt, in denen die Erinnerungen hochkommen, sowohl bei Ihnen als auch bei Ihrem

Partner. Nutzen Sie dieses Aufbäumen aus der Vergangenheit, um sich selbst und Ihrem Partner zu beweisen, wie viel sexuelle Integrität Sie bzw. Ihr Partner inzwischen erlangt haben, worauf Sie beide stolz sein können. Spornen Sie sich gegenseitig an. Entdecken Sie, was Sie aus diesen früheren Fehlern alles gelernt haben; lassen Sie diese Lektionen in Ihre Ehe einfließen, indem Sie sich zu den sexuell und geistlich gesunden Menschen entwickeln, die Sie beide sein wollen und zu sein verdienen.

24. DIE EIGENE SEXUELLE VERGANGENHEIT BEWÄLTIGEN – WIE GEHT DAS?

Eines Tages beobachteten Greg und ich während eines Spaziergangs am Strand in Australien eine Hochzeitsgesellschaft. Die Brautjungfern hatten ihre Röcke gerafft und malten mit ihren nackten Füßen ein kompliziertes Muster in den Sand, indem sie wie in einer großen Spirale liefen. Am nächsten Tag suchte ich an derselben Stelle nach den Überresten ihres Kunstwerks, aber die Flut hatte alles weggewischt. Es war nichts übrig geblieben – nur die Erinnerung daran.

Ich wünsche allen, die ich beraten habe und allen Paaren, die mir anvertraut haben, dass sie noch mit den Schatten ihrer Vergangenheit kämpfen, dass sie das auch hätten erleben können – ihre zurückliegenden schmerzlichen Erfahrungen einfach weggewischt. Frauen wie Felicitas, die vier Abtreibungen hatte ... oder Margarethe, die acht ihrer kostbaren Jahre mit einer Affäre zu einem verheirateten Mann vergeudete ... oder Männer wie Konrad, der seinen Job verlor, weil er auf der Arbeit Pornos geguckt hat ... oder Edward, der sich manchmal zur Mittagszeit eine Prostituierte bestellte ...

Wenn ich für jede Person auf dieser Welt, die ihre sexuelle Vergangenheit bereut, zehn Cent einsammeln würde, wäre ich eine *reiche* Frau. Und was denken Sie, was ich all diesen Menschen am Strand gerne gezeigt hätte? Etwas sehr Anschauliches und Lehrreiches. Ich hätte ihnen gesagt: „Was immer wir in unserer Vergangenheit angestellt haben, was immer unsere Ehepartner erlebt haben, es wird weggewaschen. Die Wellen der Zeit gehen darüber hinweg und Gottes Vergebung löscht alles Vergangene aus. Warum sollten wir also so tun, als könnte uns das immer noch verfolgen wie ein dunkler Schatten?"

Falls Sie sich immer noch mit Ihrer Vergangenheit beschäftigen, dürfen Sie eines nicht vergessen – das alles ist *vorbei*! Lassen Sie nicht zu, dass die Erinnerung Sie verfolgt. Der Schmerz von gestern sollte die Freude des heutigen Tages nicht beeinträchtigen. Trotzdem bedeutet die Weigerung, sich von der Vergangenheit beherrschen zu lassen, nicht dass man sie vollständig vergisst – „Vergeben gleich Vergessen" hört sich zwar tröstlich an, ist aber schwer zu bewerkstelligen, wenn wir mit den Konsequenzen unserer Fehler leben müssen.

Als frühere Sex- und Liebesabhängige will ich übrigens auch nie vergessen, wer ich gewesen bin und was ich erlebt habe. Es ist nämlich die beste Vorsorge dagegen, noch einmal in dieses Leben zurückzufallen. Ich will mich an den Schmerz erinnern, an die Scham, die Verwirrung, die Verzweiflung. Wenn ich das nicht tue, werde ich vielleicht wieder in dieser Grube der sexuellen und emotionalen Kompromisse landen und immer wieder dieselben Fehler begehen. Jemand, der sich noch nie die Finger verbrannt hat, spielt viel eher mit dem Feuer als jemand, der das bereits hinter sich hat und sich nie wieder verbrennen will.

Außerdem finde ich es toll, dass ich mich in die Kämpfe anderer Leute hineinversetzen und mit ihnen fühlen kann, und zwar auf eine Art und Weise, wie es nur wenige Berater und Freunde tun können. Das Leben hat mich durch eine harte Schule gehen lassen, aber am Ende bin ich eine glaubwürdige Vertrauensperson und gute Lehrerin geworden. Ich liebe meine Arbeit und spüre, dass es einen

Unterschied macht, wie sehr ich mich in die Lebensprobleme der Menschen, in ihre Ehen und Familien hineinfühlen kann. Ich würde mit niemandem tauschen wollen, denn ich habe gelernt, dass eine schlimme Vergangenheit häufig der direkte Weg hin zu Gott sein kann.

Die größte aller Fragen
Einmal habe ich mit einigen jungen Frauen vom College gesprochen, von denen manche verheiratet waren, andere noch nicht. Während einer Pause spielten wir ein anonymes Frage-und-Antwort-Spiel. Die Studentinnen gaben Kärtchen ab, auf die sie beliebige anonyme Fragen schreiben durften. Nach fast zwanzig Jahren, in denen ich über Sexualität gesprochen hatte, überrascht mich nichts mehr so richtig, aber eine Frage erschütterte mich zutiefst:

„Wie kommt es, dass Sie so lustig und witzig sind? Ich meine, Sie sind als Kind sexuell missbraucht worden und haben das Scheitern so vieler sexueller Beziehungen erlebt, bevor Sie die Highschool abgeschlossen hatten! Wie konnten Sie sich von dieser Last befreien? Mir kommt das ganz unwahrscheinlich vor.“

Hier also der Grund, warum ich so fröhlich und witzig sein kann, trotz meiner sexuellen Traumatisierungen und der Fehler, die ich gemacht habe: Ich *weiß,* wer ich vor Christus bin.

Wissen Sie das auch?

Als Jesus am Kreuz gestorben ist, hat er doch *nicht* gesagt: „Vergib ihnen ihre Sünden – ausgenommen die sexuellen. Sie sind zu schwerwiegend, für die sterbe ich nicht!" Lächerlich – nie hätte Jesus so etwas gesagt! Ich habe nicht den geringsten Zweifel, dass Jesu Blut mich von *jeder* Sünde reingewaschen hat, die ich jemals begangen habe und in Zukunft noch begehen werde. Sein Blut reicht aus, um *alle* Sünden auf der ganzen Welt, in der ganzen Menschheitsgeschichte zu tilgen. Warum sollte ich also *meine* Fehler für etwas Besonderes halten und glauben, dass sie von seinem großen Opfer für uns am Kreuz ausgenommen sind? Das wäre absurd. Ich bin von ihm ausgelöst worden. Ich bin gut und frei. Und deshalb darf ich fröhlich und witzig sein. Wer vergeudet denn seine Zeit damit, sein ganzes Leben lang Trübsal zu blasen, obwohl wir mit einer so wunderbaren Mischung von Gefühlen gesegnet wurden? Wir können jeden Tag von vorne beginnen, denn Gott verteilt seine Gnade jeden Morgen neu (Klagelieder 3,22–23).

Sind Sie bereit für diese Erlösung? Wollen Sie sich gut und frei fühlen? Vielleicht sogar fröhlich und witzig, wenn Sie auf Ihr Leben, Ihre Ehe und Ihre Beziehungen blicken? Dann vertrauen Sie darauf, dass Jesu Blut am Kreuz vergossen wurde und dass das ausreicht, um auch Ihre Fehler abzudecken. Und ich verspreche Ihnen – *es stimmt!* Wenn Sie unsicher sind, nun, sagt das nicht mehr über Sie aus als über Gott? Es handelt sich lediglich darum, ein Geschenk anzunehmen, das man bereits erhalten hat, und einen großen Siegestanz aufzuführen, denn *wir sind frei!*

Nachdenkenswert
- Haben Sie in Ihrem Leben Fehler gemacht, von denen Sie glauben, dass Christus sie am Kreuz nicht gesühnt hat?
- Sind Sie sicher, dass Sie von allem, was in der Vergangenheit geschehen ist, gereinigt wurden und dass Gott Ihnen vergeben hat oder tragen Sie immer noch Schuldgefühle mit sich herum? Glauben Sie einfach, dass Christus Sie erlöst hat!
- Quält Ihr Ehepartner sich mit andauernden Schuldgefühlen, die seine oder ihre Selbstachtung oder Ihre Beziehung stören?
- Wenn Ihr Ehepartner Ihnen anbieten würde, ebenso reinen Tisch zu machen wie Christus, können Sie das einfach annehmen und sich darüber freuen?

III. WENN DIE SEELE SCHMERZT

Mit Missbrauch leben lernen

25. KANN MAN WIEDER SPASS AN SEX FINDEN, WENN MAN SEXUELL MISSBRAUCHT WURDE?

Dieses Buch will Ihnen helfen, im Ehebett mehr Freiheiten beim Sex zu erleben. Deshalb erscheint es vielleicht zunächst etwas seltsam, dass ich diesen Abschnitt mit Überschriften wie „Mit Missbrauch leben lernen" und „wieder Spaß am Sex nach einem Missbrauch" beginne. Obwohl Missbrauch und Untreue mit Sicherheit zunächst der Freiheit, ein erfülltes Sexleben zu führen, im Weg stehen, dürfen wir uns aber über unsere erstaunliche Fähigkeit freuen, sich von diesen Dingen auch wieder zu erholen und die Sexualität trotzdem wieder zu genießen. Deswegen helfe ich anderen so gerne dabei, die seelischen Hemmschwellen zu erkennen, die im Schlafzimmer einengend wirken. Und deswegen investiere ich selbst auch so viel Zeit und Energie in die Beratung. Auch ich selbst war ein Opfer sexuellen Missbrauchs. Nur habe ich das gar nicht gewusst, bis ich Mitte zwanzig war. Sie fragen sich jetzt: „Wie kann man denn nicht *wissen*, dass man als Kind sexuell missbraucht wurde?" Ich werde es Ihnen gleich erklären. Doch zunächst erzähle ich von meinem ersten Mal. Ich habe es mit einem Jungen gemacht, mit dem ich gerade mal vierundzwanzig Stunden am Stück geflirtet hatte. Er war achtzehn. Ich vierzehn. Obwohl er damals rechtlich gesehen erwachsen war, ich aber noch ein Kind, geht es nicht um diese Beziehung, die ich als sexuellen Missbrauch bezeichne. Ich habe ja freiwillig mit ihm geschlafen. Fast die ganze Nacht hatte ich darüber nachgedacht und mich dann entschieden, am darauffolgenden Tag mit ihm zu schlafen. Den Grund für diese Entscheidung habe ich damals allerdings nicht verstanden: Ich hatte bereits eine andere sexuelle Beziehung – mit meinem Onkel.

Meine Tante hatte mich eingeladen, in den Sommerferien einige Wochen bei ihr zu verbringen und das war in der achten Klasse ein willkommener Tapetenwechsel. Ich schlief zusammen mit meiner Cousine in einem Bett, war aber einige Male von meinem Onkel mitten in der Nacht aufgeweckt und ins Wohnzimmer gezerrt worden. Dort hatte er mich dicht an sich gezogen, seine Zunge tief in meinen Mund gesteckt und mit seinen harten Arbeiterhänden meinen Rücken von oben bis unten begrapscht.

Jedes Mal erstarrte ich. Ich hatte keine Ahnung, was ich tun sollte. Wenn ich schrie, würde ich meine Tante oder meine Cousine aufwecken, und ich konnte den Gedanken nicht ertragen, dass sie entdeckten, was los war. Sie mochten ihn so gern. Sie waren abhängig von ihm. Wenn ich ihre Familie durcheinanderbrachte, wie sollten sie ohne seinen Lohn überleben? Also tat ich, was die meisten Mädchen in dieser unbehaglichen Situation tun – nichts.

Die Tage vergingen und die nächtlichen Übergriffe nahmen zu. Obwohl ich erst vierzehn war, war ich nicht dumm. Ich wusste, wohin das führen würde. Und ich wusste, dass ich meine Jungfräulichkeit nicht an meinen Onkel verlieren wollte. Er war nicht blutsverwandt mit mir, aber der Gedanke schien mir trotzdem absolut unnatürlich und es drehte sich mir der Magen um, wenn ich mir vorstellte, dass er der erster Mann sein würde, mit dem ich schlief.

Am nächsten Tag kam sein Sohn aus einer früheren Ehe, um im Pool zu schwimmen. Ein extrem gut aussehender Footballspieler, nicht viel älter als ich, der ein wesentlich besserer Kandidat schien, um mich zu entjungfern. Also rang ich mich dazu durch, als er anfing mit mir zu flirten. Immerhin würde mein Onkel dann nicht die Befriedigung haben.

Schließlich gelang es mir doch, ihn so lange in Schach zu halten, bis meine Tante herausfand, was für ein niederträchtiger Kerl er war, und sie ließen sich wenig später scheiden. Leider gab es in meinem Leben noch zwei weitere Onkel, die zur selben Zeit ähnliche Ambitionen hegten. Einer gab später zu: „Als du Brüste und Hüften bekamst, haben wir drei untereinander Wetten abgeschlossen, wer von uns Shannon als Erster ins Bett kriegen würde." Obwohl sie alle keinen Erfolg hatten, wurde mir später in einer Therapie klar, dass es der Druck dieser drei Männer gewesen war, der mich dazu gebracht hatte, meine Jungfräulichkeit mehr oder weniger aus dem Fenster zu werfen in einem verzweifelten Versuch, so „normal" wie möglich zu bleiben. Für mich war der Sex mit einem achtzehnjährigen Jungen, den ich gerade erst getroffen hatte, einfach das geringste Übel gewesen, das mich damals umgeben hatte.

Viele der Leute, die ich beraten habe (und vielleicht auch einige meiner Leser) sind in viel schlimmerem Ausmaß sexuell missbraucht worden. Ich hatte Frauen bei mir, die zum Geschlechtsverkehr mit ihren Brüdern, Schwestern, Babysittern, Jugendgruppenleitern, Vätern und sogar Müttern gezwungen worden waren. Ich habe von Männern gehört, die von ihren Verwandten, Nachbarn, Lehrern, Therapeuten, Sportfreunden oder geistlichen Amtsinhabern vergewaltigt oder subtil verführt wurden. Ich weiß, wie es sich anfühlt, wenn ein älterer, vertrauenswürdiger und starker Mensch einen Vorteil aus seiner Position zieht. Und es lässt mein Herz bluten, wenn ich den Schmerz sehe, den diese Opfer erlitten haben.

Aber ich glaube nicht eine Sekunde lang, dass ein solcher Schmerz zwangsläufig dazu führen muss, keine Lust mehr empfinden zu können in einer gesunden sexuellen Beziehung zu einem liebevollen Ehepartner. Wir werden noch mehr darüber hören, wie man seinen Ehepartner in den Heilungsprozess miteinbeziehen kann und das aufregende Sexualleben, das Sie verdienen, genießt (Kapitel 26 und 27). Zuvor habe ich aber noch einige auf den ersten Blick vielleicht eher abwegige Fragen:

• Kann jemand, der in der Schauspielschule durchgefallen ist, später noch berühmt werden?

- Ist es vorstellbar, dass ein Student aus dem Highschool-Basket-ballteam herausfliegt und dann auf nationaler Ebene zum Star aufsteigt?
- Wird aus jemandem, der seinen Job mit der Begründung verliert, es fehle ihm an Vorstellungskraft und Kreativität, später ein legendärer Firmengründer?

Mit Sicherheit lassen sich große Hürden, Rückschläge und Herausforderungen meistern, wenn uns etwas wirklich wichtig ist. Die gescheiterte Schauspielschülerin, die ich meine, war niemand anders als die große, inzwischen verstorbene Lucille Ball. Der Basketballspieler, der die Mannschaft in der Highschool verlassen musste? Basketballstar Michael Jordan. Der Angestellte, dem aus Mangel an originellen Ideen gekündigt wurde? Walt Disney.[25] Diese „berühmten Gescheiterten" sind über sich selbst herausgewachsen und haben schließlich die wahre Größe erlangt, die ihnen Gott in die Wiege gelegt hatte.

Sie denken vielleicht, dass der Erfolg einer Schauspielerin, eines Sportlers oder Unternehmers nichts mit sexueller Performance zu tun hat. Das sehe ich anders. Obwohl wir nicht alle mit einem großen Talent geboren werden, einem besonderen Geschick oder einer besonderen Begabung, gibt es das eine, wofür wir *alle* geschaffen wurden und was wir gut machen und genießen können. Gleichgültig, ob wir Männer oder Frauen sind, weiß- oder schwarzhäutig oder irgendeine Schattierung dazwischen, ungeachtet unserer religiösen Ausrichtung oder ob wir aus armen oder reichen Verhältnissen stammen, wir alle sind *sexuelle* Wesen. Es ist unser größter gemeinsamer Nenner und das lässt sich weder leugnen noch ignorieren.

Vielleicht waren Ihre ersten Erfahrungen mit Sexualität negativ, haben Schuldgefühle ausgelöst, Ihre Scham verletzt oder Sie vielleicht sogar traumatisiert. Vielleicht waren Sie schon versucht zu glauben, dass Sie dauerhaft geschädigt sind und etwas unwiderruflich in Ihnen zerbrochen ist – dass Sie am liebsten gar nichts mehr mit sexuellen Dingen zu tun haben wollen.

Obwohl ich Ihren Schmerz nachfühlen kann, bin ich mit diesem resignativen Abschluss nicht einverstanden. Warum? Ich weiß ganz sicher, dass es keine Verletzung gibt, die unser Heiland nicht wie durch ein Wunder heilen kann. Es gibt einfach keinen Missbrauch, der so schlimm ist, dass er dagegen nicht ein Mittel wüsste. Jesus hat jede Krankheit besiegt, an der wir Menschen leiden können, und ich glaube fest, dass er jedes Herz, das einmal gebrochen wurde, wieder flicken kann – auch die, die durch sexuellen Missbrauch verletzt wurden.

Jesus kann nicht nur Ihren Schmerz erleichtern; er kann Ihnen auch helfen, die sexuelle Leidenschaft und das Vergnügen zu empfinden, das Ihnen und Ihrem Ehepartner ursprünglich zugedacht wurde. Die Ehe kann tatsächlich die Beziehung sein, die Ihnen diese willkommene Heilung bringt.

26. SOLLTE ICH MEINEM PARTNER ERZÄHLEN, DASS ICH MISSBRAUCHT WURDE?

Als ich Ende zwanzig war, habe ich sechs Monate lang eine intensive Therapie gemacht – in der Gruppe wie auch einzeln. Denn ich habe mit der Frage gerungen, *warum ich – als glücklich verheiratete Frau – immer noch die überwältigende Versuchung empfand, Liebe in Beziehungen außerhalb der Ehe zu suchen.*

Als meine Therapeutin mir half, das aufzudecken, was ich mein ganzes Leben lang unter den Teppich gekehrt hatte, entdeckten wir jede Menge Schuld- und Schamgefühle. Ich hatte sie still und heimlich daruntergekehrt in der Hoffnung, niemand würde jemals auf die Idee kommen, danach zu fragen, was während dieser entscheidenden Pubertätsjahre mit mir passiert war – der sexuelle Missbrauch durch meine Onkel, der Verlust meiner Jungfräulichkeit an einen Fremden und die daraus resultierende Promiskuität und sich anschließende Vielzahl an Sexualpartnern. Jetzt kamen die Gefühle darüber ans Tageslicht.

In der Bibel sagt uns Sprüche 26,11, dass ein Tagträumer auf seiner Dummheit beharrt, so wie ein Hund zu seinem Erbrochenen zurückkehrt. Genau so ging es mir. Immer wieder verspürte ich diese Sehnsucht, meinen Selbstwert in den Armen eines neuen Mannes wiederzufinden (weil es das war, was ich am Anfang verloren hatte). Gewöhnlich guckte ich mir dafür einen älteren Mann aus, der von seiner Autorität eine Erscheinung war. Ein versteckter Hinweis darauf, dass ich mir eine Vaterfigur wünschte, um meinen inneren Schmerz über die Distanziertheit zu heilen, die die Beziehung zu meinem eigenen Vater geprägt hatte.

Ich lernte mehr und mehr darüber, was diese Form von „Sex- und Liebessucht" für mich bedeutete und merkte, dass ich diese Enthüllungen nicht für mich behalten wollte. Ich musste Greg in meine dreckigen kleinen Geheimnisse einweihen – und zwar in *ausnahmslos alle*. Über meine offenherzigen Teenagerjahre wusste er bereits Bescheid, aber ich hatte ihm nie erzählt, wie diese Lawine überhaupt ins Rollen gekommen war. Ich hatte nie mit ihm über meine Onkel gesprochen.

Warum eigentlich nicht? Nach sieben Ehejahren wurde mir bewusst, dass Schuld und Scham an mir klebten wie Kaugummi an einer Schuhsohle. Tief in meinem Inneren befürchtete ich, dass es Greg einfach nicht akzeptieren könnte, wenn er davon hört, dass ich von einem Verwandten sexuell missbraucht wurde. Ich hatte Angst, dass er mich deshalb verachten und unsere Beziehung überdenken würde. Aber nach sieben Jahren des Schweigens konnte ich mich einfach hinter meiner glücklichen Maske nicht länger verstecken. Tränenüberströmt erzählte ich ihm eines Nachts alles. Und so liebevoll wie er darauf reagierte, baute dies eine Brücke zwischen meiner beklemmenden Situation und dem Ort, an den ich mich seelisch wie körperlich hinsehnte.

Greg öffnete damit eine Tür, dass mir in meinem Leben Heilung widerfahren konnte. Und für mich war es extrem wichtig, ihm von dem Missbrauch zu erzählen. Ich glaube, jedes verheiratete Paar sollte einmal eine Unterhaltung darüber führen, was in der sexuellen Vergangenheit des anderen jeweils schiefgelaufen ist.

Zunächst wurde mir klar, als ich offen darüber sprach, was mit mir im Alter zwischen zwölf und vierzehn Jahren passiert war, dass meine Onkel diejenigen waren, die die Täter waren. Ich war *nicht* etwa eine „willige Mitspielerin" gewesen, wie ich fälschlicherweise angenommen hatte, sondern ein gelähmtes Opfer. Denn schließlich waren sie die Erwachsenen und ich war noch ein Kind. Ein Kind, das nicht das Durchsetzungsvermögen besaß, sich aus eigener Kraft aus einer unbehaglichen und kompromittierenden Situation zu befreien. Und endlich verstand ich, dass ich gar nichts falsch gemacht hatte und konnte meine Schuldgefühle ablegen. Ich war *unschuldig*.

Lektion #1: Ganz gleich, was für einen Missbrauch Sie erlebt haben, es war nicht Ihre Schuld. Sie konnten nichts dafür. Sie waren ein unschuldiges Opfer und jeder Erwachsene (Ihr Therapeut oder Ihr Ehepartner) wird das bestätigen.

Wenn ich unschuldig war, warum litt ich dann unter diesem intensiven Schamgefühl? Ich begriff, dass es mit der Scham so ähnlich ist wie mit einer heißen Kartoffel. Sie wird in dem gestörten Verhältnis des sexuellen Missbrauchs herumgereicht und wenn der Täter sich weigert, sie festzuhalten, hält das Opfer sie schließlich in der Hand. Ich entschloss mich dazu, meine Hände zu benutzen und die Scham, die ich fünfzehn Jahre lang in meinem Herzen getragen hatte, regelrecht „auszuschaben". Dann nahm ich die Einladung meiner Therapeutin an, das alles symbolhaft in ihren Abfalleimer zu werfen, der ein wesentlich angemessenerer Ort für diesen infektiösen Müll war als mein Gedächtnis. Danach fühlte ich mich um fünfzig Pfund leichter und konnte endlich eine Tür öffnen zu einem wesentlich gesünderen Umgang mit meiner sexuellen Identität.

Lektion #2: Wir müssen diese heiße Kartoffel der Scham nicht in unseren Händen halten. Wir können wählen, sie einfach fallen zu lassen. Es gibt bessere Orte dafür als unsere Seelen, und wenn wir sie losgelassen haben, entsteht Raum für Frieden, Freude und Zufriedenheit.

Der nächste Schritt bestand darin, meinen Selbstwert wiederherzustellen. Ich dachte darüber nach, wodurch der Wert eines Menschen sich eigentlich definiert, unabhängig von sexuellem Missbrauch oder anderen Negativerfahrungen. Das Wort Missbrauch bedeutet ja, dass man etwas Falsches, von der Norm Abweichendes, erlebt hat. Etwas ist schiefgelaufen, anders, als es eigentlich gedacht ist. Aber verliert sich dadurch der Wert?

Angenommen, mein Sohn benutzt die Servierplatte des chinesischen Porzellanservices meiner Großmutter dazu, um den Abfluss der Badewanne zu verschließen – bedeutet das, dass ich anschließend mit ihr keinen festlichen Tisch mehr schmücken darf und dass ich meinen Gästen darauf kein köstliches Essen mehr anbieten darf? Angenommen, meine Tochter hat meinen Lippenstift zweckentfremdet und malt damit ein Gemälde an ihr Kinderzimmerfenster, heißt das, dass ich meine Lippen damit nicht mehr aufhübschen darf, wenn ich ausgehe? Und bedeutet die Tatsache, dass meine Onkel mich unsittlich berührt haben, dass mein Ehemann mich nicht mehr so anfassen darf, obwohl es sich wunderbar, angemessen, tröstlich und sogar erregend anfühlt? Die Antwort ist natürlich *nein*.

Meine Onkel haben mir zwar etwas von meiner Würde geraubt und vor langer Zeit auch mein sexuelles Selbstbewusstsein, aber ich habe beschlossen, dass mir das *nie* wieder passieren wird. Ich werde so etwas nicht mehr zulassen, niemals!

Lektion #3: Dass jemand Sie sexuell auf unangemessene Weise berührt hat, mindert nicht Ihren Wert! Auch nicht Ihren Wert, als Person sexuell empfinden zu dürfen. Sie können bzw. dürfen (sofern das nach dem Missbrauch wieder möglich ist) intime Begegnungen trotzdem genießen mit Ihrem Ehepartner, der sich Ihnen mit seinem Leben anvertraut hat und Sie liebt.

Wenn Sie diese drei wertvollen Lektionen für sich annehmen können – dass Sie keine Schuld tragen an dem Missbrauch, den Sie als Kind erlebt haben, dass Sie Ihre Schamgefühle loslassen können, und dass Sie immer noch eine wertvolle Person sind, die sexuell empfinden und genießen darf – werden Sie vor allem in Ihrem Geist eine erhebliche Regung spüren.

Sie werden neu fähig sein, zu vertrauen, dass Ihr Ehepartner nicht identisch ist mit der Person, die Sie missbraucht hat, und Sie werden nicht länger das Gefühl haben, sich wehren oder Ihren Ehepartner für die sexuellen Altlasten bestrafen zu müssen, die Sie mit sich herumtragen. Sie werden auch fähig sein, in Ihrem Ehepartner jemanden zuverlässiges zu sehen, der Sie in Ihrem Heilungsprozess unterstützt. Und sie werden sich folglich wieder wohler in Ihrer Haut fühlen, wenn Sie das, was Sie seit Ihrer Kindheit so lange in sich verschlossen haben, mitteilen.

Bitte haben Sie Vertrauen, dass Sie mit der Zeit Freude und Vergnügen finden werden an sexuellen Handlungen oder Gefühlen, obwohl sie Ihnen in der Vergangenheit so große Schmerzen zugefügt haben – körperlich wie seelisch. Glauben Sie es oder nicht, Sie können Ihr Gehirn trainieren, an der gesunden sexuellen Anziehungskraft zwischen Ihnen und Ihrem Ehepartner Gefallen, Freude und Lust zu empfinden. Und wenn das passiert, fühlen Sie sich nicht länger wie ein Opfer, sondern wie ein Sieger.

Seien Sie offen für Ihren eigenen persönlichen Triumph über den Missbrauch, der in Ihrer Vergangenheit stattgefunden hat, und teilen Sie Ihr Innerstes – das Gute, das Schlechte und das Hässliche – der einen Person mit, die die Macht in Händen hält, Ihnen zu helfen, dass Ihnen Heilung widerfährt.

Bitte haben Sie Vertrauen, dass Sie mit der Zeit Freude und Vergnügen finden werden an sexuellen Handlungen oder Gefühlen, obwohl sie Ihnen in der Vergangenheit so große Schmerzen zugefügt haben – körperlich wie seelisch. Glauben Sie es oder nicht, Sie können Ihr Gehirn trainieren, an der gesunden sexuellen Anziehungskraft zwischen Ihnen und Ihrem Ehepartner Gefallen, Freude und Lust zu empfinden.

27. WIE KANN ICH MEINEM PARTNER HELFEN, DEN SEXUELLEN MISSBRAUCH ZU ÜBERWINDEN?

In der schmerzhaften, aber außerordentlich reinigenden Unterredung, die ich mit Greg während meiner Therapie hatte, sprach vieles an seiner Reaktion Bände über die stabile Beziehung, die unsere Ehe zu diesem Zeitpunkt bereits hatte. Damit möchte ich Sie dazu ermutigen, eine solche sichere „Anlegestelle" für Ihren Partner zu werden, wenn er sein Herz offenlegt und sich mit den recht lebendigen Relikten seines sexuellen Missbrauchs auseinandersetzt.

1. *Hören Sie sich die Geschichte an.*

   Sie haben vielleicht Sorge, nicht zu wissen, was Sie sagen sollen, da Sie kein ausgebildeter Therapeut sind. Das ist okay und vollkommen in Ordnung. Die Tatsache, dass Ihr Ehepartner Ihnen etwas Beängstigendes aus der Vergangenheit mitteilt, bedeutet nicht, dass er oder sie gleich erwartet, dass Sie das *reparieren* oder *heilen* können. Vielmehr erleichtert es einfach, die Maske einmal abzunehmen und offen mit jemandem sprechen zu können, und wer wäre dazu besser geeignet als der eigene Ehemann oder die Ehefrau?

2. *Achten Sie auf Ihre Körpersprache.*

Ich werde nie die erste Therapeutin vergessen, die ich bei der Aufarbeitung meiner Vergangenheit um Hilfe gebeten hatte. Als ich meine Altlast auspacken wollte, fing sie an sich zu winden, auf ihrem Stuhl herumzurutschen, ihre Beine andauernd neu übereinanderzuschlagen, immer wieder mit einem Ausdruck des Horrors aufzusehen, vielleicht um Sympathie zu bekunden, aber ich war mir da nicht so sicher. Sie machte dabei eine Menge Notizen und hielt sehr wenig Augenkontakt. Ich habe ihr Sprechzimmer wesentlich schwerer beladen verlassen, als ich es betreten hatte. Ich fühlte mich verurteilt und schloss aus ihrer unbehaglichen Reaktion, ein hoffnungsloser Fall zu sein.

Greg hingegen machte genau das, was ich von meinem Zuhörer erwartete. Er sah mir tief in die Augen und hörte geduldig zu, behielt wohl manches im Gedächtnis – Fragen, die er später stellte, um sicherzugehen, dass er alles richtig verstanden hatte. Er streichelte immer wieder meine Hand oder mein Knie, was ich so verstand, als wollte er sagen: „Ich bin da für dich, meine Liebe. Es ist alles in Ordnung. Mach weiter." Und das tat ich. Ich erzählte ihm alles, woran ich mich erinnern konnte. Und es fühlte sich an, als wären zwei Tonnen emotionalen Mülls endlich aus meinem inneren Lager abgeholt worden.

3. *Erkennen Sie den Schmerz an.*

Greg hätte leicht sagen können: „Na ja, immerhin haben deine Onkels es nie geschafft, Sex mit dir zu haben" oder „Ich verstehe nicht, warum du dich nie jemandem anvertraut hast" oder etwas Ähnliches, was das Geschehene herabgesetzt hätte. Stattdessen sagte er mir: „Ich kann mir nicht vorstellen, wie es sich angefühlt hat, so jung zu sein und so behandelt zu werden. Es tut mir leid, dass du das mitmachen musstest und nie den Mut gefunden hast, mit jemandem darüber zu reden." Die meisten Opfer sexuellen Missbrauchs stellen ihre

Gefühle infrage, und sie brauchen häufig jemanden, der ihnen bestätigt, dass sie nicht verrückt sind oder etwas überinterpretieren.

4. Bewahren Sie selber die Fassung.

Nachdem ich vor jungen Pfarrern und ihren Frauen darüber gesprochen hatte, wie man mit sexuell missbrauchten Teenagern umgeht, kam ein Paar zu mir und bat um eine kurze persönliche Unterredung. Nach meinem Vortrag hatte die Frau ihrem Ehemann zum ersten Mal erzählt, dass sie von einem nahen Verwandten sexuell missbraucht worden war. Unglücklicherweise wollte der Ehemann daraufhin die Veranstaltung verlassen, um diesen Verwandten ausfindig zu machen und ihn zu Brei zu schlagen. Das Gesicht seiner Ehefrau sagte allerdings mit aller Deutlichkeit: „Ich wünschte, ich hätte es ihm nicht erzählt!" Aber wenn man die Katze einmal aus dem Sack gelassen hat, geht sie nicht wieder hinein. Also setzte ich die beiden einander gegenüber und fragte die Frau: „Ist das die Antwort, die Sie sich von Ihrem Mann erhofft haben?" Worauf sie antwortete: „Nein! Ich habe dem Kerl schon vor Jahren vergeben und will das auf keinen Fall alles wieder aufrollen!"

Der Ehemann rauchte vor Zorn und schüttelte die geballte Faust im verzweifelten Versuch, seine Wut zu kontrollieren. Ich sagte ihm: „Sie will gar nicht, dass Sie so wütend werden. Es genügt, wenn Sie einfach mit ihr fühlen und für sie da sind." Er brach in Tränen aus, als hätte er auf diese Erlaubnis nur gewartet, um die Schleusen für seine Trauer angesichts des Geschehenen zu öffnen. Nach einigen Schluchzern konnte er sich wieder zusammenreißen und sie an sich ziehen. Statt den Täter zu verfluchen, war er nun fähig, sich zu entschuldigen – für seine Aggressivität und den Schmerz, den er ihr verursacht hatte.

Zweifellos werden Sie für den Missbrauch, den Ihr Partner als Kind erlebt hat, stellvertretend Schmerz oder Wut erleben.

Aber wenn Sie sich und Ihre Gefühle in den Vordergrund stellen, dann ist das nicht annähernd so hilfreich, wie wenn Sie sich zunächst auf seinen oder ihren Schmerz konzentrieren und sich um Ihre eigenen Gefühle anschließend kümmern.

5. *Stellen Sie Fragen.*
Als ich Greg Details von meinen Erlebnissen erzählte, fügten sich bei ihm viele Puzzleteile zusammen. Und als er hörte, wie ekelerregend es für mich war, von einem Mann geküsst zu werden, der wie ein Aschenbecher schmeckte, fragte Greg: „Wirst du deshalb immer so garstig, wenn Leute in deiner Nähe rauchen?" Darüber hatte ich noch nie nachgedacht, aber genau so war es. Seine feinfühlige Antenne bemerkte auch den Zusammenhang, als ich ihm beschrieb, wie schmerzhaft sich der kratzige Bart meines Onkels in meine zarte Oberlippe bohrte, und er fragte: „Ist das der Grund, warum du mich nicht mehr so oft küsst, seit ich mir einen Bart wachsen lasse?" Auch das war keine bewusste Entscheidung von mir gewesen, aber ich musste zugeben, dass ich ein rasiertes Gesicht wesentlich angenehmer finde. Am nächsten Morgen rasierte Greg sich ganz glatt und rief im Büro an, um zu sagen, dass er später käme, denn er musste zunächst unbedingt noch Monate nachholen, in denen wir uns nicht genug geküsst hatten. Ich hatte gefürchtet, von ihm verachtet zu werden – aber Sie können sich vorstellen, wie wohltuend seine Entscheidung für mich war.

6. *Gewähren Sie Zeit, dass Grenzen wiederhergestellt werden können.*
Ein Kind hat einen sexuellen Missbrauch erlebt. Nun spulen Sie die Zeit einmal zehn, zwanzig oder dreißig Jahre vor. Was sehen Sie? Ein verängstigtes kleines Mädchen (oder einen Jungen) im Körper eines Erwachsenen, häufig verheiratet, das sexuell daran krankt, dass Geister aus der Vergangenheit mit ihm Spuk treiben können.

Als ich meiner Therapeutin erklärte, was meine Onkel mit mir angestellt hatten, fragte sie: „Erzählen Sie mir, wie es ist, Sex mit Ihrem Ehemann zu haben." Ich gab zu, dass ich an Sex nicht übermäßig interessiert war. Wenn Greg aufmerksam und liebevoll zu mir war, interpretierte ich das oft fälschlich als „Du willst doch nur Sex". Meine Antwort lautete dann oft: „Vergiss es", denn unterbewusst fühlte es sich einfach sehr danach an, als würde ich wieder sexuell missbraucht. Nur dass es dieses Mal in Ordnung war. Aber das war es eben nicht. Da war sehr wenig in mir, was jemals wirklich sehnsüchtig, aus einem inneren Bedürfnis heraus, Sex mit meinem Ehemann haben wollte. Und das war wirklich ein Problem – weniger für mich als für ihn.

Meine Therapeutin malte daraufhin ein Strichmännchen an die Tafel und zog einen großen Kreis darum. Dann nahm sie einen Lappen und durchbrach den soliden Kreis. Sie erklärte, dass jeder mit einer natürlichen Schutzschicht geboren wird, die dafür sorgt, dass er sich in Anwesenheit anderer sicher fühlt. Aber wenn dieser Schutz von jemandem verletzt wird, der diesem Menschen gegen seinen Willen zu nahe tritt, entweder durch Gewalt oder sexuell, dann kann man sich nie mehr sicher fühlen, es sei denn, dieser Schutz wird vollständig wiederhergestellt.

Aber wie stelle ich meine eigenen Grenzen wieder her, was Sexualität betrifft, wenn ich doch schon verheiratet bin? Meine Therapeutin antwortete mit einer Gegenfrage: „Was würde passieren, wenn Sie Ihrem Ehemann sagen, dass Sie eine bestimmte Zeit brauchen, in der er nicht erwartet, Sex mit Ihnen zu haben?" Ich dachte: *Gut … das könnte ein erster Anfang sein.*

7. *Akzeptieren Sie ein Nein als gutes Zeichen der Heilung.*
Greg verstand die Logik hinter dem Vorschlag der Therapeutin. Solange ich mich nicht vollständig frei fühlte, *Nein* zum Sex sagen zu dürfen, fühlte ich mich auch nicht in der Lage,

rückhaltlos *Ja* zu sagen. Er fragte: „Was meinst du, wie lange du brauchst?" Ich bat ihn um zwei Monate. Er war einverstanden.

8. *Feiern Sie ein Ja als Erfolgsschritt.*

Die schlichte Tatsache, dass Greg dazu bereit war, seinen Beitrag zu meinem Heilungsprozess zu leisten (und dafür sogar zwei Monate auf Sex verzichtete) ließ mein Herz ganz weich werden. Und nach zwei Wochen *flehte* ich ihn buchstäblich an, mit mir ins Bett zu gehen. Mit schlechtem Gewissen beichtete ich meiner Therapeutin diesen vermeintlichen Fehltritt. Aber sie lächelte und sagte: „Das ist doch hervorragend. Sie haben genau das erreicht, was Sie sich gewünscht haben. Nur ein wenig schneller, als Sie es selbst erwartet haben."

9. *Rechnen Sie mit Rückschlägen.*

Nach meiner Therapie habe ich mich mit Greg fast immer sicher gefühlt. Trotzdem gab es einige wenige Situationen, in denen er etwas sagte oder tat, was mich geärgert oder aufgeregt hat. Inzwischen hat er gelernt, dass er Shannon (1) weder auflauern noch ihren Körper begrapschen darf, wenn sie es nicht erwartet, (2) sie nie mitten in der Nacht aus dem Tiefschlaf reißen darf, indem er sie sexuell erregt, und (3) nie ohne Unterlass kitzeln oder piksen darf und erwarten, dass sie klein beigibt, damit er aufhört. All das kann sie auf den Tod nicht ausstehen und jetzt versteht Greg auch, warum.

10. *Schlüpfen Sie in die Haut von Jesus.*

Das Wichtigste, was Sie als Ehepartner für Ihre bessere Hälfte tun können, ist, so zu antworten, wie Jesus es getan hätte. Zeigen Sie ihm:

• Du wirst geliebt. Punkt. Bedingungs- wie ausnahmslos.
• Du bist bei mir sicher. Auch wenn jemand dich benutzt oder missbraucht hat, ich werde das niemals tun.

- Du bist ein wertvoller Mensch. Dein Wert sinkt in meinen Augen nicht, nur weil du zeigst, dass du schlimme Erlebnisse oder Schmerzen hattest. Ich liebe dich, wie du bist – in guten wie in schlechten Zeiten.
- Unsere Beziehung ist ein Ort, an dem du heil werden kannst. Du kannst mir alles erzählen und deine Geheimnisse sind sicher bei mir.
- Meine Arme und mein Herz stehen dir immer offen.
- Du musst nicht weiter nach Anerkennung suchen. Ich akzeptiere dich ganz genau so, wie du bist.

Wenn Sie Ihrem Ehepartner dabei helfen, einen sexuellen Missbrauch aufzuarbeiten, der in seiner oder ihrer Kindheit stattgefunden hat, dann ist das vielleicht der wichtigste Akt geistlicher Seelsorge, den Sie in Ihrem Leben leisten können.

Gebet

Wenn Sie Ihren Ehepartner dabei begleiten möchten, Schweres aus der Vergangenheit aufzuarbeiten, beten Sie für glückliches Gelingen. Beispielsweise so:

„Jesus, du weißt, wie verbreitet sexueller Missbrauch in unserer Gesellschaft ist und was für tiefe Wunden es einem Menschen zufügt, männlich oder weiblich, auf diese Weise, die einfach nicht richtig ist, von einem Erwachsenen benutzt zu werden. Du weißt auch, welche Last ein sexueller Missbrauch, der in der Vergangenheit liegt, für eine Ehe darstellt und wie er sich insbesondere auf das Miteinander im Ehebett auswirkt. Wir bitten dich, das zu tun, was nur du zustande bringst, Gott. Heile all die Herzen, die mit diesem Schmerz und dieser Verwirrung konfrontiert wurden. Hilf den Opfern, ihre Angst vor Intimität zu überwinden, ebenso das geringe Selbstwertgefühl, Wut und Bitterkeit. Gib den Ehepartnern die Klugheit und die Einsicht, zur heilenden Kraft im Leben ihrer Ehepartner zu werden. Stell die Freude und die Lust in den Ehebetten wieder her und zeig uns, wie wir unseren Ehepartnern helfen können, das Geschenk der echten Intimität anzunehmen. Amen."

Mit Untreue umgehen

28. ICH KANN MEINEM PARTNER NICHT (MEHR) VERTRAUEN – WAS SOLL ICH TUN?

Nie werde ich das verzweifelte Weinen von Tonya vergessen, als ich am Telefon mit ihr darüber sprach, wie sie ihren Ehemann (und sich selber) allmählich wahnsinnig machte. Sie fing jede Zeitschrift ab, die mit der Post kam und schnitt alle Bilder von Frauen aus, die möglicherweise „hübscher" waren als sie. Als ich sie fragte, warum das so wichtig für sie war, antwortete sie mit einer Gegenfrage: „Bin ich denn nicht dafür verantwortlich, dass mein Ehemann keine Lust auf andere Frauen bekommt?"

„Nein, Tonya, dafür bist *du* nicht verantwortlich. Du kannst in diesem Sinne nur für dich selber sorgen und genauso ist es mit deinem Ehemann. Das muss dir doch klar sein?", fragte ich.

„Vermutlich ist es so, aber ich habe trotzdem das Gefühl, dass ich sein Umfeld im Auge behalten muss. Wenn wir zum Essen eingeladen sind und er den Tisch verlässt, um auf die Toilette zu gehen, gehe ich hinterher, nur für den Fall, dass da eine andere Frau lauert, die ihn auf dem Weg abfängt und in ein Gespräch verwickelt", gestand sie.

„Wie fühlt sich das denn für deinen Ehemann an, wenn du ihn sogar bis auf die Toilette verfolgst?", fragte ich.

Tonya gab zu, dass ihn das ziemlich verrückt machte, und dass sie selbst sich komisch dabei vorkam. Nur verspürte sie ein solch starkes Bedürfnis, es trotzdem zu tun. Wir redeten noch eine Weile darüber, in welchem Ausmaß sie „seine Umgebung kontrollierte". Im Grunde konnte dieser arme Mann gar nichts tun, ohne dass seine

Frau darüber Bescheid wusste. Und beide erschienen mir panisch angesichts der Vorstellung, was passieren würde, wenn eines Tages irgendeine ihrer Befürchtungen sich bestätigen würde.

„Weißt du, was eine selbsterfüllende Prophezeiung ist, Tonya?", fragte ich und erklärte, dass wir jemanden manchmal zu einer Tat *treiben* können, indem wir verzweifelt versuchen, sie zu verhindern. Wenn jemand laut und deutlich die Botschaft erhält: „Ich vertraue dir nicht. Ich *kann* dir nicht vertrauen!" – was passiert dann? Irgendwann glaubt derjenige es selbst. Er ist von der eigenen Ehefrau so gehirngewaschen, dass er sich selbst nicht mehr vertrauen kann. Und dann handelt er irgendwann auch danach. Wir können die unsichere Beziehung, vor der wir am meisten Angst haben, selbst herbeiführen – durch unsere Unsicherheiten.

Um die Wahrheit zu sagen, habe ich in meiner Beraterlaufbahn schon mit zahllosen Frauen wie Tonya gesprochen, und mit ebenso vielen männlichen Pendants. Ihre Taktiken waren unter anderem die folgenden:

- Sie zwangen ihre Partner gegen ihren Willen dazu, an einer Therapie teilzunehmen, manchmal um sich dort mit Dingen zu beschäftigen, die nur in ihren eigenen Köpfen existierten.
- Sie folgten ihren Partnern mit dem Auto, um herauszufinden, wohin sie nach der Arbeit fuhren.
- Sie wurden zu Stalkern auf Facebook, in E-Mail-Postfächern und anderen Kanälen.
- Sie befragten die Kollegen ihres Ehepartners heimlich nach deren Verhalten im Büro.
- Sie stachelten Freunde dazu an, das Verhalten der Ehepartner auszuspionieren oder sogar versuchsweise mit ihnen zu flirten, um die Reaktionen zu testen.

Ich rate jedem, der so viel Aufwand betreibt und ständig die Vertrauenswürdigkeit seines Ehepartners überprüft oder ihm sogar Fallen stellt, um ihn oder sie in flagranti zu erwischen: Bitte suchen Sie professionelle Hilfe auf! Vermutlich sind Sie selbst der- oder diejenige, der/die eine Therapie braucht! Und wenn sich herausstellt, dass es einen Grund für dieses Misstrauen gibt, hoffe ich, dass Sie *beide* eine Beratungsstelle aufsuchen, anstatt Ihren Ehepartner mit der Sache alleine zu lassen. Denn letztlich braucht man immer beide Partner, um eine aus dem Gleichgewicht geratene Beziehung wieder ins Lot zu bringen.

Als Tonya und ich ein wenig tiefer bohrten, um herauszufinden, wo die Ursache für ihre extreme Ängste lagen, wurde ihr klar, dass sie in ihrer Kindheit ein Geheimnis hatte hüten müssen. Es ging um einen Ehemann, der untreu gewesen war, und niemand sonst in der Familie außer ihr hatte davon erfahren. Ihr Großvater war ihrer Großmutter untreu gewesen. Tonyas größte Angst war, dass ihr dasselbe passieren könnte. Als ich sie fragte, wie sie von der Untreue ihres Großvaters erfahren hatte, gestand sie mir etwas, was sie bisher immer für sich behalten hatte. Sie wusste davon, weil ihr Großvater ihre Großmutter … mit *ihr*… betrogen hatte.

Plötzlich ergab das Ganze einen Sinn. Tonya lag unter den Schichten eines Traumas begraben, durch die sie sich noch nie hindurchgegraben hatte. Sie befürchtete nicht nur, so betrogen zu werden wie ihre Großmutter, sondern sie hatte auch panische Angst davor, dass ihr Ehemann herausfinden könnte, was ihr als Kind zugestoßen war und dass er sie dann nicht mehr als Sexualpartnerin akzeptieren würde. Und obwohl Tonya zu Recht Unsicherheit wegen etwas empfand, was nie hätte passieren dürfen, sollten auch ihrem Ehemann ein paar Rechte zugestanden werden. Es gibt gute Gründe dafür, dass ein Angeklagter in den Vereinigten Staaten so lange als unschuldig gilt, bis seine Schuld bewiesen wurde. Nur für Tonya galt das in ihrer Welt nicht. Sie glaubte an die *Schuld* ihres Ehemanns und zog ihn für etwas zur Rechenschaft, was eigentlich ihr Großvater zu verantworten hatte.

Natürlich kann es trotzdem passieren, dass er ihr untreu wird. Aber solange er ihr Vertrauen noch nie missbraucht hat, sollte klar sein, dass sie dem Angeklagten im Zweifel Glauben schenken sollte.

Bei einigen meiner Klienten biegen sich die Zehennägel hoch, wenn ich ihnen erzähle, an was für einer langen vertrauensvollen

Leine ich mich in meiner Ehe bewegen darf – verglichen mit anderen Ehepartnern und den Restriktionen, die sie auferlegt bekommen. Doch das Motto meines vertrauensseligen Ehemanns während der vergangenen dreiundzwanzig Ehejahre lautete: „Ich gebe dir eine so lange Leine, sodass du dich damit entweder aufhängen oder aber eine Schleife daraus binden kannst." Mit anderen Worten: Er gibt mir in einem vernünftigen Maß alle Freiheit der Welt, meine eigenen Entscheidungen zu treffen: zum Beispiel, wie oft ich ihn anrufe, ob ich meinen Sitznachbarn im Flugzeug anspreche, ob ich in Begleitung reise oder wie viele Tage im Jahr ich allein unterwegs bin. Er hat es nicht nötig, mich zu kontrollieren. Er will das auch gar nicht. Er findet es besser, wenn ich meine eigene Kontrollinstanz bin. Und das bin ich und es ist herrlich unkompliziert. Ich weiß, dass Greg an mich glaubt, und deshalb spüre ich eine *innere* Motivation, diesem Glauben auch zu entsprechen oder seine Erwartungen sogar noch zu übertreffen. Eine innere Motivation ist so viel mehr wert als jeder äußere Zwang.

Greg hat viel Vertrauen in mich und das obwohl ich mich bekanntermaßen in den ersten Jahren unserer Ehe nicht mit Ruhm bekleckert habe. Als ich ihn einmal gefragt habe, woher er den Mut nimmt, mir so viel Freiheit zu schenken, antwortete er:

„Mir ist vor langer Zeit klar geworden, dass ich sowieso nichts dagegen tun kann, wenn du mich betrügst, deshalb scheint es mir am besten zu sein, entspannt zu bleiben und mich nicht unnötig aufzuregen, auch wenn das widersinnig klingt. Und diese Strategie scheint sich wunderbar bewährt zu haben, denn ich gebe dir Gelegenheit, jeden Tag mit mir oder mit jemand anderem zu verbringen, und du bist immer noch hier, also nehme ich an, dass ich es irgendwie richtig mache, wenn ich dich nicht andauernd überwache."

Natürlich gewähre ich Greg die gleichen Freiheiten. Ich habe nie nachts wachgelegen, weil ich nicht wusste, wo er war oder mit wem er gerade zusammen sein könnte oder was er gerade tat. Sollte er sich einmal etwas zuschulden kommen lassen, werde ich ihn mit Liebe und Respekt auffangen. Aber ich rege mich nicht über Kleinkram auf, wie etwa darüber, was auf seiner Facebook-Seite steht oder wer ihm heute etwas getextet hat oder ob ihm seine attraktive Sekretärin gefällt. Das alles taucht einfach nicht bei mir auf.

Marlene hat beides erlebt – die einengende Kontrollsucht eines eifersüchtigen Ehemanns und das Freiheitsgefühl, das ihr ein vertrauensvoller Ehemann vermittelte:

„Während der vergangenen zwölf Jahre war ich regelmäßig beruflich auf Reisen. In den ersten fünf Jahren war ich mit einem Mann verheiratet, der jeden meiner Schritte kontrollieren wollte; ich musste jeden Tag um eine bestimmte Uhrzeit anrufen, mein Gepäck wurde untersucht und kritisch beäugt, wenn ich etwa meinen Badeanzug einpackte. Dabei wollte ich nur ein paar Runden im Hotelpool schwimmen. Er interpretierte es aber so, dass ich darin nur für andere Männer posieren würde. Nach der Reise quetschte er mich darüber aus, wen ich getroffen hatte, männlich oder weiblich, was ich angehabt hatte … und so weiter.

Sein Verhalten hat mich sicher nicht dazu motiviert, seine Sorge ernst zu nehmen, sondern wurde schließlich eine selbsterfüllende Prophezeiung. Irgendwann habe ich tatsächlich eine Affäre begonnen. Bitte verstehen Sie mich nicht falsch, ich behaupte keineswegs, dass mein Ehemann dafür verantwortlich war. Diese Entscheidung habe ich ganz klar selbst getroffen; weil mein Selbstwert sich so klein anfühlte, suchte ich einfach nach einer Bestätigung.

Heute kann ich diese fünf Jahre mit meinem ersten Mann den vergangenen zwei Jahren gegenüberstellen, in denen ich zum zweiten Mal verheiratet bin. Und ich bin so dankbar, dass mein jetziger Ehemann mir so viel mehr vertraut. Ich kann es kaum erwarten, ihn wissen zu lassen, ob ich nach einer Reise gut angekommen bin und ich schicke ihm den ganzen Tag Textnachrichten, damit er weiß, was ich so mache. Ich genieße sein volles Vertrauen und mir ist es ein Bedürfnis ihm dieses Vertrauen zu spiegeln. Wenn ich meine beiden Grundhaltungen mitei-

nander vergleiche, sehe ich einen Unterschied wie Tag und Nacht. Wenn einem ständig etwas Negatives unterstellt wird, hat das selten positive Auswirkungen. "

Herrscht in Ihrer Ehe zwischen Ihnen und Ihrem Partner dieses Grundvertrauen? Oder sind Sie beide zwei Personen, die ständig selbsterfüllende Prophezeiungen befürchten? Wenn Letzteres auf Sie zutreffen sollte, was suggeriert diese Unsicherheit Ihrem Ehepartner? Ich habe genug Selbstvertrauen und erwarte von meinem Ehepartner, dass er zuverlässig ist, *oder* ich habe ein so geringes Selbstvertrauen, dass ich automatisch annehme, dass niemand so jemandem wie mir treu sein würde. Ihre Antwort auf diese Frage sagt wesentlich mehr über Sie selbst aus als über das Verhalten Ihres Ehepartners.

Lassen Sie nicht zu, dass Ihre Befürchtungen überhandnehmen und den fest gewebten Teppich Ihrer Beziehung beflecken. Kehren Sie wieder auf den guten Weg des Miteinanders zurück. Vielleicht können Sie Ihrem Ehepartner Folgendes zugestehen:

- Ich glaube hundertprozentig an dich, du hast mein volles Vertrauen.
- Als Menschen machen wir alle Fehler, aber ich weiß, dass dein Gewissen dich leitet. Und ich vertraue zudem darauf, dass der Heilige Geist dich führt.
- Ich habe nicht das Bedürfnis, dich hinter deinem Rücken zu kontrollieren, und das fühlt sich wirklich gut an.
- Wenn ich irgendeinen Zweifel an deiner Treue zu mir habe, werde ich dich einfach fragen und darauf vertrauen, dass du mir ehrlich antwortest.
- Tag für Tag leben und gestalten wir unseren Bund der Ehe miteinander. Ich habe keinen Zweifel, dass du mein Herz ebenso vorsichtig behandelst wie ich deins.

Halten Sie die Latte hoch, wenn es darum geht, was Sie sowohl von sich selbst als auch von Ihrem Partner erwarten. Versuchen Sie, sich an Ihre guten Vorsätze zu halten und glauben Sie daran, dass Ihr Mann oder Ihre Frau dasselbe tun wird. So können Misstrauen und Zweifel gar nicht erst entstehen.

Denken Sie immer daran, dass jeder ein Recht darauf hat, dass an seine Unschuld geglaubt wird, solange nicht das Gegenteil bewiesen wurde. Behalten Sie Ihre persönlichen Zweifel für sich, anstatt den Spieß herumzudrehen und Ihre Unsicherheit in Gift für Ihre Beziehung zu verwandeln. Investieren Sie Vertrauen in den Charakter und die Integrität Ihres Partners. Ich glaube fest daran, dass sich das multiplizieren wird, denn Ihr Partner wird gerne beweisen wollen, dass er Ihres Vertrauens würdig ist.

29. KANN TREUE, DIE EINMAL GEBROCHEN WURDE, WIEDERHERGESTELLT WERDEN? IST SCHEIDUNG EINE OPTION?

Leider sind nicht alle Zweifel an der Treue eines Ehepartners vollkommen unbegründet oder eingebildet. Manchmal regt sich so ein nagendes Gefühl in unserem Bauch – das wirklich nur sehr schwer zu ignorieren ist – mitunter durch den Heiligen Geist, der uns dazu auffordert, aktiv zu werden. Und wenn Sie dann anfangen Fragen zu stellen und dabei feststellen, dass Sie enttäuscht bzw. betrogen wurden und sich gezwungen sehen, zwischen mehreren schrecklichen Alternativen das geringste Übel zu wählen, erleben Sie vermutlich die dunkelsten, schwersten Tage Ihres Lebens. Wenn Sie „dieser Ehemann" oder „diese Ehefrau" sind, dann tut es mir sehr leid, dass Sie diesen schmerzhaften Weg gehen müssen.

Scheidung ist manchmal wirklich der *einzige* Weg, wie eine Ehe von immer neuen Affären und sexuellen Abhängigkeiten erlöst werden kann. Der untreue Partner muss die Verantwortung übernehmen, eine Beratungsstelle aufsuchen, versuchen, die Ursache für seine Untreue herauszufinden und Tag für Tag das verlorene Vertrauen wieder zurückzugewinnen. Sollte er sich weigern, das zu tun und somit der Ehe eine zweite ernsthafte Chance zu geben, wird der oder die Betrogene sich dazu genötigt fühlen, hart durchzugreifen und eine klare Trennlinie zu ziehen, um sich vor einem Partner zu schützen, dessen Unzuverlässigkeit bewiesen ist.

In der Bibel gilt Scheidung nur dann als eine akzeptable Lösung, wenn ein Partner untreu war und keine Reue zeigt (Matthäus 5,31–32; Matthäus 19,3–9). Hoffentlich kann dieses Buch dazu beitragen, dass niemand von Ihnen jemals einen Ehebruch begeht (der nicht bereut wird). Ich möchte Ihnen zeigen, wie man eine zerbrochene Beziehung wieder kitten kann, bevor es zu spät ist und die Ehe zu zerrüttet ist.

Denn manche Ehepartner sind selbst nach einem Treuebruch nicht bereit, einfach das Boot zu verlassen, das Handtuch zu werfen oder die weiße Flagge zu hissen. Stattdessen setzen sie sich auf den Hosenboden und kämpfen für ihre Ehe wie nie zuvor. Dieses Kapitel widme ich all denjenigen, die genau dazu bereit sind.

Selbstverständlich können wir nicht „Gott" spielen oder als Heiliger Geist unseren untreuen Ehepartner überführen und leiten, aber immerhin können wir wirksame Werkzeuge sein, die ihr Kartenhaus zum Einstürzen bringen. Wir können verlangen, dass sie Rechenschaft ablegen und ehrlich sind, wie sie ihre Tage verbringen, bis das Vertrauen zueinander in der Ehe wieder gewachsen ist. Erst dann kann wieder eine *wirkliche* Beziehung auf wesentlich festerem Fundament gebaut werden – eine, die auf einer grundsätzlichen Ehrlichkeit und Integrität beruht, statt auf kurzbeinigen Lügen und Kompromissen.

Meine Freunde Steve und Holly Holladay wissen aus erster Hand, wie so ein Wiederaufbau aussieht. Sie haben eine Beratungsstelle gegründet, die jungen Leuten beim (Wieder-)Aufbau einer gesunden Sexualität hilft. Steve ist seit vierundzwanzig Jahren verheiratet, hat vier Kinder und ist ein Spezialist, was das Thema Sexsucht und entsprechend andere Abhängigkeiten betrifft. Sein Hauptziel ist es, jungen Leuten zu einem guten Start zu verhelfen oder sie loszueisen von sexuell schädlichen Lebensstilen, die ihn selbst viele Jahre verfolgt haben.

Als Steve seiner Frau seine Sexsucht gestanden hat, die bei ihm im Kopf tobte, spuckte sie Gift und Galle. Sie konnte nicht glauben, was sie da hörte, und sie konnte sich nicht vorstellen, wie ihre Ehe das überleben würde. Aber nach einer einige Jahre andauernden Beratung, ehrlichen Aussprachen und intensiven Gebeten sind die beiden immer noch verheiratet – und es läuft hervorragend. Holly hat ihren Wachstumsprozess detailliert festgehalten. Drei ihrer Ratschläge, die sowohl für Frauen als auch für Männer hilfreich sind, möchte ich hier weitergeben, damit sie betroffenen Paaren in der stürmischen Zeit von Untreue Rückenwind geben, um wieder einen sicheren Hafen ansteuern zu können.

1. Sie müssen nicht über alles Bescheid wissen!
Als Steve mir seine Sexsucht offenbarte, hätte meine Neugier uns fast den Rest gegeben. Ich wollte alles wissen. Einfach alles! Obwohl seine Abhängigkeit keine andere Person körperlich betraf, so tat sie es doch in seinem Kopf. Und ich wollte über jede einzelne Person Bescheid wissen. Wer waren diese Frauen, die die Gedankenwelt meines Mannes belagerten? Kannte ich sie aus der Gemeinde? Waren sie hübscher als ich, hatten sie eine bessere Figur? War ich vielleicht sogar mit ihnen befreundet? Solche und andere Fragen schwirrten in meinem Kopf herum und ließen mich nicht mehr zur Ruhe kommen.

Tritt eine solche Abhängigkeit in der Ehe ans Tageslicht, sollte man darüber sprechen. Allerdings nicht über jede Einzelheit! Anders gesagt: Etwas aufzudecken bedeutet, Fakten zu schaffen, Geheimnisse zu lüften, reinen Tisch zu machen und die Geschichte der Abhängigkeit aufzurollen. Weil Abhängigkeiten häufig im Verborgenen und in Lügen gedeihen, ist es wichtig, alles offenzulegen und anschließend entsprechende Maßnahmen zu ergreifen. Durch ein ehrliches Geständnis wird es erst möglich, wieder neues Vertrauen aufzubauen.

Dass alles ans Tageslicht geriet, erschwerte ich durch meinen Wunsch, über jedes Detail informiert zu werden. Anfangs tat es mir weh, dass Steve zögerte, diese Einzelheiten preiszugeben. Ich dachte, er wollte mich weiterhin anlügen. Wir mussten also herausfinden, wie wir damit umgehen sollten, bevor wir darangehen konnten, unsere Beziehung zu reparieren.

Ich musste mich entscheiden, was wichtiger war: *alles zu wissen* oder *alles Notwendige* zu wissen. Alles Notwendige bedeutete, sich auf die Eckpunkte zu beschränken: dass Steve ehrlich zu mir war und auf dem Weg, in unserer Beziehung authentisch zu werden. *Alles Notwendige* zu wissen bedeutete jedoch nicht, noch mehr Schaden in unserer Ehe anzurichten. *Alles zu wissen* hätte das getan. Es gibt Möglichkeiten, jedes Detail zu analysieren, nur nicht gemeinsam mit dem Ehepartner. Der beste Ort dafür ist eine Beratungsstelle oder eine Therapie. Jemand, der nicht davon betroffen und selber stabil ist. Hätte Steve damals nachgegeben und jedes schmutzige Detail mit mir durchgesprochen, wäre unsere Beziehung vermutlich wohl nie geheilt worden.

Wenn mich heute ein betrogener Ehemann oder eine betrogene Ehefrau fragt, ob er bzw. sie nicht ein Recht darauf habe, alles zu erfahren, lautet meine Antwort Nein. Ein Jahrzehnt später bin ich dankbar, dass Steve so zurückhaltend war. Ich musste mich nicht mit Bildern herumschlagen, die in meinem Kopf nichts verloren haben. Wenn wir in manche Dinge nicht eingeweiht werden, behalten wir eine gewisse Freiheit sowie einen klaren Kopf. Heute leben wir glücklich und zufrieden miteinander – ohne Altlasten und Geister der Vergangenheit.

2. Stellen Sie keine höheren Anforderungen, als Sie selbst erfüllen können.

Am Anfang unserer Beziehung hatten wir einige Erwartungen. Eine war, dass wir das einzige Objekt der Begierde füreinander bleiben würden. Natürlich wollen wir begehrt werden. Nur wollten wir diesen Status mit niemandem teilen. Daher habe ich im Traum nicht damit gerechnet, nur eine von vielen Frauen zu sein, die sich durch den Kopf meines Ehemanns räkelt. Tatsächlich war ich in der Zeit von Steves schlimmster Abhängigkeit eine von Tausenden. Und dabei wollte ich die Einzige sein.

Als ich mich mit Steve auf dem Weg der Besserung befand, stellte ich fest, dass man sich natürlich wünschen kann, die Einzige zu sein. Die Realität sieht aber meist anders aus. Wir erwarten in der Ehe Treue von unserem Partner – emotional, körperlich und geistig. Aber zu erwarten, dass Steve nie ein anderes Bild als meines durch den Kopf gehen sollte, ist zu viel verlangt. Die Absicht zählt vielmehr.

Innerhalb einer aktiven Phase von Sexsucht fehlt es an emotionaler Bindung zwischen den Ehepartnern. Der Abhängige wird versuchen, diese Leere zu füllen, indem er eine falsche Nähe zu jemand anderem sucht – real und/oder eingebildet. Er benutzt Bilder anderer Leute, um Lustgefühle hervorzurufen. Ein egoistischer und falscher Weg. Aber wenn ich ehrlich bin, muss ich zugeben, dass ich, obwohl ich nie in Gefahr einer solchen sexuellen Abhängigkeit war, auch manchmal ungebetene Gedanken und Bilder in meinem eigenen Kopf habe. Wie also kann ich von meinem Partner etwas verlangen, was ich selbst nicht halte?

Wenn Ihnen Ihre Beziehung etwas wert ist und Sie sie kitten wollen, ist es gut, sich darauf zu konzentrieren, was im Bereich des Möglichen liegt. Heitern Sie Ihren Partner auf und versuchen Sie sein Herz (und seine Gedanken) wiederzugewinnen. Quälen Sie ihn nicht mit endlosen Verhören, die er gar nicht bestehen kann, nur weil Sie damit die eigenen Zweifel ersticken wollen. Sie werden nie ganz in Erfahrung bringen, an wen Ihr Partner denkt, wenn er Sie küsst. Herrscht eine emotionale Intimität zwischen Ihnen beiden, ist das nicht so wichtig. Dann können Sie sicher sein, dass Herz und Körper Ihres Partners Ihnen gehören, selbst wenn einmal ein ungebetener Besucher heimlich durch die Gedanken huscht.

3. Sie können vergeben, auch wenn sie es wahrscheinlich nie vergessen werden.

Wenn Sie die Redewendung „Vergeben und Vergessen" hören, nehmen Sie das vermutlich wörtlich. Es wäre schön, wenn etwas Vergebenes aus unserem Gedächtnis gelöscht würde und wir uns nie mehr daran erinnern, darüber grübeln oder Rachegedanken haben müssten. Niemals! Das habe ich jedenfalls geglaubt. Warum habe ich mich bloß selbst so unter Druck gesetzt? Es ist ein Ding der Unmöglichkeit, eine Erinnerung eigenmächtig zu löschen, insbesondere wenn es um Verletzungen durch unseren Ehepartner geht. Sich selbst einzureden, man könnte die Erinnerung einfach ruhen lassen ist so ähnlich, als würde man versuchen, die Zunge nicht in eine Zahnlücke zu stecken. Je mehr man sich bemüht, umso weniger gelingt es.

Meine Lebenserfahrung hat mich gelehrt, dass Vergebung eine bewusste Entscheidung sein kann. Sie ist etwas, was ich sogar gegen mein Gefühl beschließen kann. Und sie ist eine Entscheidung, die immer wieder neu getroffen werden muss. Es handelt sich also eher um einen Prozess – nicht um ein einmaliges Ereignis. Es ist ein bisschen, wie wenn man den Entschluss fasst abzunehmen. So ein Vorhaben kann nur gelingen, wenn es nicht bei einem einmaligen Impuls bleibt. Es bedarf vieler kleiner Einzelentscheidungen, jeden Tag neu, damit man Erfolg hat: Iss das nicht, geh ins Fitnessstudio. Auch wenn man sich für die Vergebung entscheidet, muss das immer wieder neu geschehen, Tag für Tag.

Erst wenn ich kontinuierlich an dem Vergebungsprozess gearbeitet habe, werde ich frei. Und ich bin sogar schon so weit gekommen, dass ich die Verletzungen nicht mehr in einem rein negativen Licht sehe. Je mehr Zeit vergeht und je stärker meine Ehebeziehung wird, kann ich erkennen, dass gerade diese Verletzungen ein verkappter Segen waren. Die Erinnerung erlaubt mir zu sehen, wie weit wir beide als Paar gekommen sind.

Wenn man sich für die Vergebung entschieden hat, müssen Sie damit rechnen, dass die Erinnerung noch für einige Zeit wiederkehrt. Lassen Sie die Gefühle zu, die in diesen Momenten hochkommen; benennen Sie sie und lassen Sie sich nicht beirren. Treffen Sie einfach erneut die Entscheidung zu vergeben und zu vergessen.

Der Schlüssel, um das Gefühl zu überwinden, betrogen und verletzt worden zu sein, liegt in der Vergebung. Und ich bin vielen Ehepartnern begegnet, die diese schwere aber zärtliche Entscheidung getroffen haben, zu vergeben, beispielsweise …

- Dominik, dem seine Frau unter Tränen gestand, dass sie blind in eine Affäre gestolpert war. Er führte sie ins Badezimmer, ließ warmes Wasser in die Wanne einlaufen und tauchte ihren zitternden Körper – taufeähnlich – als Symbol seiner bedingungslosen Liebe und seines Wunsches nach ihrer sexuellen und geistlichen Wiederherstellung hinein.
- Sonya, die entdeckt hatte, dass ihr Ehemann süchtig war nach Pornografie. Sie beschloss, nicht etwa den ersten Stein zu werfen, sondern in einer Paarberatung mehr darüber zu erfahren, welche emotionalen Auslöser ihn so heruntergezogen haben. Durch Gottes Gnade konnte sie über seine vergangene Schwäche hinwegsehen und seine wirklichen Bedürfnisse nach Akzeptanz, Anerkennung und Bestätigung wahrnehmen.

Ich habe auch Ehebrecher erlebt, die sich alle Mühe gaben, das verlorene Vertrauen wiederzugewinnen, beispielsweise …

- Bob, der in ein Seminar kam, um seine Sexsucht behandeln zu lassen und mithilfe eines Freundes, den er jede Woche traf und ihm Rechenschaft ablegte, vollständig frei davon wurde.
- Julia, die ihren Ehemann um Erlaubnis gebeten hat, ihren anspruchsvollen, gut bezahlten Job zu kündigen, um ihrer Gefühlsverwirrung mit einem Kollegen zu entkommen. „Ich wusste, dass es zu gefährlich sein würde, wenn ich meinen

Kopf täglich in den Rachen des Löwen steckte, deshalb habe ich mich entschlossen, den Löwen ganz außen vor zu lassen", sagte sie. Und Gott belohnte sie wenig später mit einem gleichwertigen neuen Job.

Es gibt so viele Möglichkeiten, wie Ehepartner zeigen können, dass es ihnen wirklich ernst damit ist, Vertrauen und wahre Intimität in der Ehe wieder neu wachsen zu lassen. Besprechen Sie sich deswegen (notfalls gemeinsam mit einem Eheberater) und schmieden Sie Pläne, die Sie beide wieder zusammenbringen. Ihre Ehe ist es wert, dass Sie beide um sie kämpfen!

Jeder, der einen Treuebruch erlebt hat und so schrecklich enttäuscht wurde, hat eigentlich nur zwei Optionen: Entweder er kehrt in ein bitteres Land ein, wo Wunden jahrzehntelang offen liegen, Ressentiments die Persönlichkeit verändern und ungelöste Bitterkeit tiefe Furchen ins Gesicht und in die Seele fräsen. Oder Sie wählen das bessere Land, wo gebrochene Herzen wieder in Kontakt kommen und heilen können, wo Ressentiments allmählich verblassen wie ein Morgennebel und ein großartiger Sinn für persönlichen Gewinn und Freude jede Faser Ihres Wesens erfüllt wegen all dem, was Gott in Ihrer Ehe bewirkt hat.

Phasen einer Ehe

30. HABE ICH DIE FALSCHE PERSON GEHEIRATET? – WIE GEHE ICH MIT DIESER FRAGE UM, WENN MEIN HERZ SIE MIR STELLT?

Als meine Kinder noch wesentlich jünger waren, kamen sie oft von der Schule heim und erzählten, wer wen geärgert hatte und warum. Und was es deswegen für Konsequenzen gegeben hatte, wie andere Leute auf diese Konsequenzen reagiert hatten und so weiter. Da Kinder bekanntlich dazu neigen, ihre Geschichten blumig auszuschmücken, verspürte ich häufig das Bedürfnis nachzuhaken: „Und woher wisst ihr das alles so genau?" Manchmal war ihre Quelle einigermaßen vertrauenswürdig, z. B. ein Lehrer oder andere Eltern. Aber gelegentlich – wenn die Geschichte von einem anderen Kind übernommen wurde – fühlte ich mich zu dem Einwand berechtigt, dass man immer die Quelle berücksichtigen muss, bevor man etwas glaubt.

Die Quelle jeglicher Information sollte kritisch hinterfragt werden, selbst wenn wir auf unsere innere Stimme hören. Wenn Leute behaupten: „Mein Herz sagt mir …" geht bei mir normalerweise ein rotes Lämpchen an. Als Lebensberaterin fühle ich mich dann verpflichtet, Fragen zu stellen, um sicherzugehen, dass das Herz an dieser Stelle nicht vielleicht völlig falsch liegt.

Natürlich halte ich die Stimme des Herzens nicht grundsätzlich für falsch. Schließlich ist es unser Herz, in das wir Christus einladen, und keine Entscheidung sollte getroffen werden, ohne dass wir unser Herz dazu befragen. Nur wenn wir ehrlich sind, kann das Herz nicht die letztendliche Autorität über alles haben – insbesondere wenn es um die Ehe geht. Das Herz ist keine besonders zuverlässige Informationsquelle. Die Bibel warnt daher:

„Nichts ist so undurchschaubar wie das menschliche Herz, es ist unheilbar krank. Wer kann es ergründen?"
Jeremia 17,9

> Nur wenn wir ehrlich sind, kann das Herz nicht die letztendliche Autorität über alles haben – insbesondere wenn es um die Ehe geht.

Manchmal sagt unser Herz Dinge, die sich einfach nicht damit vertragen, was andere Leute sich für uns wünschen oder uns raten (die klüger sind als wir). Hören wir nicht auf ihre Worte bzw. insbesondere den Rat des Heiligen Geistes, können wir leicht auf Abwege geraten. Warum? Unsere Herzen verfolgen gewöhnlich ein Hauptziel – *unser persönliches Glück* –, sowohl im Leben als auch in der Liebe.

Wir werden in der Antwort auf Frage 31 mehr über unsere unermüdliche Glückssuche lesen, aber zunächst sollten wir den nächsten Vers zur Kenntnis nehmen, in dem Gott uns versichert:

„Ich, der Herr, durchschaue es [unser Herz]; ich kenne jeden Menschen ganz genau und gebe ihm, was er für seine Taten verdient."
Jeremia 17, 10

Gott ist der Einzige, der weiß, was wirklich in unseren Herzen vor sich geht. Er ist der beste Berater in Gefühlsangelegenheiten, der uns helfen kann zu erkennen, *was* wir fühlen, *warum* das so ist und *wie* wir am besten damit umgehen.

Wenn Sie sich fragen: „Was tue ich, wenn mein Herz mir sagt, dass ich mit der falschen Person verheiratet bin?" (und die meisten Menschen geben zu, dass sie über diese Frage zu verschiedenen Zeiten während ihrer Ehe nachgedacht haben), ermutige ich Sie, Folgendes zu bedenken: Ihr *Herz* sagt Ihnen vielleicht, dass Sie aus dem fahrenden Zug springen sollen, aber ist es auch das, was *Gott* Ihnen empfiehlt?

Ich stelle diese Frage aus gutem Grund, denn ich habe beim Lesen des Buchs *The Sacred Marriage* (Die heilige Ehe) von Gary Thomas etwas Wertvolles mitgenommen. Er stellt die Überlegung an, dass die Ehe nicht in erster Linie unser Glück garantieren soll – sondern unser Miteinander heiligt.[26] Wir willigen ein, dass Gott unsere Gegenwart im Leben des anderen dazu benutzt, ihm einen Charakter zu verleihen, der Jesus ähnlich ist, uns liebevoll herausfordert, uns selbstloser werden lässt, uns mehr Mitgefühl eingibt und uns dazu anspornt, im Sinne seiner Liebe gute Taten zu vollbringen (Hebräer 10,24). Eine Ehe, die vom Heiligen Geist beseelt ist, verwandelt uns entsprechend in den Mann und in die Frau, die wir nach Gottes Plan werden sollen. Für den eigenen persönlichen Charakter gibt es keine bessere Charakterschule als die Ehe. Sie verwandelt unreife Jungen und Mädchen in reife Männer und Frauen und ichbezogene Naturen in dienende Herzen.

Natürlich ist es nicht immer angenehm, eine solche Veränderung mitzumachen. Wer liebt schon Veränderung? Denn sie bedeutet ja Arbeit. Sie braucht Energie. Geduld. Demut. Aber wissen Sie, was das Schöne daran ist? Ein Leben zu führen, das so ganz anders ist. Verwandelt und verändert. Und eine entsprechende Beziehung mit dem Ehepartner zu genießen, in der Sie sich geborgen wissen dürfen.

Zu diesem Aspekt habe ich wieder auf dem Blog von Holly Holladays einen interessanten Beitrag gelesen, wie schön das Leben für sie und Steve ist, nachdem sie ihren persönlichen Veränderungsprozess durchlebt haben:

„Dieser Moment war einfach surreal. Wir unterhielten uns lebhaft und lachten viel miteinander, während Steve und ich uns eine Portion Nachos teilten. Nach einem spontanen Kinobesuch waren wir noch spätabends in ein Tacco-Restaurant eingekehrt. Und während wir den Film noch einmal Revue passieren ließen, lachten wir so laut, dass die Leute anfingen zu uns herüberzusehen. Wir waren so glücklich! In diesem

Augenblick hätte ich einfach nicht glücklicher sein können. Ich dachte, ich fange gleich an zu weinen. "

Wie ist meine Ehe von dem, wie sie einmal war, zu dem geworden, wie sie heute ist? – Es hat eine Menge harte Arbeit und Entschlossenheit gefordert! Aber heute kann ich ehrlich sagen, dass ich meinen Ehemann nicht nur liebe, ich mag und respektiere ihn auch. Wir genießen es, zusammen zu sein und brauchen keine anderen Leute um uns herum als Puffer oder Begleiter. Unsere Gespräche sind toll, wir haben fantastischen Sex miteinander und wir inspirieren uns. Natürlich streiten wir auch miteinander, nur nicht mehr so, dass unsere Beziehung dadurch gefährdet wäre. Und das Wichtigste von allem: Wir brauchen uns nicht zu verstellen. Wir können so voreinander sein, wie wir wirklich sind. Miteinander zu schweigen, versetzt uns nicht in Unruhe, weil einfach kein Gefühl von Leere zwischen uns entsteht. Auch brauchen wir keine Schutzwälle zu errichten. Als Paar haben wir Träume und Ziele, und ohne dass wir es damit eilig hätten, freuen wir uns schon heute ein bisschen darauf, wenn die Kinder flügge werden und unser Nest verlassen.

Wenn ich mich zurückerinnere, wie es früher war und wie wir heute drauf sind, habe ich das Gefühl, wir hätten Medaillen verdient. Manchmal gibt es Momente, da würde ich am liebsten alles anhalten und jedem zurufen: „Seht ihr, wie wunderbar das alles ist!? Bemerkt ihr, wie sich mein Ehemann weiterentwickelt hat?" Aber ehrlich gesagt, war er es gar nicht alleine. Wir waren beide involviert. Wir dürfen heute die Früchte ernten, für die wir jahrelang gearbeitet haben und deren Samen wir zuweilen unter Tränen säen mussten. Wir haben es geschafft, weil wir nie aufgegeben haben! So oft aber habe ich alles verloren geglaubt. Und als wir das letzte Mal die Beratung aufsuchten, wollte ich mich scheiden lassen. Heute treten mir die Tränen in die Augen bei dem Gedanken daran. Hätte ich aufgegeben, wären die besten Jahre meines Lebens dahin gewesen. Natürlich war es schwer, aber jede Minute des Investierens hat sich gelohnt. Jede Träne, jeder Anfall, jeder Tag, an dem ich dachte, ich könnte den Schmerz körperlich nicht mehr aushalten, war es wert.

Natürlich ist nicht alles perfekt. Aber ich weiß, dass es mehr solcher Abende geben wird, an denen wir ausgehen, gemeinsam lachen und uns an Schönes und Zurückliegendes erinnern. Ganz gleich, wie das Leben uns mitspielt, ich habe Vertrauen in uns. Wir werden es durchstehen. Und zwar gemeinsam. [27]

Ich freue mich so sehr über den Weg, den Holly und Steve in ihrer Ehe gegangen sind. Ebenso wie Hunderte andere Paare, bei denen ich die Ehre hatte, sie durch ihre Ehekrisen begleiten und beraten zu dürfen.

Walter Bradford Cannon stellte die Theorie auf, dass die menschliche Reaktion auf Spannungen oder Stress ist zu „kämpfen, zu erstarren oder zu flüchten", auch bekannt als „Fight-or-flight"-Reflex. [28] Denen, die in einer Beziehungskrise stecken, empfehle ich dringend, nicht wegzulaufen oder tatenlos zu verharren, sondern die Dinge aktiv anzugehen. Suchen Sie Hilfe bei einem Berater oder Therapeuten. Natürlich kann das kostspielig sein, aber die meisten Paare (auch Greg und ich) werden Ihnen bestätigen, dass Sie Ihr Geld noch nie so gut angelegt haben. Sollten Sie die Therapiekosten scheuen, machen Sie sich klar, was eine Scheidung kostet! Eine kleine Investition in die Vorsorge wiegt das tausendmal auf.

Weiter vorne in diesem Kapitel hatte ich eine Frage aufgeworfen: „Ihr *Herz* sagt Ihnen vielleicht, dass Sie aus dem fahrenden Zug springen sollen, aber ist es auch das, was *Gott* Ihnen empfiehlt?" Nun möchte ich das Kapitel beenden, indem ich ein paar weitere Fragen ergänze. Obwohl manche Scheidungen gerechtfertigt sind (zum Beispiel im Fall von Untreue, die nicht bereut wurde, oder bei Missbrauch), verhält es sich doch bei einem hohen Prozentsatz so, dass Paare schlicht und ergreifend die Lust verlieren, es miteinander zu versuchen. Sie verlieren einfach den Faden und beschließen, ihre Siebensachen zu packen und zu gehen – alleine. Sie wollen es lieber ein zweites Mal in einer anderen Ehe probieren (oder ein drittes oder viertes Mal), als das Ende des Sturms abzuwarten und zu erleben, dass ein neuer Morgen am Horizont aufgeht. Sie wollen ihren aktuellen Ehepartner gegen eine neue und verbesserte Version eintauschen und so zu einem „glücklicheren" Leben finden.

Ich habe aber folgende Fragen:

• Was, wenn Sie hundertprozentig sicher sein könnten, dass eine solche „neue Person" gar nicht existiert?
• Was, wenn diese Scheidung *wirklich* das letzte Kapitel in Ihrem intimen Beziehungsleben darstellt?
• Sie nehmen die Bibel ernst und wollen keinen Sex außerhalb der Ehe haben. Angenommen, Sie wüssten sicher, dass Ihr Sexleben hier endet und Sie von nun an ein zölibatäres Leben führen müssen. Wollen Sie Ihre Ehe trotzdem beenden?

Oder

• Könnten Sie sich nicht vorstellen, täglich nur ein bisschen mehr Energie aufzubringen, um sich mit Ihrem Partner wieder zusammenzuraufen?
• Wollen Sie nicht lieber an der Seite Ihres Partner alt werden, als die verbleibenden Jahre alleine zu sein?
• Wäre es nicht schön, Ihren Kindern, Enkeln und Urenkeln eine geglückte Ehe vorleben zu können?

Nehmen Sie sich für diese Fragen etwas Zeit. Bitten Sie Gott, Ihr Herz zu durchforschen, so wie er es versprochen hat. Spielen Sie alle Optionen durch. Auch für Sie könnte das eheliche Glück direkt hinter der Tür eines Therapiezimmers liegen.

Während ich mir über dieses Kapitel auf dem Flughafen von Dallas Gedanken machte, redete eine Frau, Mitte vierzig, die eine Reihe vor mir saß, davon, dass so viele ihrer verheirateten Freundinnen sich ständig darüber beklagten, wie schlecht es ihnen mit ihren Ehemännern ging. Sie hingegen war auf der Suche nach jemandem, mit dem sie ihr Leben teilen konnte und sagte (halb im Scherz): „Wenn dein Ehemann so schrecklich ist, meine Liebe, dann schick ihn zu mir. Ich nehme ihn gerne!" Keine ihrer Freundinnen ist auf das Angebot eingegangen. Also hatte das, was sie angemerkt hatte, den Nagel auf den Kopf getroffen.

Viele Alleinstehende würden ihren rechten Arm für unsere Ehekonflikte geben, denn in ihren Augen ist selbst die entfernteste Chance auf die Herausforderungen und Belohnungen einer Ehe besser als gar keine Ehe.

Bevor Sie also zu dem Schluss kommen sollten, dass der oder die ursprüngliche Mr oder Mrs Right doch vielleicht der falsche Mann oder die falsche Frau sein sollte, die Sie geheiratet haben, bedenken Sie, wie sehr Sie auf lange Sicht von den Vorteilen einer gesund geführten Ehe profitieren können, wenn Sie nur ein bisschen mehr investieren und sich anstrengen, für Ihre Ehe zu kämpfen. Denn aus einigen persönlichen Anstrengungen kann der Segen einer langfristigen, gesunden Ehe erwachsen. Und um Ihnen ein bisschen vor Augen zu führen, wie das Ganze vonstattengehen kann, lesen Sie einfach die Antwort auf die nächste Frage.

31. WAS IST DAS GEHEIMNIS, UM FÜR IMMER EIN PAAR ZU BLEIBEN?

Kürzlich habe ich die Morgensendung bei unserem lokalen Radiosender gemeinsam mit meinem guten Freund Mike Harper komoderieren dürfen. Mike necke ich gerne damit, dass er und seine Frau Lois zusammenpassen wie Topf und Deckel. Und wie üblich erkundigte ich mich danach, wie es seiner Frau ging. Mike erzählte, die beiden hätten gerade die freudige Nachricht erhalten, dass sie endlich Großeltern werden würden, und Lois hatte viel Spaß daran, alles mit vorzubereiten. Und dann sagte er etwas, was ich nie vergessen werde, auch nicht seinen beinahe ehrfürchtigen Gesichtsausdruck dabei: „Sie ist *so* gut zu mir. Ich werde es nie verstehen. Es ist mir einfach unbegreiflich. Sie ist einfach so *unglaublich* gut zu mir!"

Ist es nicht das, was wir alle gerne von unseren Ehepartnern hören würden – selbst wenn wir gerade nicht danebenstehen und das Kompliment direkt einstecken können? Diese Art von Liebe und Leidenschaft füreinander, die in Jahrzehnten einer Ehe entsteht, gibt es nicht zum Nulltarif. Man muss sie sich erarbeiten und dazu braucht es eine Entschlossenheit, sonst rüttelt und zehrt das Leben an unseren Beziehungen. Wir alle haben schon Paare erlebt, die es zwar geschafft haben, irgendwie rechtlich aneinander gebunden zu bleiben, die unter demselben Dach leben und die wahrscheinlich sogar in demselben Bett schlafen. Aber wenn man sie im Restaurant beobachtet, dann blicken sie aneinander vorbei und die Situation bereitet ihnen offenbar Unbehagen. Sie sitzen zwar da, aber sie sind nicht ganz da. Körperlich ja, aber vom Kopf und den Gefühlen befinden sich Welten zwischen ihnen. Sie sind Ehepartner, aber sie fühlen sich einander nicht einmal freundschaftlich verbunden.

Dies ist offensichtlich nicht die Art von Beziehung, die wir uns vorgestellt haben, als wir uns ausgemalt haben, zu heiraten und glücklich zu sein bis an unser Lebensende. Zusammenzubleiben ist das eine. Das Interesse aneinander zu bewahren ist jedoch etwas ganz anderes. Miteinander Liebe zu machen ist das eine. Miteinander eine Liebe zu gestalten, ist jedoch das eigentliche Ziel. Eine Liebe vom ersten Treffen bis zu dem Tag, an dem einer von beiden die Augen endgültig schließt.

Wie schaffen Paare das? Während ich über diese Frage nachdachte, kamen mir Bilder in den Kopf. Das Erste erinnerte mich an einen Besuch bei meinen Eltern. Als ich in ihre Einfahrt einbog, bemerkte ich, dass der üppige Gemüsegarten, den sie auf einem riesigen Stück Land unermüdlich beackert hatten, verschwunden war. Jeden Frühling hatte mein Vater den Boden umgegraben, die Erde gedüngt und meine Mutter hatte sorgfältig ihre Zwiebeln, Kartoffeln, Tomaten und anderes Gemüse gepflanzt,

> Miteinander Liebe zu machen ist das eine. Miteinander eine Liebe zu gestalten, ist jedoch das eigentliche Ziel.

was ich damals nie richtig gewürdigt habe. Fast täglich bewässerten sie die zarten Pflanzen, jäteten das Unkraut und scheffelten in der Erntezeit die Körbe voll. Wir haben den ganzen Sommer davon gegessen, gaben von unseren Rekorderten den Nachbarn ab und füllten die Überschüsse in Einmachgläser, damit wir im Winter auch noch etwas hatten.

Wäre es nun realistisch von mir zu glauben, dass ich noch ein paar Gurken und Kornähren pflücken könnte, obwohl im Garten seit ein paar Jahren nichts mehr gemacht wurde? Nein. Dort wächst nichts mehr außer Gras. Sobald die Arbeit eingestellt wird, gibt es auch keine Ernte mehr.

Man braucht nicht die überragende Intelligenz eines Wissenschaftlers zu besitzen, um die Verbindung zwischen meinem Gartenbeispiel und der Ehe herzustellen. Wir müssen uns um sie kümmern … und zwar regelmäßig. Es ist kein Geheimnis, dass Benzin und Öl nachzufüllen ist, damit ein Auto fahrbereit bleibt; der Tank darf nie leer werden. Es ist auch kein Geheimnis, dass man die Glut regelmäßig zu bewegen hat, um ein Lagerfeuer am Brennen zu halten, und dass es nicht zu lange unbeaufsichtigt bleiben darf. Deshalb sollte es auch niemanden überraschen, dass man eine Partnerschaft regelmäßig zu befeuern hat, wenn sie funktionsfähig bleiben und hell leuchten soll.

An diesem Punkt wünschen sich viele Menschen gerne eine Checkliste. „Sag mir doch einfach, was ich tun soll!" – Aber so einfach ist das nicht. Jeder Ehepartner hat andere Erwartungen und Bedürfnisse, je nachdem wie die gemeinsame „Liebessprache" aussieht. Der Autor Gary Chapman erklärt in seinem Buch *Die fünf Sprachen der Liebe,* dass Menschen ihre Zuneigung im Wesentlichen auf fünf verschiedene Arten ausdrücken:

- Lob und Anerkennung
- Zweisamkeit – die Zeit nur für dich
- Geschenke, die von Herzen kommen
- Hilfsbereitschaft
- Zärtlichkeit[29]

Der eine sagt vielleicht: „Mir bedeutet es unheimlich viel, wenn du in meiner Nähe bist und dich mit mir unterhältst." Die Liebessprache dieser Person ist vermutlich *Lob und Anerkennung*. Ein anderer meint hingegen: „Ich mache nicht gerne so viele Worte, aber ich schätze es sehr, wenn ich sehe, dass du etwas für mich tust, insbesondere wenn du mir den Rücken massierst oder mich sexuell erregst." Diese Person bevorzugt offenkundig *Hilfsbereitschaft* und *Zärtlichkeit*. Wir müssen versuchen, die Liebessprache des anderen zu entschlüsseln, nicht nur unsere eigene, damit auch wirklich das ankommt, was wir sagen wollen. Das gilt natürlich nicht nur für Ehepartner, sondern auch für unsere Kinder und Freunde.

Sollten Sie aber eher jemand sein, der eine Checkliste braucht, dann bitten Sie doch Ihren Ehepartner, eine für Sie zu erstellen. Fragen Sie: „Was sind die zehn Dinge, die ich tun könnte, um dich glücklich bzw. glücklicher zu machen?" Bewahren Sie diese Liste auf und nehmen Sie sie sich immer wieder vor, bis Sie die Liebessprache Ihres Ehepartners beinahe so fließend sprechen wie Ihre eigene.

Noch wirkungsvoller ist ein Spickzettel, der Sie persönlich an die richtige Einstellung Ihrem Ehepartner gegenüber erinnert. Seien Sie ehrlich … wenn Sie ständig an Ihrem Partner herumnörgeln und kritisieren, lässt sich das weder durch eine versöhnliche Geste noch anrührende Geschenke ausgleichen. In der Bibel heißt es:

„Eine Frau [oder ein Mann], die [oder der] ständig nörgelt, ist so unerträglich wie ein tropfendes Dach bei Dauerregen!" Sprüche 27,15

„Lieber in einer einsamen und trostlosen Wüste leben als mit einer schlecht gelaunten Frau [oder Mann], die [der] ständig nörgelt!" Sprüche 21,19

Wenn Sie sichergehen wollen, dass Sie nicht selbst ständig Ihre Bemühungen um eine harmonische Ehe torpedieren, dann versuchen Sie einmal herauszufinden, welche der drei Grundhaltungen charakteristisch für Sie ist – geizig, fair oder großzügig:

1. *Geizige Ehepartner* glauben ganz unumwunden daran, die Welt drehe sich nur um sie. Ihre Partner existieren, um ihre Bedürfnisse zu befriedigen und sie werden ungehalten, wenn das nicht regelmäßig geschieht. Sie sagen Dinge wie:
   • „Ist das Essen bald fertig? Wo ist meine saubere Wäsche?"
   • „Warum ist hier nicht aufgeräumt? Was hast du den ganzen Tag gemacht?"
   • „Warum verdienst du nicht mehr?"
   • „Warum hilfst du mir nicht mehr mit den Kindern?"
   • „Warum schläfst du nicht öfter mit mir?"
   • „Siehst du nicht, dass ich dich brauche, um _____?"
   (füllen Sie die Lücke)

2. *Faire Ehepartner* sind gegenüber geizigen schon eine erhebliche Verbesserung. Sie haben nichts dagegen, ihren Beitrag zur Ehe/ Erziehung/Hausarbeit zu leisten. Aber sie verfolgen dabei ein höheres Ziel. Unbewusst führen sie eine Punktetabelle, um sicherzustellen, dass immer alles genau gleich verteilt ist. Sie gewähren ihre Aufmerksamkeit und Zuneigung proportional, nur immer so viel, wie ihre Partner an einem bestimmten Tag verdient haben. Diese Ehemänner oder Ehefrauen sagen Dinge wie:
   • „Es interessiert mich nicht, was gestern war, ich will sehen, dass du das heute erledigst. Du bist dran."
   • „Ich verdiene mehr Geld als du, warum sollte ich dann nicht auch entscheiden, was damit passiert?"
   • „Wenn du mehr im Haushalt helfen würdest, wäre ich nicht zu müde für Sex."
   • „Wie kannst du erwarten, dass ich _____, wenn du nicht _____?"

3. *Großzügige Ehepartner* sind solche, die den Wunsch haben zu dienen, eher als sich bedienen zu lassen. Es hat nichts mit Punktetabellen zu tun, ob die Lasten gleich verteilt sind. Es

geht eher darum, einen Bonus zu ergattern, indem man dem Ehepartner etwas Gutes tut. Sie sind sehr effektiv darin, Kooperation *anzuregen*, anstatt sie *einzufordern*, was eine sehr viel bessere Wirkung hat. Hier ein paar Beispiele:

- „Gibt es irgendetwas, das ich tun kann, dir das Leben ein bisschen einfacher zu machen?"
- „Du hast in letzter Zeit viel gearbeitet. Warum nimmst du dir dieses Wochenende nicht ein paar Stunden frei?"
- „Ich habe ganz schlimme Gedanken, was ich heute Nacht gerne mit dir anstellen würde!"
- „Du bist mein Ein und Alles, Liebling."

Manchmal erleben wir diese drei Beziehungsformen sogar an einem Tag nacheinander. Aber wie würde es denn aussehen, wenn unser Hauptziel in der Ehe das Streben danach wäre, so oft wie möglich großzügig zu sein? Was, wenn wir täglich innehalten und darüber nachdenken würden, wie wir unseren Ehepartnern etwas Gutes tun können, mit der gleichen Selbstverständlichkeit, mit der wir unsere Zähne putzen oder die Katze füttern? Das Geheimnis einer dauerhaft glücklichen Beziehung besteht einfach darin, jeden Tag aufs Neue eine wilde, leidenschaftliche Liebe zu bezeugen … zu unseren Ehepartnern …

Ich bin jemand, der verbale Bestätigung braucht, und ich lese ab und zu eine rührende kleine Liebesgeschichte von Dr. James Dobson, die Greg und ich vor langer Zeit gemeinsam entdeckt haben. Sie wird von der Enkeltochter eines älteren Ehepaars erzählt, in dessen Haus jahrelang eine Art Wettkampf stattfand. Wenn das Mädchen zu Besuch kam, sah sie überall die Buchstaben „W.D.W.S.I.D.L.", und zwar an den verschiedensten Orten – auf dem Badezimmerspiegel, auf der Mehldose und anderswo. Jahre später fand sie heraus, was dieser Geheimcode für ihre Großmutter und ihren Großvater bedeutete. W.D.W.S.I.D.L. war die Abkürzung für den Satz „Weißt du, wie sehr ich dich liebe?" So versicherten sie einander immer wieder ihre Zuneigung und weil sie den Garten ihrer Liebe so gut hegten und pflegten, konnten sie jahrzehntelang reichlich Ernte einfahren.[30]

Da „Geschenke" bei mir ebenfalls hoch im Kurs der Liebesbezeugungen stehen, hat sich Greg kürzlich einige Bonuspunkte verdient, weil er mich unerwartet überrascht hat. Am Abend zuvor hatte ich mich darüber aufgeregt, dass meine Steaks jedes Mal, wenn ich sie auf meinem Grill briet, unglaublich zäh wurden, ganz gleich welche Würzmischung oder Marinade ich benutzte. Ich war kurz davor, das Braten von Steaks ganz aufzugeben und einfach nur noch Hühnchen oder Fisch zu servieren. Aber siehe da, ich entdeckte am nächsten Tag ein neues Gerät auf meiner Küchenzeile. Es hatte oben einen langen, weißen Stiel, unten viele Spitzen und ich wusste sofort, dass ich mit diesem Fleischklopfer das Fleisch sehr zart bearbeiten könnte. Ich schmolz dahin. Erstaunlich wie eine winzige Investition von ein paar Dollar das Beziehungsleben so enorm verbessern kann.

Gregs Liebessprache besteht aus solchen kleinen Gesten, deshalb gewinne ich sein Herz, indem ich mich um sein Auto kümmere, seine Hemden in den Trockner stecke oder ihm Essen ins Büro bringe, wenn er noch spät arbeiten muss. Wenn Sie die Liebessprache Ihres Ehepartners kennen, ist es nicht schwer herauszufinden, wie man eine Liebeserklärung verpackt. Es ist erstaunlich, dass dieses intime Wissen – häufig nur eine Kleinigkeit –, Ihrem Ehepartner ganze Bände mitzuteilen vermag.

Ob es nun darum geht, die Liebessprache des Ehepartners zu sprechen, die Bedürfnisse und Wünsche des anderen zu erkennen und eifrig zu erfüllen oder ein großzügiger, abenteuerlustiger und befriedigender Partner beim Sex zu sein – es gibt eben nicht den *einen* Weg, ein perfekter Ehepartner zu werden – aber eine Million Möglichkeiten, wie man sich richtig ins Zeug legen kann.

Nachdenkenswert

- Wann haben Sie sich zuletzt von Ihrem Ehepartner besonders geliebt, wertgeschätzt oder anerkannt gefühlt?
- Was wünschen Sie sich in Zukunft von Ihrem Ehepartner?
- Was tun Sie besonders gerne für Ihren Partner ohne eine Gegenleistung zu erwarten, einfach weil es sich gut anfühlt?

IV. DAS KÖRPERLICHE VERLANGEN GENIESSEN

Das 1×1 der Hygiene

32. WORAUF SOLLTE MAN ACHTEN, EHE ES ZUR SACHE GEHT?

Als ich wieder einmal im berüchtigten Verkehrschaos von Los Angeles festsaß, hörte ich mir im Radio eine sexualtherapeutische Sendung an – das schien mir im Stau der noch produktivste Zeitvertreib zu sein. Eine Frau rief den Radiotherapeuten an und beklagte sich, dass ihr Mann nur selten Lust auf Oralsex hätte. Sie würde ihn zwar häufig darum bitten, von ihm auf diese Weise befriedigt zu werden, er aber entspricht ihr nicht so häufig, wie sie ihn umgekehrt oral befriedigt. Sie könne nicht begreifen, warum es in ihrem Ehebett so einseitig zuginge und fragte, was sie machen solle. Sie sagte dabei im Übrigen, dass sie seinem Wunsch nicht mehr entgegenkommen würde, wenn sie ständig zurückstecken müsste.

Der Radiotherapeut stellte eine Gegenfrage: „Könnte es vielleicht daran liegen, dass bei Ihnen ein hygienisches Problem vorliegt?"

Die Anruferin antwortete einen Moment lang nicht. Schließlich fragte sie: „Was meinen Sie damit?"

Der Experte erwiderte: „Reinigen Sie den Bereich um Ihre Vagina gründlich, ehe Sie von Ihrem Ehemann erwarten, dass er Sie oral befriedigt?"

Wieder Schweigen.

Dann antwortete sie zögernd: „Na ja, ich nehme eine Dusche, wenn Sie darauf hinauswollen."

„Nein, ich rede nicht nur von einer Dusche. Öffnen Sie auch die Schamlippen und benutzen Sie ein mildes Waschgel, um den Geruch und die Bakterien zu beseitigen, die sich ganz natürlich dort ansammeln?", wollte der Experte wissen, und ließ damit keine Möglichkeit für Fehlinterpretationen zu.

Die Anruferin antwortete: „Mir hat noch nie jemand gesagt, dass das nötig wäre, und ich habe mal im Fernsehen gehört, wie ein Arzt in einer Talkshow die Vagina als einen ‚selbstreinigenden Ofen' bezeichnet hat."

Ich dachte in dem Moment nur: *Hallo? Diese Frau erwartet von ihrem Ehemann eine derart intime sexuelle Handlung, in die sein Mund und seine Nase involviert sind, und hat sich vorher nicht gründlich gewaschen?* Ganz ehrlich, am liebsten hätte ich die Mutter dieser Frau ausfindig gemacht, ihr den Hintern versohlt und gefragt: „Was haben Sie sich dabei gedacht, als Sie Ihre Tochter in die Ehe spazieren ließen, ohne ihr auch nur eine grundlegende Vorstellung von weiblicher Intimhygiene mit auf den Weg zu geben?"

Doch dann musste ich an ihren Ehemann denken: *„Der arme Ehemann!"*

Lassen Sie mich ein paar grundsätzliche Dinge zu weiblicher Intimhygiene sagen, die eigentlich für jede Frau selbstverständlich sein sollten:

- Ja, der vaginale Kanal ist in der Tat selbstreinigend wie ein Backofen, aber die „Ofentür" muss regelmäßig abgewischt werden. In den Schamlippen (den inneren und äußeren Hautfalten rund um die Scheidenöffnung) sammeln sich Schweiß und Bakterien wie auch in jeder anderen Falte oder Ritze des Körpers. Ich will hier nicht ausfallend werden, aber Sie würden doch von Ihrem Ehemann auch nicht erwarten, dass er zwischen Ihren Fußzehen leckt oder unter Ihren Achseln, wenn sie vorher nicht gründlich mit Wasser und Seife gereinigt wurden, oder? Eine Frau sollte in ihrer Intimregion dieselben Standards haben wie anderswo auch.
- Ärzte empfehlen, dass Frauen Intimduschen nicht häufiger als einmal im Monat benutzen (wenn überhaupt), denn die natürliche (und gute) Bakterienflora, die Krankheitskeime abwehrt,

wird leicht angegriffen, wenn man all diese reinigenden chemischen Stoffe in die Scheide eindringen lässt. Ich rede hier nicht davon, dass Sie eine Intimdusche anwenden sollen. Es geht lediglich darum, zwischen den Hautfalten zu reinigen, damit unangenehme Gerüche verschwinden.

• Wenn Sie sich oralen Sex von Ihrem Mann wünschen (nicht alle Frauen mögen das und das ist okay), dann machen Sie sich klar, dass zusätzlich zu einer angemessenen Hygiene Ihr Schamhaar gestutzt werden sollte, weil sich das dann für ihn wesentlich angenehmer anfühlt. Niemand hat gerne büschelweise Schamhaare im Mund. Wenn Sie ihn also zu einem Picknick auf dem Rasen einladen, sorgen Sie dafür, dass das Gras kurz gehalten wird! – Das erinnert mich übrigens an die E-Mail einer Frau:

„Ich habe einige Fragen, die die Schambehaarung betreffen. Ich habe gehört, dass man sich da unten rasieren oder die Haare mit Wachs entfernen soll. Mit der Rasur habe ich es einige Male versucht, aber es hinterlässt einen Ausschlag und juckt wie verrückt, sobald es anfängt nachzuwachsen. Ich bin mir unsicher, wie ich mich in diesem Bereich pflegen soll. Gibt es ein bestimmtes Instrument, mit dem man sich die Haare kurz hält oder empfehlen Sie ein Enthaarungsmittel? Es ist eine ziemlich intime Frage, aber ich vermute, dass andere Frauen auch dankbar für Tipps wären!"

Eine hochinteressante Frage. Meiner Ansicht nach gibt es verschiedene Optionen:

• *Enthaarungscremes* – Diese Produkte sind eigentlich für Haare an den Beinen oder in den Achselhöhlen gedacht. Ich würde sie nicht im Intimbereich anwenden – die enthaltenen Chemikalien verursachen leicht allergische Reaktionen.
• *Rasur* – Es ist schwierig, sich selbst an dieser Stelle zu rasieren, und Sie haben recht – einige Stunden lang fühlt es sich fan-

tastisch an, aber kurz darauf bildet sich ein Ausschlag und die folgenden drei Tage juckt es, während die Haare nachwachsen. Scheußlich!

- *Wachs* – Ja, ich habe es auch probiert. Einmal. Und ich kann guten Gewissens sagen, dass ich es nie wieder tun werde. Ich war *so* froh, als meine Kosmetikerin die erlösenden Worte sprach: „Sie haben es geschafft!" Obwohl der mit Wachs enthaarte Bereich sich anschließend gut anfühlt und die Wirkung auch etwas länger anhält, ist die Prozedur genauso schlimm wie Zahnwurzelbehandlungen. Sollten Sie eine eher niedrige Schmerztoleranz haben, lassen Sie Behandlungen mit Wachs sein.

Aber was soll eine Frau denn tun, wenn all diese Möglichkeiten wegfallen? Probieren Sie einfach das übliche Haareschneiden aus:

- Greifen Sie, nachdem Sie geduscht und sich gereinigt haben, das Schamhaar zwischen zwei Fingern und ziehen es leicht vom Körper weg. Benutzen Sie eine normale Schere wie zum Haareschneiden und schneiden Sie es so dicht wie möglich am Körper ab, möglichst ohne sich dabei zu verletzen.
- Sie können sich dabei auch über die Toilette stellen, damit das Haar direkt in die Kloschüssel fällt und Sie nachher keinen Aufwand mit der Reinigung haben.
- Sollten Sie in Erwägung ziehen, einen elektrischen Rasierapparat zu benutzen, können Sie dies auch gerne tun. Nur stellen Sie sich dann aus Sicherheitsgründen nicht in die Nähe von Wasser, wie z. B. über die Toilette – falls das elektrische Gerät hineinfällt, gibt es einen Kurzschluss. Allerdings gibt es ja auch mittlerweile diese neuen, batteriebetriebenen und wasserdichten Rasiergeräte, die man sogar unter der Dusche benutzen darf.
- Duschen Sie sich anschließend noch einmal kurz ab, um Haarreste zu entfernen.

Keine harten Chemikalien, kein schmerzhaftes Enthaaren durch Wachs, keine Rasierklingenschnitte, kein schreckliches Jucken beim Nachwachsen der Haare. Für drei oder vier Wochen sollten Sie nun Ruhe haben und Ihr Schamhaar sieht ordentlich und gepflegt aus und lädt ein zu mehr.

Sollten Sie Ihren Intimbereich nicht gut erreichen können, bitten Sie doch Ihren Ehemann Ihnen behilflich zu sein und drücken Sie ihm mit einem Lächeln die Schere in die Hand. Sie brauchen dann nur noch ein Handtuch übers Bett auszubreiten und sich auf den Rücken zu legen. Die meisten Männer werden sich gerne dazu bereiterklären, wohl wissend, dass Sie anschließend vielleicht sogar noch verwöhnt werden.

Auch für Männer gelten Hygienestandards

Intimhygiene ist nicht nur für Frauen wichtig. Auch Ehemänner sollten wissen, wie das intime Beisammensein angenehmer und vergnüglicher für ihre Partnerin wird. So schrieb mir eine Frau:

„Es ekelt mich an, wenn wir auf dem besten Wege sind, uns unserer Leidenschaft hinzugeben und ich dann feststellen muss, dass er vorher hätte duschen müssen! Also bitte! Denken Männer, dass Unterwäsche mit dunklen Rallyestreifen und kleinen Knöddelchen uns besonders antörnt? Ich will ihn nicht in Verlegenheit bringen, aber wenn mein Mann erwartet, dass ich mit meinem Gesicht eine Etage tiefer rutsche, muss das auch erträglich sein!"

Liebe Ehemänner, bitte seien Sie nicht so wie dieser Kerl! Ihre Frau sollte das Gefühl haben, dass sie einen erwachsenen Mann geheiratet hat und kein großes Kleinkind, dem man noch die Windel wechseln muss. Hier ein paar Tipps:

- Sollten Sie sich ausmalen, mit Ihrer Frau zu schlafen, bevor Sie einschlafen oder nachdem Sie am Morgen aufgewacht sind, nehmen Sie vorher bitte eine Dusche. Es wird Ihre Chancen erheblich erhöhen, wenn Sie nicht irgendwo nach Schweiß oder nach Schlimmerem riechen.

- Ebenso wie ich es den Damen empfohlen habe, benutzen auch Sie bitte eine Seife oder ein Waschgel für jede Ritze und Falte, mit der Ihre Frau in engen Kontakt kommen kann. Trockenes Toilettenpapier alleine reicht nicht aus, um einen großen, haarigen Hintern gründlich abzuputzen.
- Um kleine Knöddelchen von vornherein zu vermeiden, hilft es, wenn Sie das Haar rund um Ihren After kurz halten. Vielleicht legen Sie sich extra dafür einen speziellen Rasierer zu.
- Halten Sie das Schamhaar um Ihren Penis und den Hoden kurz. Aus intimer Sicht Ihrer Frau entfaltet das eine Wirkung, als würden Sie den roten Teppich für sie ausrollen.

Vielleicht haben Sie gerade etwas mehr über Intimhygiene erfahren, als sie wirklich wissen wollten, und höchstwahrscheinlich mehr als Ihre Mutter Ihnen jemals darüber mitgeteilt hat. Aber ich möchte wetten, Ihr Ehepartner dankt es mir, dass sich einmal jemand erbarmt hat, Ihnen zu sagen, was für ein gutes und sauberes Vergnügen Sie beide erwartet, wenn Sie diese Selbstverständlichkeiten beherzigen.

33. WIE KANN MAN DAS „DANACH" STIMMUNGSVOLL GENIESSEN?

Ich finde es immer interessant, was Frischvermählte *nach* den Flitterwochen so alles erzählen. Die meisten Bräute und ihre Männer spazieren in die Ehe und glauben ernsthaft, dass leidenschaftlicher Sex genau so ablaufen wird, wie sie es im Kino gesehen haben. Alles passt perfekt zusammen, sie erreichen gemeinsam den Höhepunkt und liegen anschließend nebeneinander überglücklich im Bett, die Arme eng umeinander geschlungen, bis sie mit einem übergroßen Leinwandlächeln auf den Gesichtern zusammen einschlafen.

Dass die Realität jedoch selten auch nur annähernd so aussieht, verdeutlicht unter anderem diese E-Mail, die ich bekommen habe:

„Ich bin frisch verheiratet und ziemlich überrascht, was für eine Schweinerei es verursacht, miteinander zu schlafen! Am liebsten würde ich jedes Mal kurz nachdem wir Sex hatten, direkt aufspringen und ins Badezimmer verschwinden, um mich zu säubern, sonst ist das ganze Bett voller Flecken und ich muss praktisch jeden Tag eine Waschmaschine anstellen! Hinzu kommt, dass ich sowieso nicht einschlafen kann, wenn ich mich unten herum nicht sauber und trocken fühle. Was soll ich bloß tun?"

Tja, ich frage mich, welche Ehefrau dieses Gefühl *nicht* kennt, wenn auch vielleicht in einer abgeschwächten Form. Hier ein paar Vorschläge, wie man das „Danach" stimmungsvoll genießen kann und das beim Geschlechtsverkehr entstandene Chaos schnell und gründlich beseitigt:

- Falls Sie spät am Abend, vor dem Schlafen, Sex miteinander haben, sollten Sie, liebe Ehemänner, es vielleicht erwägen, Ihre „Ladung" eher außerhalb als innerhalb Ihrer Frau loszuwerden. Wenn Sie auf den Bauch Ihrer Ehefrau ejakulieren, erleichtert das das Saubermachen erheblich und sie wacht nicht mitten in der Nacht auf, weil alles so … na ja – Sie wissen schon. Ob Sie aber diese Methode anwenden wollen, bleibt selbstverständlich Ihnen und Ihrem Empfinden, was schöner ist, überlassen.
- Bewahren Sie in Ihrem Nachttisch einen Stapel kleiner Toiletten- oder Handtücher auf. Wenn jeder seinen Höhepunkt genossen hat, können Sie anschließend alles spielend schnell wegwischen und die Tücher einfach entsorgen bzw. in den Wäschekorb schmeißen.
- Babyfeuchttücher sind nicht nur für Babypopos praktisch. Wenn Sie lieber feucht nachwischen, halten Sie eine Box bereit. Sie können auch eine schnelle Ersatzlösung sein, wenn

zum Duschen keine Zeit mehr bleibt und Sie sich einander ganz spontan hingeben wollen. Man kann solche Tücher also vorher wie nachher benutzen.

- Auch andere Babyartikel sind nützlich, z. B. wasserfeste Wickelunterlagen. Sie sind der perfekte Schutz für das Bett, den man sich schnell unterschieben kann. Sie nehmen die Flüssigkeiten wesentlich besser auf als ein einfaches Frottee-Handtuch, und verhindern so, dass einer von beiden die ganze Nacht auf einem nassen Fleck liegen muss.

Da ich einige dieser Ideen ursprünglich in meinen Blog gepostet hatte, bekam ich dort weitere Tipps von meinen Lesern:

- „Für Menschen mit Reinlichkeitsfimmel sind Papiertücher nichts, sie lösen sich zu schnell auf; halten Sie stattdessen eine Rolle Papierhandtücher unter dem Bett bereit. Reißen Sie ein oder zwei davon ab, bevor es losgeht, und stecken Sie sie unter Ihr Kissen oder wo immer Sie es schnell zur Hand haben. Geht es richtig zur Sache, legen Sie das Papierhandtuch einfach auf ihren oder seinen Bauch – je nachdem in welcher Position man sich beim Erreichen der Ziellinie gerade befindet. Wenn dann der Vulkan zu spucken anfängt, fließt das Sperma direkt auf das Papierhandtuch, sodass weder Kleidung noch Bettwäsche etwas abbekommen. Besonders praktisch ist das für Leute mit haarigen Bäuchen, die nicht die ganze Nacht mit einer klebrigen Kruste schlafen wollen."
- „Nach der Sterilisation meiner Frau fand ich es ziemlich aufregend, kein Kondom mehr benutzen zu müssen. Allerdings wurde mir damit auch klar, wie praktisch es gewesen war, dass es mein Sperma komplett aufgefangen hatte. Irgendwann kehrte ich daher zum Kondom zurück, auch wenn wir es zur Verhütung eigentlich gar nicht mehr brauchen. Einfach überstülpen, wieder abstreifen und wegwerfen ist doch wesentlich angenehmer, als nachher die Überschwemmung aufzuwischen."

- „Nachdem mein Ehemann mich gefragt hatte, warum ich nicht mehr so viel Lust auf Sex hätte wie früher, setzte ich mich mit seiner Frage auseinander. Und ich stellte fest, dass ich einfach faul geworden war – natürlich nicht zu faul, um Sex zu haben, aber ich hatte einfach keine Lust auf die anschließende Säuberungsaktion. Es schien mir einfach so viel Aufwand, die Bettwäsche abzuziehen, frische zu holen, alles wieder in Ordnung zu bringen und so weiter. Eines Tages hatte ich dann eine brillante Idee! Jedes Mal wenn ich in der Kälte draußen spazieren gehe, ziehe ich mindestens zwei oder drei Lagen Kleider an und ziehe sie dann nach und nach wieder aus, wenn mir warm wird und ich zu schwitzen anfange. Warum sollte ich dasselbe nicht mit unserem Ehebett machen? Ich kaufte ein extra Set Bettlaken und einen wasserdichten Matratzenschoner und bezog das Bett wie eine Lasagne – ein Betttuch, dann den Matratzenschoner, dann ein anderes Betttuch. Wenn es jetzt ein wenig feucht wird, brauche ich nur die obere der beiden Schichten abzuziehen, werfe sie in den Korb mit der Schmutzwäsche und krieche zurück ins Bett! Ich habe immer noch ein frisches Laken, auf dem ich schlafen kann, ohne im Wäscheschrank herumzuwühlen oder das Laken über die Matratzenecken zu zerren, denn das entspricht nicht gerade meiner Vorstellung von einem entspannten Einschlafen ‚danach‘.“

Einige dieser Vorschläge klingen vielleicht etwas ungewöhnlich, aber Not macht erfinderisch. Genauso wie ein Künstler sein Abdecktuch und seinen Pinselreiniger in der Nähe der Staffelei aufbewahrt oder ein Chefkoch die Küchenarbeitsflächen während der Arbeit abwischt, hat ein kluges Ehepaar bestimmte praktische Utensilien, wenn es um den Genuss sexueller Leidenschaft oder ums „Kindermachen“ geht. Es ist wichtig, dass alles angenehm, sauber, ordentlich und gemütlich ist, wenn man die Umgebung für den Liebesakt herrichtet.

Nachdenkenswert

- Wie halten Sie es mit der Intimhygiene? Möchten Sie darüber mit Ihrem Partner sprechen, trauen sich aber nicht es zu thematisieren?
- Sorgt Ihr Ehepartner im Ehebett für Sauberkeit und Ordnung? Wissen Sie das zu schätzen?
- Welche Idee aus dem Hygiene-Kapitel hat Ihnen spontan gefallen? Haben Sie Lust, diese in das Repertoire Ihres Liebeslebens aufzunehmen?

Ich hab's gefunden!

34. WIE KANN ICH DIE EROGENEN ZONEN MEINES PARTNERS (WIEDER-) ENTDECKEN?

Viele Ehepartner klagen darüber, dass es zwischen ihnen nicht mehr so „knistert", seit sie verheiratet sind. Sie schwärmen von ihren ersten Treffen und davon, wie der Wunsch, miteinander zu schlafen, manchmal überwältigend stark wurde. Nach dem Eheversprechen und dem Erkunden des Sex miteinander, nahm die Spannung jedoch allmählich ab. Und sie fragen sich: „Wie konnte das so verpuffen? Und wie können wir unser Feuer wieder neu aufflammen lassen?"

Zunächst einmal ist es natürlich eine Tatsache, dass Ehen ihre Höhen und Tiefen haben, auch in sexueller Hinsicht. Nur wenn wir eine solche Talsohle erreichen, dürfen wir nicht einfach die Hände in den Schoß legen. Es *gibt* Möglichkeiten, die ehelichen und sexuellen Hochgefühle wieder aufleben zu lassen.

> Ehen haben ihre Höhen und Tiefen, auch in sexueller Hinsicht. Nur wenn wir eine solche Talsohle erreichen, dürfen wir nicht einfach die Hände in den Schoß legen. Es *gibt* Möglichkeiten, die ehelichen und sexuellen Hochgefühle wieder aufleben zu lassen.

Das kann ich Ihnen glaubhaft versichern, weil uns das erst kürzlich selbst wieder passiert ist – wenn auch ungeplant. 2012 wurde meine Gebärmutter entfernt und der Arzt warnte mich: „Sechs Wochen lang kein Sex." Also machte ich mich auf eine l-a-n-g-e Durststrecke gefasst. Doch wir stellten schon bald fest, dass wir uns plötzlich auf eine Vielzahl anderer Dinge konzentrierten, die wir tun konnten, ohne Verkehr miteinander zu haben.

Wir küssten uns. Und zwar viel. Lange, süße, langsame Küsse. Und das hat uns wirklich in Fahrt gebracht. Ungefähr so wie damals, als wir uns kennengelernt haben und uns *so* erregt durch die einfache Gegenwart des anderen fühlten. Und wir streichelten und berührten uns viel mehr als sonst. Wir waren gar nicht wild darauf, möglichst schnell in Stimmung zu kommen und dann direkt mit dem Verkehr weiterzumachen, denn wir wussten ja, das war verboten. Und irgendwie erregte uns beide das noch viel mehr.

Wir redeten viel miteinander. Sehr viel mehr als sonst. Natürlich auch darüber, wie großartig es sein würde, wenn wir wieder Sex haben durften. Aber ich wollte gar keinen Sex mehr haben wie vorher. Ich wollte diese wertvollen Erfahrungen mit in die nächste Lebensphase nehmen. Großartiger Sex besteht nämlich nicht nur daraus, dass der Penis in die Vagina gleitet. Er beinhaltet auch feuchte, wunderbare Küsse … sanfte, weiche Liebkosungen … einen süßen, intimen Wortwechsel … eine Leidenschaft, die geweckt wird, wenn zwei Menschen sich die Zeit nehmen, wirklich zu entdecken – oder wiederzuentdecken – wie die sexuelle Erregung des anderen auf Touren kommt.

Um dieses Hochgefühl wiederzufinden, ist es sehr hilfreich, die Ansprüche eine Zeit lang herunterzufahren – zumindest bis Ihr sexueller Antrieb die Chance hat, wirklich wieder in Fahrt zu kommen. Entdecken Sie die Langsamkeit und Freude des Vorspiels.

Ich habe mehrere Frauen und Männer gebeten, ihre ganz eigenen Vorspiel-Praktiken einmal zu beschreiben:

- „Ich liebe es, wenn mein Ehemann meine Hand hält oder den Arm um mich legt, wenn wir auf dem Sofa sitzen und zusammen fernsehen. Es fühlt sich genauso an wie damals, als wir uns kennengelernt haben."
- „Wenn meine Frau mich küsst und der flüchtige Kuss sich in einen innigen Zungenkuss verwandelt, bekomme ich weiche

Knie! Fängt sie an, mich auf diese Art zu küssen, weiß ich ziemlich sicher, dass mein Ansinnen auf ein bisschen Sex nicht abgelehnt wird, und das gibt mir Zuversicht loszulegen."

- „Wenn ich in der Küche Geschirr abwasche, liebe ich es, wenn mein Mann von hinten seine Arme um mich legt und meinen Nacken küsst."

- „Irgendwie macht es mich ganz verrückt, wenn jemand mich seitlich am Körper berührt, von den Armen über die Rippen bis hinunter zu den Hüften und Schenkeln. Jedes Mal, wenn mein Ehemann mich so anfasst, laufen mir unweigerlich Schauer über den Rücken."

- „Interessanterweise haben wir die gleiche erogene Zone. Wir lieben es beide, wenn unsere Brustwarzen liebkost werden, entweder mit den Fingern oder mit der Zunge. Wir haben sogar herausgefunden, wie wir uns so legen können, dass wir einander gleichzeitig stimulieren können!"

- „Ich liebe es, wenn meine Frau ihre Haare öffnet und ausbürstet, sodass ich damit spielen kann. Für mich ist ihr Haar zu berühren fast genauso sexy wie sie an ihren intimsten Körperstellen anzufassen."

- „Ich fühle mich wie an einen anderen Ort katapultiert, wenn mein Ehemann zu mir kommt, sanft seine Finger um meinen Nacken und Kiefer legt, mit dem Daumen über meine Wangen streicht und mir einen kleinen Kuss auf die Nasenspitze gibt."

Tja, jeder hat seine eignen „Knöpfe", auf die er anspringt. Oder eine besondere Geste, die einem ganz normalen Abend plötzlich etwas Magisches verleiht. Für mich ist das eine ausgiebige Fußmassage mit kräftigen Männerhänden, besonders wenn Greg mir sanft eine Lotion zwischen die Zehen reibt. Für ihn ist es das Highlight, wenn ich sein Ohrläppchen mit meinen Lippen liebkose oder seine behaarte Brust massiere.

Wurden genug Knöpfe gedrückt, sodass sich die Erregung eingestellt hat, dürfte es kein Problem sein, zu intimeren Handlungen überzugehen. Dafür ist es wichtig, dass der Mann insbesondere drei Stellen am Körper seiner Frau kennt, und auch beim Mann gibt es drei Stellen, auf die eine Frau ihr besonderes Augenmerk richten sollte.

Bevor ich sie nenne, muss ich noch von einer E-Mail berichten, über die ich mich vor Kurzem sehr amüsiert habe. Eine Frau, die eifrig bemüht war, den Körper ihres Mannes besser kennenzulernen, schenkte ihm einen Lippenstift zum Geburtstag. Sie schickte ihn ins Bad und sagte: „Mal einfach auf, an welchen Stellen du es besonders gerne hast, wenn ich dich berühre." Er verschwand und tauchte sechzig Sekunden später wieder auf, ein breites Lächeln auf dem Gesicht und knallroten Lippenstift auf jedem Quadratzentimeter seines Genitalbereichs.

Viele Männer bekunden, jede Berührung am Penis ist angenehm. Aber die meisten sind sich einig, dass es drei besonders schöne und empfindsame Stellen gibt:

- *Das Vorhautbändchen.* Hier hat der Mann eine große Dichte an Nervenenden. Das Vorhautbändchen befindet sich auf der Unterseite des Penis, direkt unterhalb der Eichel. Experten empfehlen, diesen Bereich sehr vorsichtig zu behandeln, da manche Männer dort so empfindlich sind, dass sie gar keine direkte Stimulation mögen, sondern eher eine leichte Berührung bevorzugen.[31]
- *Die Eichel.* In den ersten Wochen einer Schwangerschaft kann man noch nicht unterscheiden, ob es sich um einen Jungen oder ein Mädchen handelt. Der Unterscheid ist noch nicht zu erkennen, denn zu diesem Zeitpunkt der Entwicklung sehen ihre Genitalien noch identisch aus, bis sie die neunte Woche erreichen und die Unterschiede der Chromosomen dafür sorgen, dass das, was bei den weiblichen Föten die Klitoris ist, sich zu einem männlichen Penis „auswächst".[32]
  Deshalb ist der obere Teil der Penisspitze (den man Eichel nennt), besonders empfindlich, insbesondere am Rand eines beschnittenen Penis.

- *Das Band am Beckenboden.* Diese sehr erregbare Stelle befindet sich hinter dem Hodensacks in dem schmalen Bereich hin zum After. Wenn Sie genau hinsehen, können Sie eine leicht erhabene Linie in diesem Bereich erkennen, die beinahe aussieht wie ein Band oder eine Naht. Positioniert sich ein Paar so, dass dieser Bereich ganz sanft gestreichelt werden kann, trägt das sehr stark zu seiner sexuellen Erregung bei.

Der beste Weg, um die individuellen „Knöpfe" und erogenen Zonen Ihres Ehemannes herauszufinden, ist es, es wie die Frau, die ich vorhin erwähnte zu handhaben: *Fragen* Sie ihn, und er wird sie Ihnen zeigen. Hoffentlich bleibt von Ihrem Lippenstift noch etwas übrig!

Die Stellen am Körper einer Frau, die mit lustvollen Gefühlen verbunden sind, erscheinen zunächst mysteriöser, aber sobald man sie einmal identifiziert hat, sind sie weder schwierig zu finden noch schwer zu stimulieren. Die wesentlichen weiblichen Lustzentren sind folgende:

- *Die Klitoris.* Sie hat ungefähr die Größe eines dieser am Ende eines Bleistifts sitzenden Radiergummis. Sie ist eigentlich eine Ansammlung von Nerven, die eine winzige Beule direkt zwischen den Schamlippen (den äußeren Falten der Scheide) bildet. Mitunter empfiehlt es sich, dass die Frau ihrem Mann einmal diese winzige Stelle zeigt, die so empfindsam auf Berührungen reagiert. Welche Funktion hat die Klitoris? Interessanterweise gibt es *keinen* biologischen Grund für ihr Vorhandensein, außer dass sie Frauen durch Stimulation Lust bereitet, die bis zum Orgasmus führen kann.[33] Die meisten Frauen geben an, dass sie dort sehr empfindlich sind und verschiedene Bewegungen (vor und zurück, hin und her, kreisende Bewegungen) angenehmer finden, als wenn darauf herumgedrückt wird wie auf den Knopf eines Aufzugs.
- *Der G-Punkt.* Obwohl der G-Punkt vielen Paaren immer noch ein Mysterium ist, gibt es ihn wirklich. Es ist nicht nur

etwas, was ein deutscher Gynäkologe namens Ernst Gräfenberg herausgefunden hat, sondern eine tatsächlich existierende Stelle ungefähr drei bis acht Zentimeter innerhalb der vorderen Wand des Scheidenkanals (in Richtung des Bauchnabels). Wenn er lange genug stimuliert wird (am wirksamsten durch ein Antippen mit dem zum „Haken" gekrümmten Mittelfinger, der leicht gegen die vordere Scheidenwand drückt), kann das zu einem vaginalen Orgasmus führen sowie zu einer erheblichen Menge an Flüssigkeit (auch als „weibliche Ejakulation" bezeichnet). Jetzt sollten Handtücher oder eine wasserdichte Unterlage griffbereit liegen. Anders als die Klitoris lässt sich der G-Punkt leichter mit dem Finger des Ehemanns ausfindig machen als mit der eigenen Hand.

- *Der Damm.* Ebenso wie das Berühren des Bereichs zwischen Penis und After beim Mann aufgrund der Vielzahl an Nervenenden sexuelle Empfindungen hervorruft, gilt das auch für den winzigen Abschnitt zwischen Scheide und After bei der Frau.

Mit einigem Üben und der Freude am Experimentieren lassen sich G-Punkt und Klitoris so irgendwann gekonnt stimulieren – bis hin zum Orgasmus.

> Fragen Sie ganz einfach Ihren Ehepartner, um seine magische Stelle oder Berührung ausfindig zu machen.

Natürlich ist jeder anders gestrickt, wenn es um erogene Zonen geht – wo sie sich befinden und wie er oder sie gerne berührt wird. Um herauszufinden, was Ihren Ehepartner sexuell in Fahrt bringt, brauchen Sie aber keine Bücher oder Anleitungen zu lesen oder gar im Internet zu surfen. Fragen Sie ganz einfach Ihren Ehepartner, um seine magische Stelle oder Berührung ausfindig zu machen, denn seine oder ihre Aussage ist es, die hier wirklich zählt. Stellen Sie folgende Überlegungen gemeinsam an und füllen Sie die Lücken aus:

- Wenn du mich hier (_____) berührst, macht mich das ganz wild.
- Wenn du das machst (_____), kann ich gar nicht mehr anders. Das macht mich sehr an.
- Ich liebe es, wenn du mich _____ machen lässt. Dann fühle ich mich _____.

Sie können auch die Hand Ihres Partners in Ihre eigene nehmen und mit ihm oder ihr eine Erkundungstour Ihres eigenen Körpers veranstalten, wobei Sie an den Stellen, die besondere Beachtung verdienen, länger verweilen. Oder Sie demonstrieren mit einer kurzen Peepshow an Ihrem Körper, was Sie besonders mögen und bieten ihm so gleichzeitig einen wunderbar optischen Anreiz.

Nun, wenn Sie schon bei der bloßen Vorstellung an das Letztgenannte rot werden, lassen Sie mich hier eine kurze Anmerkung machen: Ich weiß, viele Paare verspüren Komplexe oder andere Befindlichkeiten, wenn es um das Masturbieren geht. Sie würden am liebsten gar nicht darüber sprechen und ich verstehe diese Gefühle vollkommen. Aber wozu ich Sie ermutigen will, ist nicht, sich vor Ihrem Partner zu verschließen und egoistisch die Dinge in die eigene Hand zu nehmen. Es gibt einen signifikanten Unterschied zwischen der Masturbation im stillen Kämmerlein und der Selbststimulation im Beisein Ihres Partners. Tatsächlich berichten die meisten Paare, dass es eine ziemlich erotische Erfahrung ist, ihrem Partner dabei zuzusehen.

Zum Abschluss möchte ich noch einmal darauf hinweisen, dass wir uns Zeit nehmen sollten füreinander – im Bett, auf dem Sofa, in der Badewanne oder Dusche, bei einem Wochenendausflug – und zwar ganz besonders dafür, unsere Körper gegenseitig sexuell zu erkunden. Fühlen Sie sich wie ein Entdeckungsreisender, der neue Gebiete erobert und sich über jede interessante Beobachtung Notizen macht.

35. WIE GEHT MAN MIT UNTERSCHIEDLICH STARKEM VERLANGEN NACH SEX UM?

Die Sexualität eines jeden Menschen ist so einzigartig wie sein Fingerabdruck. Und jeder lebt in einem Umfeld, das durch eine Vielzahl von Parametern beeinflusst wird. Zunächst ist da die Familie, in der wir aufgewachsen sind und das, was unsere Eltern uns zum Thema Sex mitgegeben (oder auch versäumt) haben. Dazu kommen Verwandte und Freunde sowie das, was unser Pfarrer, Kindergottesdienst- und Jugendgruppenleiter oder andere geistliche oder moralische Instanzen uns gelehrt haben. Und natürlich sind wir auch den Botschaften über Sex ausgesetzt, die uns durch alle möglichen Medien vermittelt werden.

Auch die geschlechtsspezifischen kulturellen Gegebenheiten müssen wir in Betracht ziehen. Und jetzt berücksichtigen Sie bitte noch, dass Sie ein gewisses Alter haben und sich in einer bestimmten Phase Ihrer Ehe befinden. Manche von uns sind kinderlose Doppelverdiener, andere stecken mitten in der Familiengründung und bei wieder anderen ist das Nest noch leer. Unglaublich *viele* Faktoren spielen also eine Rolle, wie sich unsere Sexualität in unserem jeweiligen Lebensabschnitt anfühlt. Mit zwanzig ist das noch etwas ganz anderes als mit dreißig, vierzig, fünfzig oder sechzig Jahren – wie auch darüber hinaus.

Wer sich das einmal klarmacht, versteht vielleicht, warum sexuelle Stereotype einfach nur unfair sind. Zum Beispiel dieser Irrglaube, alle Männer wollen nur ständig Sex haben – Frauen nicht. Oder dass Ehemänner per se sexuell frustriert sind und ihre Frauen darauf mit Gleichgültigkeit reagieren. Ist es nicht das, was wir in den meisten Fernsehserien und Kinosälen sehen? In meiner Praxis erlebe ich hingegen eher ein Verhältnis von fifty-fifty. Natürlich klagen manche Paare darüber, dass *er* viel mehr Sex haben will als *sie*. Aber mindestens die Hälfte meiner Klienten sagt, dass *sie* diejenige ist, die sich mehr Sex in der Ehe wünscht, während der Mann eine eher weniger ausgeprägte Libido hat.

Dieses Kapitel trägt allerdings nicht die Überschrift: „Was machen wir, wenn einer von uns mehr Sex haben will als der andere?" Das kann sich ja auch von einem Tag auf den nächsten ändern. Manchmal ist er nicht zu bremsen, während sie in dieser Nacht so gut wie frigide ist, und am nächsten Tag ist es andersherum. Diese Unterschiede können wir dadurch ausgleichen, indem wir uns in sexueller Hinsicht einander unterordnen. Es ist für einen Ehepartner wesentlich gesünder, die Energie zur Kooperation aufzubringen und seinem Partner die gewünschte sexuelle Erleichterung zu verschaffen, als dass „heute nicht" zur permanenten Standardantwort wird und die sexuelle Spannung sich bis zu dem Punkt aufbaut, an dem wir mit Verbitterung reagieren.

Stattdessen stelle ich die Frage also lieber anders: „Wie können wir einen Kompromiss finden, wenn unsere Sexualtriebe unterschiedlich stark sind?" Diese Formulierung zielt darauf ab, dass sich manchmal nicht nur die Frage stellt, „wer Lust hat und wer nicht". Es handelt sich eher darum, dass „wir in unserer aktuellen Situation sexuell nicht auf derselben Wellenlänge sind und dass das unseren Ehealltag wie ein nicht abzuschaltendes Störgeräusch begleitet." Woran könnte das liegen? Wie lässt sich so eine Situation wieder entschärfen?

Wenn *sie* mehr will
Es gibt viele Gründe, warum ein Ehemann mit seiner schwach ausgeprägten Libido zu kämpfen hat, zum Beispiel:

- Konsum von Pornografie
- exzessive Masturbation
- Depression
- Stress am Arbeitsplatz
- gesundheitliche Probleme
- Gewichtsprobleme

All diese Dinge können den sexuellen Appetit eines Mannes dämpfen und ihm die Energie entziehen, nach der seine Frau sich sehnt. Die Lösung solcher Probleme kann relativ komplex aussehen, aber manchmal lassen sich auch bereits durch kleine Dinge Veränderungen herbeiführen. Verwendet er seine sexuelle Energie hauptsächlich darauf, andere Frauen anzusehen und die Dinge in die eigene Hand zu nehmen, indem er zu Pornografie oder Masturbation greift, sollte er sich von diesem Verhalten befreien, das ihn isoliert, und lernen, wieder Kontakt zu seiner Ehefrau, die in Fleisch und Blut neben ihm steht, aufzunehmen. Handelt es sich aber um eine Depression oder andere Sorgen, die ihn runterziehen, kann eine Paartherapie mit praktischen Tipps dabei unterstützen, mit diesen emotionalen Höhen und Tiefen umzugehen. Wenn Gesundheit oder Übergewicht die Hauptgründe für die Störung sind, können ein Arzt oder Ernährungsspezialist Hilfen für einen gesünderen Lebensstil geben, der häufig auf ganz natürliche Weise die sexuelle Aktivität wieder ankurbelt.

Allerdings gibt es ein großes Problem, das Männer häufig in ihrer Sexualität beeinträchtigt und das niemand auf diesem Planeten aus der Welt schaffen kann – außer seiner Ehefrau. Denn fühlt sich ein Mann von seiner Frau sexuell verunsichert oder entfremdet, liegt es nahe, dass er im Ehebett Schiffbruch erleidet. Ich zitiere einige Berichte, die das veranschaulichen:

- Bill schrieb mir: *„In der Partnerschaft mit meiner Frau Lydia fühlt es sich oft so an, als wäre es ihr wichtiger, die Kontrolle über alles zu haben, als dass wir gemeinsam an einem Strang ziehen, und das macht mich fertig. Ich fühle mich wie eine Marionette … Ich fühle mich nicht wie ein gleichberechtigter Partner, wenn sie mich so behandelt.*

  Mein zweites Problem verwirrt mich sehr: Lydia hat zurzeit mehr Lust auf Sex als ich. Obwohl wir bereits oft wunderbaren Sex miteinander erlebt haben, ist es nun häufig so, dass meine mangelnde Potenz oder der fehlende Wille zum Vorspiel Lydia in Rage ver-

setzt. Mehr als einmal hat sie sich darüber lustig gemacht, dass mein Penis zu klein sei. All das lässt die Vorstellung, mit meiner Frau Sex zu haben, ziemlich riskant erscheinen und macht mein Selbstvertrauen genauso oft zunichte wie es mich anstachelt. Ich fühle mich gedemütigt und nicht wie ein Mann. Sie hat auch schon von mir verlangt, dass ich Bücher über das Vorspiel und über Sex lese (was ich getan habe) und dass ich häufiger die Initiative ergreifen soll … mehr auf ein sexy Aussehen achten und darauf, wie ich sitze, rede oder laufe.

Ein Arzt hat dann entdeckt, dass ich für mein Alter einen sehr niedrigen Testosteronwert habe. Warum konnte er mir auch nicht sagen – vielleicht stressbedingt … Ich habe jedenfalls angefangen, Testosteron einzunehmen, um das zu verbessern. Nun brauche ich zwar häufiger sexuelle Erleichterung, habe aber weiterhin nur ein begrenztes Verlangen nach Lydia. Schon seit ein paar Monaten haben wir nicht mehr miteinander geschlafen. Sie drohte sogar damit, sich jemand anderen zu suchen, wenn ich mich nicht mehr ins Zeug lege. Ich habe versucht, ihr klarzumachen, wie sehr mich das alles belastet und dass sie meine Motivation, sie sexuell zu begehren, nicht gerade steigert, aber sie schiebt mir die ganze Schuld in die Schuhe und weigert sich, ihre eigene Rolle dabei zu hinterfragen.“

- Roberts Worte bestätigen ebenfalls, dass es häufig emotionale Barrieren sind, die die Leidenschaft eines Ehemanns dämpfen: *„Natürlich wünsche ich mir eine leidenschaftliche sexuelle Beziehung zu meiner Frau genauso sehr wie jeder andere, aber es bedarf mehr als einer kleinen körperlichen Stimulation, um die Verletzungen wettzumachen, die sie mir zufügt, bevor wir zusammen ins Bett gehen. Die ,konstruktive Kritik' meiner Frau ist meistens alles andere als förderlich. Ihre Erwartungen sind so unrealistisch, dass kein Mann sie jemals erfüllen könnte. Sie benutzt die Bibel als Waffe gegen das, was sie als meine Unzulänglichkeiten bezeichnet. Wenn ich anbiete, mit ihr zu beten, hat sie das Bedürfnis laut meine Schwächen aufzuzählen (gut hörbar für Gott und mich).*

Frauen gehen meist davon aus, dass unsere Herzen und Penisse aus Stahl gemacht sind und vollständig unabhängig voneinander existieren, aber das sind sie nicht. Es kann ebenso schwierig für einen Mann sein, sich von einer Frau erregen zu lassen, die sein Herz nicht mehr besitzt, wie es einer Frau schwerfällt, sich sexuell zu öffnen, wenn sie keine intime Verbindung zu ihrem Mann hat. Es wird viel über die Unterschiede zwischen Männern und Frauen geredet, aber wenn es darum geht, dass uns Wertschätzung und Achtung entgegengebracht werden, damit wir sexuelle Erregung empfinden können, sind wir uns eigentlich ziemlich ähnlich. "[34]

Robert hat recht. Zum Verkehr einzuwilligen, reicht alleine nicht aus, um für unsere Ehemänner attraktiv zu sein. Körperliche Lust sollte der Nachtisch sein nach dem Appetitanreger der Wertschätzung, dem Hauptgericht der Ermutigung und rückhaltlosen Liebe sowie der Beilage des gegenseitigen Respekts. Jeder Ehemann, der von den anderen Gängen der Mahlzeit ausgeschlossen wird und nur mit dem Nachtisch abgespeist werden soll, wird an Unterernährung leiden.

Das mangelnde Interesse eines Ehemanns kann auch nur daher kommen, dass er älter wird und ein Teil dieses Alterungsprozesses bedeutet, dass er nicht mehr so viel Testosteron produziert, das Hormon, das im Wesentlichen für unseren Sexualtrieb verantwortlich ist. Das Problem besteht nun darin, dass eine Frau ihren sexuellen Höhepunkt gerade dann erreicht (häufig in ihren Vierzigern oder Fünfzigern), wenn der Mann allmählich abbaut. Das kann ziemlich unfair sein.

Meine freundliche Mahnung an die Männer lautet deshalb, selbst wenn Sie merken, dass Ihre sexuelle Aktivität allmählich nachlässt, behalten Sie die Bedürfnisse Ihrer Frau im Auge. Auch wenn Sie die Fähigkeit zu einer dauerhaften Erektion verlieren, bedeutet das nicht das zwangsläufige Ende aller sexuellen Lust. Eine Frau hat trotzdem sexuelle Bedürfnisse und Wünsche. Und so lange der Mann noch seine Finger, Hände, Lippen und Zunge gebrauchen kann, können die meisten Frauen sich mit dem natürlichen Nachlassen der Erektionsfähigkeit abfinden, wenn ihre Ehemänner älter werden. Was sie nicht begreifen können, ist, wenn ihre Ehemänner sie sexuell ignorieren oder zurückweisen und störrisch auf der Bank sitzen bleiben, während sie gerne noch am Spiel teilnehmen würden.

Wenn *er* mehr will

Es gibt auch für Frauen eine Vielzahl von Gründen, die den Sexualtrieb schwächen können, und die sich interessanterweise gar nicht so sehr von der Liste der Männer unterscheiden – Pornografie und Masturbation, Depression, Stress und andere emotionale Blockaden, die mit der familiären oder beruflichen Situation zu tun haben, aber auch Probleme mit Gesundheit oder Gewicht können ihre körperliche Energie mindern. Und die Lösungen dafür unterscheiden sich ebenso wenig. Manchmal tut es einfach gut, wenn wir professionelle Hilfe in Anspruch nehmen, um Hürden zu überwinden, die uns im Schlafzimmer Probleme bereiten.

Es gibt allerdings auch einen weit verbreiteten Mythos über weibliche Sexualität, an den Frauen nur zu gerne glauben, und ich denke, dass er es vor allem ist, der viele Frauen bremst, wenn ihre Ehemänner häufiger mit ihnen schlafen wollen. Diesen Mythos kann ich in einen Satz fassen: „Brave Mädchen tun so etwas nicht!"

Wurde uns das nicht mit auf den Weg gegeben … immer wieder, von allen Seiten? Von Eltern, die uns zwar geliebt haben, aber Angst hatten, dass wir schwanger werden und die Familienehre beflecken könnten, anstatt uns zu sexuell gesunden Ehefrauen zu erziehen. Ich winde mich immer noch, wenn ich an die ewige Leier meiner Mutter denke: „Warum sollte er eine Kuh kaufen, wenn er die Milch umsonst haben kann!" (Worin natürlich ein Fünkchen Wahrheit steckt, aber ich fand es immer empörend, mit Vieh verglichen zu werden.) Wenn ich das Haus zu einer Verabredung verließ, rief mein Vater mir im Scherz nach: „Lass schön die Beine übereinandergeschlagen und die Unterhose bleibt an, hörst du?" Was ich tatsächlich heraushörte war, dass brave Mädchen keinen Sex haben dürfen.

Wenn Sie als Teenager dieselbe Botschaft erhalten haben, ist es Ihnen vielleicht ähnlich ergangen. Ich habe als junges Mädchen dagegen rebelliert und zu beweisen versucht, dass brave Mädchen *sehr wohl* Sex haben. Aber als ich geheiratet habe, wollte ich natürlich nicht, dass mein Ehemann mich für ein „böses Mädchen" hielt, und mein sexuelles Pendel ist in die Gegenrichtung ausgeschlagen. Mein Lebensstil hat bestätigt, dass das die liebste Strategie des Teufels ist: *Singlefrauen lässt er glauben, dass sie nicht ohne Sex leben können. Ehefrauen hingegen hören auf sein Flüstern, dass sie sehr wohl auf Sex verzichten werden können.*

Aber Sexualität ist nicht die Angelegenheit des Teufels. Er hat das von Gott geklaut und verzerrt unseren Blick darauf seit dem Anbeginn der Schöpfung. Gottes Plan sieht vor, dass alleinstehende Frauen sehr gut ohne Sex klarkommen können und verheiratete Frauen ihn genießen *dürfen – frei* und ungezwungen! Ohne Schuld- oder Schamgefühle. Deshalb habe ich meinem Unterbewusstsein anstelle des Spruchs „Brave Mädchen tun so etwas nicht!" ein neues Mantra eingepflanzt: *Gute (verheiratete) Mädchen haben supergerne Sex! Und zwar so oft wie möglich, so heiß wie möglich und mit vollem Genuss!*

Ein ähnlicher Mythos besagt: „Sex ist etwas, was Frauen nur ihren Ehemännern zuliebe tun. Ihnen selbst bringt das nicht viel Vergnügen." Deshalb fühlt es sich für viele Frauen an wie eine ihnen auferlegte Pflicht. Mir haben schon einige Frauen erzählt, wenn sie die Wahl hätten zwischen Sex und Fußböden schrubben, Kinder baden oder Wäsche zusammenlegen, dann würden sie ihre Hausarbeit dem Zusammensein mit den Ehemännern vorziehen.

Wenn es Ihnen auch so geht, möchte ich Ihnen etwas sagen: Frauen können ein immenses Vergnügen beim Sex haben! Es täte ihnen so gut. Zusätzlich zu der mentalen, emotionalen und geistlichen Gesundheit, die Frauen durch eheliches Beisammensein erleben, behaupte ich, dass Frauen beim Sex körperlich mindestens dieselben – vielleicht sogar noch *intensivere* – Lustgefühle haben wie Männer.

Obwohl Sigmund Freud Frauen des „Penisneids" bezichtigt hat, bin ich absolut nicht damit einverstanden, dass der männliche Körper besser für sexuelle Vergnügen ausgestattet sein sollte als der weibliche. Warum denn auch?

- Frauen können sogar mehrere sexuelle Höhepunkte hintereinander erleben (den sogenannten „multiplen Orgasmus"), bis sie eine vollständige Befriedigung erleben, während Männer sich nach einem Höhepunkt erst mal eine Weile ausruhen müssen, ehe sie eine neue Runde einläuten können (die sogenannte Refraktärzeit).[35]
- Frauen kennen *zwei verschiedene* Arten, einen Orgasmus zu erleben (klitoral und am G-Punkt), während Männer nur eine Möglichkeit haben.[36]
- Die Klitoris hat geschätzte achttausend Nervenenden, mehr als doppelt so viel wie der Penis.[37]

So sehr liebt Gott uns, meine Damen, und es ist ganz sicher sein Wunsch, dass wir Sex genauso genießen wie unsere Ehemänner. Vielleicht sogar doppelt so sehr, wer weiß? Deshalb glaube ich nicht an die Geschichte vom „Penisneid". Natalie Angier, die Autorin des Buchs *Women: An Intimate Geography*, teilt meine Meinung offensichtlich. Zum Thema Penisneid sagt sie: „Wer braucht denn eine Pistole, wenn sie über eine halb automatische Waffe verfügt?"[38]

Ich habe zu diesem Thema auch den Ehemännern noch etwas zu sagen. Der Grund, warum die meisten Frauen sich sexuell ausgenutzt fühlen (anstatt sich auf die lusterregenden Punkte ihres Körpers zu konzentrieren, über die wir bereits

> Zusätzlich zu der mentalen, emotionalen und geistlichen Gesundheit, die Frauen durch eheliches Beisammensein erleben, behaupte ich, dass Frauen beim Sex körperlich mindestens dieselben – vielleicht sogar noch *intensivere* – Lustgefühle haben wie Männer.

gesprochen haben), ist auch der, dass Männer das Thema Sex ziemlich egoistisch angehen. Sie suchen vor allem ihr eigenes Vergnügen, anstatt sich die Zeit zu nehmen, ihre Partnerinnen zu erforschen und ihnen Lustgefühle zu bereiten. In den vergangenen zwanzig Jahren haben mir viele Frauen gestanden, dass das Vorspiel für ihre Ehemänner darin besteht, dass sie schmollen und bitten: „Leg dich einfach für fünf Minuten auf den Rücken und lass mich die Sache erledigen. Das ist doch wohl nicht zu viel verlangt!" Das ist aber nicht besonders sexy. Das ist *überhaupt* nicht sexy. Keine Frau fühlt sich gerne wie ein sexueller Fußabtreter.

Nach jüdischer Tradition ist sexuelle Befriedigung sogar ein eheliches Recht der *Frau*. Wünscht man sich eine interessierte und motivierte Sexualpartnerin als Ehefrau, sollte man sich darum bemühen, dass *sie* die intime Begegnung ebenso genießen kann wie man selbst. Dann kann man das Schmollen oder Betteln aus dem Repertoire streichen.

36. HABEN KINDER EINEN NEGATIVEN EFFEKT AUF DIE UNGESTÖRTHEIT DES SEXUALLEBENS?

Eine kurze Szene hat im amerikanischen Fernsehen einen derartigen Wirbel verursacht, dass von den morgendlichen Nachrichten bis in die Late-Night-Talkshows ununterbrochen die Rede davon war, und ich vermute, dass sie in die Geschichte der Sitcoms eingehen wird. Es handelt sich dabei um die ABC-Serie *Modern Family*, die im Herbst 2011 ausgestrahlt wurde. Die Dunphy-Kinder – Teenager Haley und Alex sowie der vorpubertäre Luke – wollten ihre Eltern an ihrem Hochzeitstag mit einem Frühstückstablett am Bett überraschen. Als sie vorsichtig die Schlafzimmertür öffneten, war die große Überraschung aber nicht die liebevolle Geste der Kinder, sondern der wilde Liebesakt, den ihre Eltern gerade vollführten. Geschockt und entsetzt brachen die Kinder in ein ohrenbetäubendes Quieken aus, ließen das Frühstückstablett und all seine Köstlichkeiten mit Getöse zu Boden fallen und flüchteten in die Küche, um sich dort über der Spüle das Verstörte aus den Gesichtern zu waschen. Der junge Luke erklärte: „Keine Ahnung, was die da gemacht haben, aber irgendwie sah es aus, als würde Dad gewinnen."

Vom eigenen Nachwuchs mittendrin ertappt zu werden, ist der Albtraum aller Eltern. – Ich denke, es ist nicht falsch zu behaupten, dass es auch für die Kinder einer sein kann. Ein Mann hat mir erzählt, wie er als Fünfjähriger eines nachts ins Schlafzimmer seiner Eltern ging, weil ihm übel war. Aber seine Mutter und sein Vater waren so ineinander vertieft, miteinander zu schlafen, dass sie ihn erst gar nicht bemerkten. Als endlich doch, sprang der Vater aus dem Bett, packte seine Hose, die auf dem Fußboden lag, riss den Ledergürtel aus den Laschen und fing an, wie wild damit auf seinen Sohn einzuprügeln, um ihn für seinen „Voyeurismus" zu bestrafen.

Mit Tränen in den Augen erklärte dieser erwachsene Mann: „Ich wusste nicht einmal, was Voyeurismus ist ... oder was sie da unter ihren Decken gemacht haben ... und es war mir auch ganz egal. Ich brauchte in diesem Moment ihre Hilfe. Es war die traumatischste Erfahrung meines Lebens, mit einem Gürtel von einem wutentbrannten Vater geschlagen zu werden, ohne überhaupt zu verstehen, weshalb er so zornig war."

Noch verstörter war dieser Mann, als er in seinen Teenagerjahren begriff, was seine Eltern in dieser Nacht in ihrem Bett getan hatten, weil er automatisch und fälschlich annahm, dass Sex Schuld- und Schamgefühle erzeugt – und dass man das unbedingt geheim halten sollte, sogar wenn man deswegen wütend und gewalttätig werden müsste.

Welche schrecklichen Auswirkungen diese Botschaften auf seine eigene sexuelle Entwicklung hatten, kann man sich ungefähr ausmalen. Selbst gegenüber seiner dreißigjährigen Frau verspürte er negative, schambesetzte Gefühle in puncto seiner Sexualität. Und er konnte mit niemandem über dieses Thema reden – nicht mit seiner Ehefrau, nicht mit seinen Kindern, nicht mit seinem Pfarrer oder einem Freund. Glücklicherweise kam er zu einem Eheseminar, auf dem mein Mann und ich Vorträge hielten. Seine emotionalen Barrieren brachen während eines Gesprächs mit ihm und seiner Frau auf. Es war eine überwältigende Erfahrung, wenn einem Fünfzigjährigen endlich die seit fünfundvierzig Jahren verdrängten Tränen wegen eines schmerzhaften Kindheitserlebnisses kommen. Trotzdem war ich dankbar, dass Gott die *Wurzeln* seiner sexuellen Verunsicherung freigelegt hat und der Heilungsprozess in seinem Leben und in seiner Ehe beginnen konnte.

Seltsamerweise empfand ich nach diesem Gespräch eine große Dankbarkeit gegenüber meinen eigenen Eltern, denn sie haben ihr Sexleben oft genug erwähnt, um mich mit dem Verständnis aufwachsen zu lassen, dass körperliche Intimität etwas völlig Normales für verheiratete Paare ist.

Natürlich hat sich mir manchmal auch der Magen umgedreht, wenn ich gesehen habe, wie sie sich gestreichelt und miteinander geflirtet haben, aber im Rückblick war es eines der besten Dinge, die sie ihren Kindern mitgegeben haben – wir konnten sehen, dass die Ehe der Ort ist, an dem sexuelle Intimität frei gelebt werden darf.

Als ich in den 1990er-Jahren anfing, Vorträge über ein erfülltes Sexleben zu halten, sprach ich meistens vor jüngerem Publikum. Jedes Mal wenn ich die grundlegenden sexuellen Zusammenhänge erklärte, war mindestens ein Jugendlicher dabei, der widersprach: „Nie im Leben! *So etwas* tun meine Eltern nicht!"

Ich wollte wissen, warum sie sich nicht vorstellen konnten, dass ihre Eltern Sex hatten. Ihre Antwort sollte uns zu denken geben: „Meine Mutter und mein Vater küssen sich nicht einmal, sie halten nie Händchen oder gehen zusammen aus. Warum sollten sie dann miteinander schlafen?" Diese Argumentation war schwer zu widerlegen.

Wenn Teenager davon ausgehen, dass ihre Eltern keinen Sex haben, ist es dann nicht naheliegend, welche Einstellung sie später selber einmal haben werden? „Wenn ich jemals guten, heißen Sex haben will, dann lieber jetzt *gleich*, als Single, denn wenn ich später mal heirate, ist das *passé*." Schließlich haben sie alle diese Sitcoms und Filme gesehen, in denen die frigide Ehefrau sich ihren sexuell frustrierten Ehemann vom Leib hält. Aber nicht nur das Fernsehen vermittelt den Kindern dieses Bild vom ehelichen Sex (oder von seinem Nichtvorhandensein). Leider wird diese Botschaft in vielen Elternhäusern häufig bestätigt.

Natürlich kommt es vor, dass Kinder das Sexleben ihrer Eltern stören, zum Beispiel wenn ein Kleinkind Fieber hat und zwischen Mama und Papa schlafen will, wenn Sie nachts stundenlang aufbleiben müssen, um Ihr Schulkind bei seinem Projekt zu unterstützen oder wenn Ihr Teenager abends um 23 Uhr, wenn Sie sich gerade in die Arme Ihres Ehepartners kuscheln wollen, fordert: „Aber ihr müsst mich noch für meine Prüfung morgen abfragen!" (Wie mein eigener Spross in der Nacht, bevor ich diese Zeilen hier schrieb). Natürlich legt man dann das eigene Testosteron auf Eis, schlüpft aus der Satinbettwäsche und streift das Superelternkostüm über.

Aber die bloße Tatsache, dass man Kinder aufzieht, muss durchaus nicht das Ende leidenschaftlicher Liebesakte bedeuten, absolut nicht. Unsere Kinder sollten mit dem Verständnis aufwachsen, dass die Ehe die Beziehung ist, in der Sex sich toll anfühlt und genossen werden darf.

Unsere Kinder sollten mit dem Verständnis aufwachsen, dass die Ehe die Beziehung ist, in der Sex sich toll anfühlt und genossen werden darf.

Generationen vorher hatte das Ganze schon einmal eine andere Realität. Meine Großeltern zum Beispiel sind in winzigen Häusern aufgewachsen, in denen das Ehebett der Eltern oft im einzigen Zimmer stand und nur durch einen Vorhang vom Rest der Familie getrennt war. Das Fehlen schalldämmender Wände oder verschließbarer Türen führte dazu, dass die Kinder darüber Bescheid wussten, dass die Eltern so ziemlich dasselbe miteinander taten, wie sie es täglich bei den Tieren auf dem Hof beobachten konnten. Es gab keine Geheimnisse und keine Scham, der Schock blieb aus. So war es eben damals. Das harte Leben mit all seinen Einschränkungen hatte doch einen schönen Nebeneffekt – der Stab der gesunden Sexualität in der Ehe wurde von einer Generation zur nächsten weitergegeben.

Diese Selbstverständlichkeit haben wir in unserer heutigen Gesellschaft verloren, denn wir geben unsere elterliche Pflicht zur Sexualerziehung nur zu gerne an Freunde, Internetpornos, öffentliche Bildungssysteme, billige Fernsehshows und halbseidene Prominente ab, die sicherlich *nicht* unsere christlichen Werte vermitteln, wenn es um Sexualität geht. Verstehen Sie mich nicht falsch. Ich plädiere nicht dafür, dass Sie Ihre Wände im Hause einreißen, Ihre Schlafzimmertür durch einen Vorhang ersetzen oder Sex in Ihrem Haus als öffentliches Ereignis inszenieren sollen. Ich stelle nur fest, dass Ihr eheliches Sexleben nicht zwangsläufig darunter leiden muss, dass Ihre Kinder unter demselben Dach wohnen. Es ist vollkommen in Ordnung, wenn Eltern mehrmals in der Woche eine Auszeit nehmen und diese in Ihrem Schlafzimmer verbringen. Die Kinder dürfen ruhig darüber Bescheid wissen, dass Sie hinter der verschlossenen Tür miteinander schlafen. Und Sie können sich darauf freuen, dass das in ihrem Eheleben später auch so sein wird.

Als unsere Kinder noch klein waren, hörte ich bei einem Vortrag einmal eine ähnliche Botschaft. Sobald sie das entsprechende Alter erreicht hatten (d. h. mit drei oder vier Jahren), erklärten wir ihnen: „Du weißt doch, wie das ist, wenn du Mami mal nur für dich haben willst? Oder dass du manchmal gerne mit Papi alleine bist? Manchmal wollen Mamis und Papis auch mal alleine sein, ohne Kinder. Wir gehen dann in unser Schlafzimmer und wollen nicht gestört werden und du hörst inzwischen eine Hörkassette, siehst einen Film oder liest ein Buch. Komm nur zu uns, wenn es um Blut oder Erbrochenes geht, okay?"

Unsere Kinder sind mit dem Verständnis aufgewachsen, unsere Zweisamkeit zu achten. Als sie alt genug waren zu erfahren, woher die Babys kommen, haben wir ihnen erklärt, was Eltern hinter der verschlossenen Tür miteinander tun. Und sie fanden das überhaupt nicht schlimm. Bei uns zu Hause gab es wegen sexuellen Dingen keine Schamgefühle und so sollte es auch sein. Wir wussten von

Anfang an, dass unsere kleinen süßen Babys, die wir aus dem Krankenhaus nach Hause gebracht hatten, von der Wiege bis zum Grab selber sexuelle Wesen sein würden, so wie wir alle. Deshalb brauchten wir diese offensichtlichen Wahrheiten nie zu verstecken. Wir haben über alle möglichen sexuellen Themen gesprochen, je nach Entwicklungsstand unserer Kinder. Wir wollen, dass sie gut mit ihrer eigenen Sexualität umgehen können. Das ist nämlich zu wichtig, als dass man es einfach ignorieren könnte, nur weil Eltern sich nicht trauen, darüber zu sprechen.

Was mich daran erinnert, wie mein Sohn, der damals schon ein Oberstufenschüler war, einmal an unsere Schlafzimmertür klopfte. Wir antworteten wie immer: „Wir sind gleich fertig!" Als ich schließlich herauskam und in meinem Auto etwas holen ging, lief er mit einem breiten Grinsen hinter mir her. Ich fragte: „Was ist, Matthew?"

„Ich weiß genau, was ihr eben da drin gemacht habt", grinste er.

Ich beschloss mitzuspielen und sagte: „Ach, wirklich? Und freust du dich schon darauf, wenn *du* mal eine Frau hast?" (Ja, ich glaube, ich habe ihn wirklich ein bisschen geschockt, als ich nicht versuchte, seinen Verdacht abzuwiegeln.)

„Ja, allerdings", meinte er ohne Reue. Aber dann verwandelte sich sein enthusiastischer Blick in Ekel, als er hinzufügte: „Aber das hat hoffentlich noch lange Zeit!"

Ich hätte mir keine angemessenere Antwort wünschen können.

Nachdenkenswert
- Was haben Sie von Ihren Eltern über sexuelle Gesundheit gelernt? Hat Ihnen das geholfen?
- Was würden Sie bei der Sexualerziehung Ihrer Kinder gerne anders machen?
- Schreiben Sie drei sexuelle Werte auf, die Sie als Eltern Ihren Kindern gerne vermitteln wollen und schätzen Sie ungefähr ein, wann sie das richtige Alter dafür haben werden.

Frei und unbeschwert

37. IST DIE „MISSIONARSSTELLUNG" DIE EINZIG „GEHEILIGTE" ART MITEINANDER ZU SCHLAFEN?

Als ich ein Kind war, kaufte meine Mutter freitagnachmittags im Lebensmittelladen immer ungefähr dieselben Sachen ein, unter anderem eine Packung Vanilleeis in einer rechteckigen, blauen Schachtel. Über Jahre gab es bei uns zu Hause als Nachtisch immer ein Schälchen Vanilleeis und eine Handvoll Kekse dazu.

Eines Tages kamen mein Onkel Tommy und meine Tante Brenda aus Greenville in Texas zu Besuch und nahmen uns mit in einen Laden, in dem ich nie zuvor gewesen war – in eine Eisdiele. Ich wunderte mich, dass wir ausgingen, um Eis zu essen, hatten wir doch schließlich im Tiefkühlfach welches. Aber ich ließ mich darauf ein. Ich klemmte mir meine Puppe und meine selbst gehäkelte Geldbörse unter den Arm und sah es als Abenteuer.

Meine Überraschung war riesengroß, als ich hineinging und zum ersten Mal sah, dass es dort ganze Eimer verschiedener Eissorten gab. Natürlich auch Vanilleeis, aber sie hatten Vanilleeis mit bereits eingearbeiteten Cookies, Vanilleeis mit Karamellfäden und Schokoladenbonbons und Vanilleeis mit Gummibärchen. Und es gab Dutzende anderer Geschmäcker, von Marshmallows bis zu Malzmilch, von Kokos zu verschiedenen Schokoladenriegeln, von Pistazie zu Nusspralinen. Ich erinnere mich sogar an ein Regenbogensorbet, alle Farben in einer Box. Ich war wie erschlagen von der Auswahl und probierte schließlich ein selbst gemachtes Pfirsicheis. Es war absolut himmlisch. Und ich wusste –

all die anderen Eissorten warteten nur darauf, von mir gekostet zu werden.

Abwechslung *würzt* das Leben. Abwechslung lässt unsere Augen leuchten und verleiht unserem Gang Beschwingtheit, die uns vor dem routinierten Alltagstrott bewahrt. Warum aber bloß findet so häufig Routine auch in unserem Bett statt – immer wieder die exakt selbe Stellung, derselbe Ablauf, als ob Vanille-Sex alles wäre, was es gibt … Vielleicht hat es unter Umständen auch damit zu tun, dass etliche Christen einem Mythos aufgesessen sind und meinen, die „Missionarsstellung" sei die „einzige" heilige Art, miteinander zu schlafen.

Der Begriff „Missionarsstellung" soll auf den amerikanischen Sexualforscher Dr. Alfred Kinsey zurückgehen, der in den 1940er-Jahren an seinen Büchern *Das sexuelle Verhalten des Mannes bzw. Das sexuelle Verhalten der Frau* arbeitete. Kinsey hatte die Theorie, dass angeblich christliche Missionare dafür verantwortlich waren, dass sie den Menschen beigebracht hatten, dass die Stellung „von Angesicht zu Angesicht, der Mann oben, die Frau unten" der einzig „wahre" Weg wäre, miteinander zu schlafen. Nur ist es nie tatsächlich bewiesen worden, ob Kinseys Theorie auch tatsächlich stimmt.[39] Unabhängig davon, wie dieser Glaube entstanden ist, hat sich die „Heiligsprechung" der Missionarsstellung zu einem Phänomen entwickelt. Sie zählt zu den großen Sexmythen und steht damit in gleicher Reihe mit Annahmen wie „wenn du dich ‚da unten' anfasst, wachsen dir Haare auf den Handflächen, wirst du blind oder ein Bleistiftverkäufer."

Aber welche Bedeutung hat die Missionarsstellung in der Ehe nun wirklich? Ich glaube, gar keine besondere:

- In der Bibel steht nirgends, dass Gott eine Präferenz hat, wie Mann und Frau miteinander Geschlechtsverkehr haben. Im Hohelied Salomos findet man sogar einige Andeutungen, die darauf schließen lassen, dass Gott für das Ehebett eine Vielzahl von Stellungen vorgesehen hat.

- Die Verfechter der Missionarsstellung behaupten vor allem deswegen, dass sie zu praktizieren sei, weil sie die einzige Stellung sei, bei dem sich das Paar einander tief und innig in die Augen blickt. Das stimmt aber nicht. Wenn die Frau oben ist, sieht sie ihren Mann genauso an und wenn ein Paar seitlich in einer „Scherenposition" liegt (die Beine so ineinander verschränkt, dass eine Penetration möglich ist), wenden sie sich ebenfalls einander zu.

- Manche bestehen darauf, dass wir Menschen ja die einzigen Lebewesen seien, die Gott so geschaffen hat, dass sie mit einander zugewandten Gesichtern Sex haben können, und dass es genau deshalb auch so sein müsse. Es tut mir zwar leid, die evolutionären Luftblasen anderer Leute platzen zu lassen, aber auch Gürteltiere haben auf diese Art Sex, ebenso Buckelwale und Delphine. Und Bonobo-Affen machen es ebenfalls oft so. Die Vorstellung, dass der Mensch sich auf diese Art auszeichnet, ist zwar eine reizende Vorstellung, allerdings sind die Begründungen nicht stichhaltig.

Stichhaltig ist hingegen das Argument, dass Mann und Frau frei wählen dürfen, welche Sexstellung für beide Partner als angenehm und lustbringend erlebt wird. Mir ist es gleich, wer oben und wer unten ist oder welches Körperteil ein anderes wo berührt. Alles ist heilig. Es ist alles Gottes Schöpfung. Und es ist auch von ihm und seiner guten Schöpfung inspiriert, wenn Ehemann und Ehefrau gegenseitig ihre Körper genießen. Und wenn Sie die Missionarsstellung für sich ganz besonders gerne *mögen* und sie am liebsten in jedem Liebesakt auskosten, dann tun Sie das ruhig! Die Entscheidung, in welcher Stellung sie miteinander intim werden wollen, liegt ganz im Ermessen eines jeden Paares. Ich sage hier nicht, dass Sie zwangsläufig anfangen müssen mit verschiedenen Stellungen zu experimentieren; ich sage lediglich, dass Ihnen alles offensteht.

Bevor Sie also der Lüge aufsitzen, dass es nur *eine* mögliche Art gibt, Sex zu haben und dass alles andere Sünde sei, denken Sie daran, dass im Ehebett Freiheit herrschen sollte – und zwar die *Freiheit*, einander zu genießen, bis Ihre Herzen und Körper vollständige Befriedigung gefunden haben. Wir brauchen nicht zu befürchten, dass Gott, der uns unseren Sexualtrieb und die Lust an der Abwechslung gegeben hat, uns deswegen verurteilt.

Ich glaube persönlich übrigens, dass Gott eine ganz andere Wahrnehmung vom Umgang mit Sex hat als wir es haben. Stellen Sie sich einmal vor, dass ein sagenhaft reicher König jedem seiner Kinder, als sie erwachsen sind, ein Haus gibt, in dem sie leben können. Nicht irgendein Haus, sondern Wohnungen, die speziell auf die Bedürfnisse und Geschmäcker der Kinder zugeschnitten wurden. Er hat für seine Tochter ein wunderschönes englisches Landhaus gebaut, mit Engelstrompeten, Lavendel und allen möglichen Arten von Pflanzen und Büschen bewachsen und mit einem gepflasterten Weg, der durch einen fruchtbaren Obstgarten führt. Für seinen Sohn hat er eine Blockhütte am Fuß eines Bergs gebaut mit einer großen Terrasse, von der aus man über einen unberührten Fischteich blickt. Sowohl sein Sohn als auch seine Tochter genießen ihr Leben in diesen unnachahmlichen Umgebungen.

Aber eines Tages begegnet der König seinem Sohn und seiner Tochter völlig unerwartet in den Straßen der Stadt, in Lumpen gekleidet und neben großen Pappkartons hockend. Verstört fragt der König:

„Warum sitzt ihr hier wie zwei Obdachlose? Warum wohnt ihr nicht in den Häusern, die ich für euch gebaut habe?"

Der Sohn und die Tochter antworten: „Nun, diese Häuser waren in der Tat erstaunlich, aber wir hatten Angst, dass du uns vielleicht nicht mehr lieb haben würdest, wenn sie uns zu gut gefallen."

Können Sie sich den Schock dieses Königs vorstellen? Sein ungläubiges Staunen? Warum um alles in der Welt sollten diese erwachsenen Kinder denken, dass es ihrem Vater nicht gefallen könnte, wenn sie etwas genießen, das er extra zu ihrem Vergnügen geschaffen hat? Warum sollten sie freiwillig ihr Leben in einer Pappschachtel zubringen, wenn in ihren eigenen außergewöhnlichen Häusern so viele Freuden auf sie warten?

Bestimmt können Sie die Verbindung zwischen diesem Bild und unseren Körpern, die sexuelles Empfinden in sich tragen und die Gott uns so gegeben hat, herstellen. Er hat sich so viel Mühe gemacht, uns so zu erschaffen, dass wir wunderbar schöne körperliche Gefühle empfinden dürfen, unser ganzes Leben lang. Warum sollten wir dieses Geschenk zurückweisen? Anstatt uns vor Gottes Urteil zu fürchten, unsere Körper und den Sex *zu sehr* zu genießen, sollten wir eher an seine Enttäuschung denken, falls wir das *nicht* tun.

> Anstatt uns vor Gottes Urteil zu fürchten, unsere Körper und den Sex zu sehr zu genießen, sollten wir eher an seine Enttäuschung denken, falls wir das nicht tun.

38. WAS IST MIT ORAL- UND ANALSEX?

In der Highschool saß ich einmal während einer Sportveranstaltung mit einigen älteren Mädchen auf der Zuschauertribüne und wie so oft kam das Thema auf Sex. Ein Mädchen sprach explizit über Oralsex, wobei ich mich aber nicht mehr genau an den Zusammenhang erinnere. Ich weiß nur noch wie das Gesicht eines anderen Mädchens einen perplexen Ausdruck annahm und wir konnten fast den Rauch riechen, der aus ihren Ohren quoll, so sehr arbeitete es in ihr. Jemand fragte: „Amy, ist was?"

„Was ist Oralsex eigentlich genau?", fragte Amy, woraufhin jemand ihr erklärte, dass dabei die Genitalien des einen Partners mit dem Mund des anderen Partners stimuliert werden. Amys Unterkiefer fiel ihr herunter und sie sah ziemlich angeekelt aus. Wir amüsierten uns alle über sie, bis sie schließlich ihre Sprache wiederfand und herausplatzte: „Oh, du meine Güte! Ich dachte immer, Oralsex würde bedeuten, einfach sexy miteinander zu reden." Nun ja, das trifft es eben nicht ganz!

Einige Jahre später war ich als Beraterin und im Rahmen einer Gemeindeveranstaltung mit Jugendlichen auf einem Wochenende, an dem wir über den Umgang mit Sexualität gesprochen haben, in der Hoffnung, sie noch dafür begeistern zu können, bis zu ihrer Hochzeit sexuell abstinent zu bleiben. Natürlich kam die Frage nach Oralsex auf. Dieses Mal stellte sie ein junger Mann. Als ich den mechanischen Vorgang erklärte, sah ein sechzehnjähriges Mädchen seine Mutter an (die als Anstandsdame dabei war) und fragte laut vor allen: „Du und Dad, ihr macht das aber nicht, oder?" (Ja, ich machte mir in dem Augenblick eine dicke, fette Notiz: *Stell das nächste Mal eine Regel auf, dass Teenager Erwachsenen keine intimen Fragen zu ihrem eigenen Sexleben stellen dürfen, jedenfalls nicht in einer öffentlichen Veranstaltung!*) Die Mutter jedenfalls war ehrlich und antwortete: „Nun, meine Süße, auch bei uns herrscht im Ehebett eine gewisse Freiheit!" Das Gesicht ihrer Tochter nahm eine grünliche Farbe an und sie rannte hinaus auf die Toilette, um ihre Kekse auszuspucken. Fünfzehn Jahre später ist die Tochter selbst verheiratet und bekommt hysterische Lachanfälle, wenn sie an ihre Reaktion von damals zurückdenkt.

Erinnern Sie sich noch daran, wann Sie zum ersten Mal von Oralsex gehört haben? Wie haben Sie reagiert? Waren Sie angeekelt oder neugierig? Und wie ist es jetzt, wo Sie verheiratet sind? Falls Sie ihn praktizieren, fühlen Sie sich wohl dabei oder nicht? Die häufigsten Fragen, die mir zu Oralsex gestellt werden, sind folgende:

Ist das eine Form von Sex, die ich auch außerhalb der Ehe praktizieren darf?

Ist diese Art von Sex nicht sündhaft?

Meine persönliche Meinung dazu lautet, dass Oralsex *keineswegs* außerhalb der Ehe stattfinden darf. Schließlich heißt es nicht ohne Grund *Sex,* nur dass er halt oral, an einer anderen Stelle, stattfindet. Außerdem ist es eine viel zu persönliche und intime Sexualpraktik, als dass zwei Personen, die *nicht* miteinander verheiratet sind, das miteinander tun sollten. Zudem nimmt dabei die Versuchung zu, die Handlungen weiter in Richtung Verkehr zu treiben. Aber schaffen es alle Christen, bei ihrer Hochzeit vor den Altar zu treten, ohne diese Art des Vorspiels kennengelernt zu haben? Wahrscheinlich nicht. Trotzdem denke ich, dass es klug und richtig ist, sich diesen intimen Akt aufzusparen, bis ein Paar einander die Treue geschworen hat. Denn dann können Sie diese Sexpraktik in einem ganz anderen Licht betrachten.

Einige Paare mögen aus den unterschiedlichsten Gründen Oralsex nicht. Selbstverständlich respektiere ich das. Schließlich sollen Sie sich im Ehebett frei fühlen und dort nur das tun, womit Sie beide sich wohlfühlen (sofern es nicht in der Bibel explizit verboten wird). Niemand sollte das Gefühl haben, dass er in sexueller Hinsicht zu irgendetwas gezwungen wird, was ihm unangenehm ist. Ich würde einem Paar nie Vorhaltungen machen, wenn es eine bestimmte sexuelle Handlung lieber ausklammert. Wenn beide einer Meinung sind, nimmt niemand Schaden.

Aber was ist, wenn der eine Partner sich Oralsex wünscht und der andere nicht? Was dann? Wie wir bereits an anderer Stelle besprochen haben, sollte derjenige, der eine sexuelle Fantasie hat, sich nach Möglichkeit dem unterordnen, der eine Abneigung verspürt, sonst geraten Vertrauen und echte Intimität in Gefahr. Aber ich denke auch, dass wir manchmal den Mut zu einem Experiment haben sollten, wenn es um etwas geht, das unserem Partner so viel Lust bereiten kann.

Schließlich sind wir die Einzigen, die von Gott die Möglichkeit erhalten haben, unseren Partnern sexuelles Vergnügen zu bereiten. Vielleicht führt uns dieser Gedanke dazu, uns damit wohlzufühlen und es mal auszuprobieren, sie in einem gesunden und miteinander abgesprochenen Rahmen auf neue Weise sexuell zu befriedigen.

Mein Vorschlag ist an der Stelle: Diskutieren Sie einmal miteinander die Gründe, warum Sie Ihre jeweilige Position eingenommen haben, gewährend wie ablehnend. Diejenigen, die Bedenken äußern, haben vielleicht ganz irrationale Gründe dafür. Beispielsweise haben einige Klienten in meiner Beratung das Praktizieren von Oralsex mit ihrem Partner abgelehnt, weil ...

- sie befürchten, dass es Gott nicht gefallen könnte.
- sie es für „unnatürlich" halten.
- sie es eine „schmutzige Art" von Sex finden.

Lassen Sie uns diese Bedenken etwas genauer ansehen. Sollten wir wirklich Angst haben, dass es Gott missfallen könnte, wenn wir innerhalb unserer Ehe Oralsex praktizieren? Ich denke, wir können der Bibel in dieser Sache vertrauen. Wenn Gott ein Problem damit hätte, hätte er das sicher in seinem großen Handbuch aufgeführt. Obwohl die Bibel den Begriff Oralsex nicht gebraucht, wird im Hohelied (2,3 – 4; 4,16; 5,16) ziemlich bildlich darauf angespielt:

„Wie ein Apfelbaum unter den Bäumen des Waldes, so ist mein Liebster unter allen andren Männern! In seinem Schatten möchte ich ausruhn und seine Früchte genießen. Ins Weinhaus hat er mich geführt, dort zeigt er mir, dass er mich liebt ... "

„Kommt, Nordwind und Südwind, durchweht meinen Garten, tragt seine Düfte hinaus! Komm, mein Liebster, in deinen Garten, und genieße die köstlichen Früchte!"

„Seine Küsse sind zärtlich, alles an ihm ist wunderschön. "

Falls Sie das Bild nicht direkt bemerkt haben: „In seinem Schatten sitzen" bedeutet, dass er über ihr steht und sie „seine Früchte" genießt. Theologen glauben, dass der Begriff *Früchte* eine poetische Anspielung auf die Genitalien ist. Deshalb klingt das für mich sehr nach Oralsex. Außerdem ist in der Passage die Rede davon, dass ihr Liebhaber „ihren Garten durchweht" und „die köstlichen Früchte genießt", ebenfalls ein Hinweis auf oralen Kontakt mit den

Genitalien, da der Begriff *Garten* sich auf die weiblichen Geschlechtsteile bezieht.

Das Hohelied ist ein Buch, das vieles *be*schreibt und nicht *vor*schreibt. Der Verfasser sagt nicht, dass alle Ehepaare das nachmachen müssen. Er weist lediglich darauf hin, dass diese Handlungen freigegeben sind, wenn die Leidenschaft und das Verlangen danach vorhanden sind. Es ist okay, wenn Sie dieses Verlangen nicht verspüren. Ich denke, es wäre ehrlicher und gottgefälliger zu sagen: „Ich persönlich halte nichts von Oralsex", als zu behaupten „Gott ist sicher gegen Oralverkehr", was beinahe einer Gotteslästerung gleichkommt.

Das nächste Argument, das Leute häufig dagegen anführen, oralen Sex zu praktizieren, ist, dass es nicht „natürlich" sei. Wie hat Gott sich den Verkehr zwischen einem verheirateten Paar denn gedacht?

Zugegeben, es braucht ein gewisses Maß an Feuchtigkeit, damit der Akt angenehm und lustvoll ist. Nur gibt es zyklusbedingte Zeiten oder eben die Wechseljahre im Leben einer Frau, in denen ihr Brunnen natürlich bedingt ein wenig austrocknet. Was hat Gott sich überlegt, das zu kompensieren? Gleitmittel wurden erst 1904 erfunden, und eins der heutzutage hilfreichsten Gleitmittel war erst seit Anfang der 1980er-Jahre im Handel erhältlich. Wie haben Paare dieses Problem in früheren Jahrhunderten gelöst? Ich glaube, Gott hat das wirkungsvollste Gleitmittel geschaffen, das es je gab – den Speichel. In der Mundhöhle fungiert er auch als ein Gleitmittel. Und bei Bedarf anders eingesetzt, ist er wesentlich besser als alles, was man kaufen kann. Es ist ein Gleitmittel, was keinerlei chemische Inhaltsstoffe besitzt, die schleimhautreizend oder allergen wirken können. Insofern ist er auch hilfreich, wenn wir Sex haben. Er wird nie schmierig oder klebrig. Weder verändert er den ph-Wert der Vagina noch fördert er das Wachstum von Hefepilzen. Er erzeugt genau die richtige Feuchtigkeit, die Sex angenehm macht. Und man kann nie vergessen, ihn einzupacken, wenn es auf Reisen geht. Praktisch ist er zur Stelle und liegt fast immer „auf der Zunge".

Diejenigen, die sich dabei wohlfühlen, können mit Oralsex ein immenses Vergnügen erleben, sowohl Männer als auch Frauen. Er ist nicht ohne Grund eine der beliebtesten Vorspielaktivitäten und erhöht die sexuelle Lust wie nichts anderes. Ehemänner wie -frauen, die Oralsex praktizieren und genießen, werden Ihnen versichern können, dass er mit einem sehr hohem Lustgewinn einhergeht.

Manchmal heißt es auch, diese Art von Sex sei irgendwie „schmutzig". Natürlich ist es sogar weit mehr als nur „schmutzig", wenn jemand als Kind sexuell missbraucht wurde und Oralsex dabei eine Rolle gespielt hat. In einem solchen gewalttätigen oder manipulierenden Kontext ist es abscheulich. Aber in der Ehe gilt das nicht. Ihr Ehepartner ist auch Ihr Sexualpartner, er missbraucht Sie nicht.

Sollten Sie diese oder andere negative Assoziationen, die häufig mit Übelkeit, Würgereflexen oder anderen psychosomatischen Symptomen einhergehen, mit Oralsex verbinden, (einfach so, ohne dass ein Missbrauch bei Ihnen vorliegt, bzw. wenn, dann erst recht) kann es vielleicht hilfreich sein, wenn Sie einmal mit einem Therapeuten darüber reden, um diese zu überwinden. Falls es also Ihr persönlicher und eigener Wunsch sein sollte, Oralsex einmal auszuprobieren und ihn als schön zu empfinden, gibt es verschiedene Übungen, mit denen man sich diese negativen Reaktionen abgewöhnen kann.

Obwohl jeder natürlich dazu seine eigene Meinung hat, ist die Annahme, dass Genitalien von Gott nicht dazu geschaffen wurden, mit dem Mund stimuliert zu werden, in gesundheitlicher Hinsicht von den meisten Ärzten widerlegt worden. Selbstverständlich müssen Penis und Vagina gründlich gereinigt werden, damit ein Ehepartner Oralsex als schön und angenehm erlebt. Das brauchen wir nicht zu diskutieren. Niemand möchte mit seinem Mund etwas berühren, was vorher nicht ordentlich gewaschen wurde. Und wir gehen auch davon aus, dass es keine sexuell übertragbare Krankheit gibt, so wie Herpes, die von den Genitalien in den Mund übertragen werden kann und umgekehrt. Aber wenn wir Krankheiten und mangelnde Hygiene ausschließen, gibt es keinen Grund, Ihren Partner nicht oral zu befriedigen, wenn er es wünscht. Medizinisch betrachtet ist es ebenso „keimübertragend", jemanden leidenschaftlich zu küssen, und trotzdem lässt die Mehrzahl von uns sich von der Anwesenheit dieser Keime nicht davon abhalten, unsere Ehepartner so oft zu küssen, wie wir das wollen.

Was Analsex betrifft, glaube ich hingegen schon, dass medizinische Gründe dagegen sprechen. In Bezug auf diese Sexualpraktik habe ich wesentlich mehr Bedenken, wenn auch eher aus gesundheitlichen Gründen als aus geistlichen. Die Bibel verbietet Analsex tatsächlich nur, wenn er zwischen Männern stattfindet. Die beiden Autorinnen Linda Dillow und Lorraine Pintus schreiben darüber in ihrem Buch:

„Im Alten Testament bezieht sich Sodomie auf Männer, die miteinander schlafen. Das Wort bedeutet ‚unnatürlicher Geschlechtsverkehr, insbesondere eines Mannes mit einem anderen oder eines Menschen mit einem Tier'. Unglücklicherweise haben manche christlichen Bibelausleger Sodomie mit Analsex gleichgesetzt. In der Bibel sind mit Sodomiten lediglich männliche Homosexuelle gemeint oder Tempelprostituierte (sowohl männlich als auch weiblich). Im heutigen Sprachgebrauch wird der Begriff ‚Sodomie' noch manchmal gebraucht, um den Analverkehr zwischen Mann und Frau zu beschreiben. Das ist in der Bibel aber damit nicht gemeint."[40]

Deshalb können wir nicht sagen: „Einvernehmlich stattfindender analer Geschlechtsverkehr zwischen Mann und Frau in einer Ehe ist eine Sünde – so spricht der Herr!" Es tut mir leid, aber das hat Gott nicht gesagt. Er hat uns allerdings einen gesunden Menschenverstand gegeben und der sagt uns, dass etwas, nur weil es nicht ausdrücklich in der Bibel verboten wird, nicht bedeutet, dass es eine perfekte und gesunde Lösung ist. Ich persönlich sehe Analsex mit ziemlich gesundheitsschädlichen Auswirkungen verbunden, und manche Experten stimmen mir zu. Sexualtherapeut Dr. Doug Rosenau macht folgende Bemerkung dazu:

„Das vaginale Gewebe mit seiner Feuchtigkeit und seinen Muskeln ist für Geburt und Verkehr vorgesehen, der Anus hingegen nicht. Der Anus soll Abfall ausscheiden, keine kraftvollen Stöße aushalten. Mit Hämorrhoiden und der Verletzlichkeit des rektalen Gewebes ist es besser, dieses Organ nicht ins Liebesspiel einzubeziehen. Auch die Vielzahl der Bakterien im Anus können das bakterielle Gleichgewicht in der Vagina stören und Infektionen hervorrufen.“ [41]

Wegen dieser medizinischen Einwände ermutigt Dr. Rosenau Männer, „ihre Vorstellungen über analen Sex zu vergessen, die möglicherweise ein ansonsten gutes Sexleben ruinieren“. – Ich stimme ihm zu.

Der Anus ist eine Einbahnstraße – für Dinge, die heraus-, aber nicht hereinkommen sollen. Nichtsdestotrotz ist der Damm ein sexuell so empfindsamer Bereich, dass Frauen das orale oder manuelle Vorspiel rund um die Öffnung des Anus ganz besonders genießen. Solange angemessene Hygienevorschriften eingehalten werden, ist es okay, wenn ihr Ehemann um diese Hintertür herumstreicht. Es sollte allerdings nichts in diesen verletzlichen Bereich eindringen. Dasselbe gilt auch für die Männer. Stimulation im Außenbereich des Anus ist in Ordnung, wenn die Ehefrau mitmacht, aber innere anale Stimulation ist etwas, wovon ich aus gesundheitlichen Gründen deutlich abrate.

39. KOMMT SEXSPIELZEUG MIT INS BETT?

Bei all den schönen Worten über die Freiheit, im Ehebett alle möglichen Arten sexueller Lust zu erleben, wären unsere Ausführungen nicht vollständig, wenn wir nicht zugeben würden, dass das Wort *Orgasmus* leichter ausgesprochen ist, als er sich einstellt. Es gibt Paare, die immer wieder versucht haben, einander so lange Lust zu bereiten, bis sie zum Höhepunkt kommen, aber all ihre Bemühungen haben nicht zum Ziel geführt. Trotzdem sollten sie nicht aufgeben, denn manchmal braucht ein Paar dazu etwas Hilfe. Es gibt diverse Sexspielzeuge, die nicht nur ein ganz neues Interesse erzeugen und erregen, sondern auch zum Höhepunkt führen können, wenn Sie bereit sind, Ihre Vorurteile aufzugeben und einen Versuch zu wagen.

Da eine Frau mehrere Minuten klitorale oder vaginale Stimulation benötigt, um zum Orgasmus zu kommen (zwanzig bis vierzig Minuten sind nicht ungewöhnlich), kann sie ein wenig Unterstützung von einem (batteriebetriebenen) „Freund" gebrauchen. Manchen Ehemänner machen sexuelle Langstreckenläufe nichts aus. Sie verfügen über kräftige Finger, Zungen und Peniserektionen, mit denen sie die Herausforderung der weiblichen Penetration meistern. Andere finden es vielleicht ein wenig ermüdend oder anstrengend, wenn ihnen eine solche Ausdauer allzu häufig abverlangt wird. Aber mithilfe eines Vibrators kann es für beide Ehepartner wieder eine Win-win-Situation geben.

Vielleicht schreit in diesem Augenblick alles in Ihnen auf: „Ich kann nicht glauben, dass sie jetzt von diesem Zeug anfängt!" Wenn die Idee, einen Vibrator oder andere Sexspielzeuge zu besitzen, Sie in Empörung versetzt, dann lassen Sie es sein. Ich wiederhole: Lassen Sie es einfach! Ich empfehle sie nicht allen Paaren, sondern lediglich denen, die diese Dinge als genau das empfinden, was sie brauchen, um ihre Sexleben ein wenig in Schwung zu bringen oder ihre körperlich bedingten Hürden zu überwinden. Dass man eine gewisse innere Blockade abbauen muss, um stolzer Besitzer eines Sexspielzeugs zu werden, gebe ich zu. Deshalb widmen wir uns erst einmal dem, was Ihnen jetzt vermutlich gerade durch den Kopf geht:

- *Bestimmt findet Gott Sexspielzeuge im Ehebett überhaupt nicht gut!*
  Tatsächlich gibt es keine einzige Stelle in der Bibel, in der es heißt: „Du sollst keinen batteriebetriebenen Orgasmus haben." Wenn etwas so Einfaches wie ein Sexspielzeug ein Paar häufiger ins Ehebett bringt, kann ich mir gut vorstellen, dass Gott es mit einem Lächeln ansieht.

- *Ich will meinen Ehemann doch durch einen Vibrator nicht entmutigen.*

Haben Sie Ihren Ehemann denn schon einmal gefragt, bevor Sie den Schluss ziehen, dass er sich von einem Vibrator verdrängt fühlt? In meinen Beratungsgesprächen mit verheirateten Paaren sind Sexspielzeuge häufig willkommen, weil sie den Spielraum erweitern und dem Mann seine Ängste nehmen. Von welchen Ängsten ich hier rede? Zum Beispiel vor der Sorge, dass seine Frau ihn für egoistisch hält, weil sie nur zehn Minuten Zeit haben und er gerne Sex hätte, sie aber mindestens zwanzig Minuten braucht, bis sie ausreichend erregt ist, um zum Orgasmus zu kommen … was soll der arme Kerl tun? Seine Lust unterdrücken? Das Risiko eingehen, dass er ihre Bedürfnisse durch ein einseitiges Vergnügen übergeht?

Ehrlich, manche Männer reagieren sehr positiv auf die Idee, einen Vibrator einzusetzen, um den Vorgang zu beschleunigen oder ihre Erregung zu verstärken, falls das nötig sein sollte. Vibratoren können Frauen genauso schnell zum Ziel führen, wenn nicht noch schneller, als ein Mann braucht, um zu ejakulieren. Wenn er auf die Unterstützung eines Vibrators zurückgreifen kann, wenn nötig oder erwünscht, fühlt er sich freier, Sex häufiger zu initiieren und kann darauf vertrauen, dass er seiner Frau genauso viel Lust bereitet wie er selbst erwartet. Außerdem ist es für einen Mann wesentlich angenehmer Sex mit einer Frau zu haben, die Spaß bei der Sache hat. Wenn ein Vibrator alles ist, was sie braucht, damit Sex von einer ehelichen Pflichtveranstaltung zu einer umwerfenden Erfahrung für Sie beide wird, ist es das dann nicht wert?

- *Ich will mich nicht an die starken Reize eines Vibrators gewöhnen, weil ich das vielleicht irgendwann der Intimität mit meinem Ehemann vorziehe.*

Dieser Einwand ist ehrenhaft und ich finde es großartig, wenn Sie deshalb darauf verzichten! Es kann gut sein, dass Sie wunderbare Orgasmen erleben, sooft Sie wollen, und wenn Ihr Mann sich auf dem Weg dahin nicht übernimmt, dann brauchen Sie wahrscheinlich keinen Vibrator. Andererseits sollte die Sorge, dass Sie die batteriebetriebenen Reize der Berührung Ihres Ehemannes eines Tages vorziehen könnten, nicht der einzige Grund sein, der Sie daran hindert einen zu benutzen. Ich werde noch etwas weiter ausholen. Warum muss diese Frage denn mit *entweder/oder* beantwortet werden? Warum nicht mit *sowohl/als auch*? Warum haben Sie das Gefühl, dass Sie das eine für das andere aufgeben müssen, wenn Sie beides gleichzeitig haben können? Denken Sie daran, dass Vibratoren idealerweise (das ist meine Meinung) als „Hilfe im Ehebett" benutzt werden sollten, nicht als „Hilfe zur Masturbation". Sollten Sie mir zustimmen, könnten Sie ja eine Regel für sich aufstellen, die besagt, dass er nicht alleine benutzt werden darf, sondern ausschließlich zur Intensivierung des Zusammenseins. Außerdem, meine Damen, werden Sie nicht die Einzigen sein, die von den guten Schwingungen profitieren. Manche Erwachsenenspielzeuge können Männer nämlich ebenso stimulieren wie Frauen.

- *Ich will mir nicht diesen ganzen pornografischen Mist in den Katalogen und auf den Webseiten ansehen, um solche Produkte einzukaufen, und ich werde ganz sicher nicht in ein entsprechendes Fachgeschäft gehen, um persönlich einen auszusuchen!*
Wieder sehr ehrenhaft gedacht. Ich sehe mir auch nicht gerne pornografische Abbildungen an und werde auch nicht gerne dabei beobachtet, wie ich mit einer einfachen braunen Papiertüte voller Was-auch-immer-Zeugs aus einem „Spielwarenladen" für Erwachsene herauskomme. Sex ist etwas sehr Persönliches. Es ist Privatsache. Und es ist ein schönes Mittel, die gesunde Beziehung eines verheirateten Paars zu festigen. Aber nichtsdestotrotz stellt es ein christliches Ehepaar vor eine Herausforderung, den Einkauf von Sexspielzeugen angemessen zu gestalten. Deshalb empfehle ich ein Versandhaus namens

Covenant Spice (www.covenantspice.com). Dort kann man tolle und neuartige Sexspielzeuge sowie intimitätsfördernde Produkte bestellen, man sieht aber nur die Artikel selbst, keine Menschen, die sie benutzen. Bei Covenant Spice gibt es alles für ein ordentliches, sauberes und eheverträgliches Vergnügen. Sie haben sogar eine Zufriedenheitsgarantie und versenden sehr diskret.

- *Was werden unsere Kinder denken, wenn sie Sexspielzeug bei uns finden sollten?*
Ich kann verstehen, dass man Kinder vor derartigen Entdeckungen gerne schützen möchte. Aber wenn wir gewieft genug sind, eine Schachtel teurer Pralinen unbemerkt irgendwo in der Küche verschwinden zu lassen, glaube ich, dass Sie es auch schaffen werden, eine Box mit Sexspielzeugen irgendwo im Elternschlafzimmer oder in der Ankleide zu deponieren. Es gibt sogar speziell dafür verschließbare Behälter mit Kombinationsschlössern. Aber selbst wenn die Schachtel irgendwann gefunden würde – ist es denn wirklich verwerflich, wenn ein verheiratetes Paar so etwas besitzt? Ist es ein Verbrechen, sich das bestmögliche Sexualleben mit der Person zu wünschen, der man sein ganzes Leben widmet? Absolut nicht. Eine Frau hat mir kürzlich gestanden: „Meine Mutter wollte nie mit mir über Sex reden, aber als ich in ihrer Unterwäsche einen Vibrator gefunden habe, war das die beste nonverbale Lektion über sexuelle Freiheit, die sie mir erteilen konnte." Nach dem ersten Schock darüber, dass unsere Eltern auch Sex haben, genießen und gestalten, kann uns diese Erkenntnis eine völlige Freiheit geben, unsere eigene Sexualität ebenso anzunehmen.

Ich möchte mich an dieser Stelle wiederholen, nur um richtig verstanden zu werden: Ich möchte kein Paar dazu drängen, sich Sexspielzeug anzuschaffen. Bitte schicken Sie mir keine E-Mails und Briefe, in denen Sie sich darüber beschweren, wie unerhört Sie es finden, dass ich so etwas auch nur vorzuschlagen wage. Hören Sie mich und bitte nur meinen Ratschlag an, dass Sie sich bei niemandem dafür entschuldigen müssen, wenn Sie zur Gestaltung Ihres Sexlebens bzw. zum Meistern sexueller Herausforderungen derartige Hilfe einsetzen möchten bzw. benötigen. Sie müssen kein offizielles Formular ausfüllen, um eine Erlaubnis dafür einzuholen. Sie müssen Ihren Gemeindeleiter oder Pastor auch nicht mit der Frage behelligen, ob Sie das dürfen, oder es nachher jemandem beichten. Im Ehebett sollten Sie sich frei und unbeschwert fühlen – und das dürfen Sie auch gerne, wenn Sie dies wollen, mit Spielzeug! Sollten Sie einen Vibrator brauchen oder wünschen Sie sich einfach gerne einen, dann lassen Sie sich weder durch persönliche noch gesellschaftliche Tabuisierungen Ihren Frieden darüber rauben – kaufen Sie sich einfach einen.

Eine letzte Frage

40. SEX IM ALTER – ZIEHEN WIR IRGEND-WANN EINEN SCHLUSSSTRICH?

Ich kann mir zum Abschluss dieses Buchs keine bessere Ermutigung für Paare vorstellen als den folgenden Brief von Helen, der meinen Ehemann und mich riesig gefreut hat – sowohl um ihretwillen als auch um ihres Ehemanns willen. Helens Name habe ich zu ihrem Schutz geändert, denn ich bin sicher, dass nicht ihre ganze Gemeinde diese intimen Details aus ihrem Sexualleben kennen sollte. Ich fühle mich geehrt, weil sie sie mir mitgeteilt hat, und wenn ich das lese, glaube ich, dass sie es auch gerne Ihnen allen sagen würde. Helen schrieb mir Folgendes:

„Shannon, du hast im vergangenen Jahr in unserer Gemeinde einen Vortrag gehalten. Ich war eine der älteren Frauen in der Menge. Mein Ehemann und ich sind seit fast fünfzig Jahren verheiratet und wir sehen vermutlich aus wie ein Bilderbuch-Ehepaar. Ich will dir mitteilen, was sich nach deinem Vortrag bei mir verändert hat.

Ich habe an diesem Freitagmorgen dafür gebetet, dass Gott mich für alles öffnen sollte, was er mir gerne zeigen möchte. Dann ging ich zu dem Vortrag und dort bist du aufgetaucht ...

Hätte mich irgendjemand gefragt, hätte ich behauptet, dass mein Ehemann und ich ein großartiges Sexleben haben vom ersten Tag unserer Ehe an. Ich hatte nie Probleme, einen Orgasmus zu bekommen, wir hatten beide das Glück jungfräulich und gläubig unsere Ehe zu starten und ich dachte, unser Sexualleben wäre ,normal' und besser als das der meisten anderen. Mein Ehemann schien meiner überhaupt nicht über-

drüssig zu werden und natürlich war ich zu der Zeit, als die Kinder klein waren, immer müde. Deshalb hatten wir in dieser Zeit auch einige mehr dieser ‚Nicht heute Abend‘-Diskussionen. Aber ich war ihm immer gerne mit einem ‚Quickie‘ gefällig, wenn er mir im Haushalt geholfen hatte.

Was sollte also bei deinem Vortrag passieren?

Und ich frage mich das immer noch: Was ist da eigentlich passiert? – Etwas ganz Wesentliches hat sich verändert.

Meine Wechseljahre dauerten einige Jahre und ich hatte in dieser Zeit verschiedene gesundheitliche Probleme und Depressionen, die medizinisch behandelt werden mussten. Die unglückliche Nebenwirkung dieser Medikamente war, dass ich keine Orgasmen mehr haben konnte. Da ich dieses Problem vorher nicht gekannt hatte, bat ich Gott unter Tränen darum, dass das Gefühl dafür wieder zurückkäme, sagte ihm aber auch, dass ich zufrieden sein würde mit dem, was er mir zugestand. Ich setzte die Antidepressiva nach einigen Monaten ab, aber die Fähigkeit, einen Höhepunkt zu erleben, kehrte trotzdem nicht zurück. Mein Ehemann hatte ebenfalls in den vergangenen Jahren gelegentlich Erektionsprobleme gehabt, aber wir haben es immer weiter versucht unter der Prämisse, dass es noch zu früh war, um es ganz aufzugeben! Wir kamen uns wieder näher. Obwohl wir nichts weiter tun konnten, als uns zu umarmen und zu küssen, fanden wir das schön.

Aber was ist nun nach deinem Vortrag passiert? Vor zwanzig Jahren bat mich mein Ehemann, ein wenig experimentierfreudiger zu werden. Er meinte damit, dass er sich Oralsex wünschte. Das konnte ich mir beim besten Willen nicht vorstellen. Es kam mir grundfalsch vor. Ich versuchte ihm zu erklären, dass ich nur mit ihm schlafen wollte, wenn ich ihm dabei in die Augen sehen konnte. Wir probierten es einige Male, aber ich hasste es und schließlich bat ich ihn, nicht mehr damit anzufangen. Er gab nach. Ich erwähne das alles aus zwei Gründen: Erstens hängt alles von der inneren Einstellung ab und zweitens habe ich in den vergangenen Tagen darüber nachgedacht und glaube, dass die Selbstlosigkeit meines Mannes und seine Bereitschaft nachzugeben, mir gezeigt haben, dass er mich liebte und respektierte und dass das, was ich fühlte, richtig war. Er wollte lieber, dass ich mich wohlfühlte, als das

durchsetzen, was er sich wünschte. Ich glaube, seine wunderbare Ein-
stellung hat dazu beigetragen, dass ich nun nach deinem Vortrag diese
Freiheit erleben darf.

Irgendwie, durch Gottes Gnade und deine überaus wirkungsvollen
Worte, hat Gott etwas Großartiges bewirkt. Ich bin nicht sicher, was
er getan hat oder ob ich überhaupt noch weiß, was du genau gesagt
hast oder ob einfach beides zusammenkam. Aber es war, als hätte ich
hinter einem Vorhang gesessen und Gott hätte diesen Vorhang plötzlich
zurückgezogen und mich befreit, damit ich ganz ich selbst sein darf!
Obwohl ich gehört und auch immer geglaubt hatte, dass ‚zwischen dir
und deinem Partner alles in Ordnung ist, wenn es euch und eurer Bezie-
hung gutgeht‘, hatte ich irgendwie plötzlich ein grünes Licht bekommen
und wusste mit einem Mal, dass Gott bestimmte Körperteile zu unserem
reinen Vergnügen geschaffen hat. Oder, anders gesagt, dass es für mich in
Ordnung war, sie zu genießen! Gott freut sich daran, dass ich selbst diese
Freude genießen darf!

Meinem Ehemann fiel anschließend auf, dass ich ihm irgendwie ver-
ändert vorkam, als ich nach dem Vortrag aus der Tür trat. Ich fühlte
mich plötzlich innerlich befreit und kann das nicht anders erklären, als
dass Gott etwas Wunderbares getan hat! Ich bin nach Hause gekommen
und habe angefangen meinem Ehemann deine Bücher laut vorzulesen
und ich bestellte im Internet einige ‚Spielzeuge‘ von der Website, die
du empfohlen hattest. Vielen Dank dafür. Toll! Sie haben uns wirklich
geholfen. Wir erleben gerade eine Sommerromanze, so viel ist sicher!
Wenn er nicht gerade außer Haus ist, haben wir fast täglich Sex, seit wir
deinen Vortrag gehört haben! Einmal, manchmal sogar dreimal hinter-
einander! Ich darf wieder Orgasmen erleben, zum ersten Mal seit zwan-
zig Jahren, und ich habe große Hoffnung, dass noch viel mehr passiert!

Ich wollte dir gerne schreiben, Shannon, weil auch andere Frauen
wissen sollen, dass es nie zu spät ist, im Bett mehr Vergnügen mit seinem
Partner zu haben! Auch wenn wir Frauen manchmal glauben, dass jetzt
der Schlussstrich da sei und wir ausreichend Vergnügen gehabt hätten.
Ich erzähle dir diese sehr privaten Dinge über uns auch deshalb, weil
der Teufel uns nur zu gerne weismachen will, dass für Leute in meinem

Alter ‚diese Dinge einfach nicht mehr drin sind‘ und ich würde anderen
älteren Leuten gerne ermutigend sagen, dass das nicht stimmt.

Ich habe meinem Ehemann gestern gesagt, dass ich oft das Gefühl
habe, dass ich dieses besondere Kind bin, das Gott so sehr liebt. Ich lebte
so vor mich hin und war mit meinen eigenen Dingen beschäftigt, ging
zu dem Vortrag und erwartete, dort anderen Segen spenden zu können.
Ich war in keiner Weise auf das großartige Geschenk vorbereitet, das Gott
mir machen würde oder ahnte auch nur, wie viel Freude noch auf mich
und meinen Ehemann wartete! Ich liebe Gott. Er ist erstaunlich und
liebt uns so sehr. Ich bin von seiner überwältigenden Wohltat überrascht
worden und kann meinem himmlischen Vater gar nicht genug danken.

Auch dir kann ich nicht genug Dank sagen, Shannon. Danke, danke,
danke! Wir glauben, dass du eine besondere Gabe hast, zu Menschen
jeden Alters über Sexualität zu sprechen. Gott segne dich dafür, dass du
tust, wofür er dir eine Begabung geschenkt hat. Wir lesen auch ‚Jede Frau
und ihre Versuchungen‘ und haben unseren Enkelinnen einige Kopien
zugeschickt. Ich kann es kaum erwarten, ihnen bei unserem nächsten
Wiedersehen mehr zu erzählen!“

Herzlichst, Helen

Wir freuen uns mit dir, Helen! Herzlichen Glückwunsch zu deiner
Erkenntnis, dass unsere Ehebetten noch bis weit ins Alter hinein
ungeahnte Freuden für uns bereithalten (Hohelied 1,16).

Unsere sexuellen Leuchtfeuer müssen nicht vollständig erlöschen,
nur weil wir ein bestimmtes Alter erreicht haben. Sie dürfen immer
wieder neu entfacht werden, solange Atem in unserer Lunge ist und
Blut in unseren Körpern zirkuliert. Besonders wenn wir uns dafür
öffnen, unsere fantastische Freiheit zu genießen, intensive Lust und
absolute Euphorie zu erleben, die Gott dazu geschaffen hat, damit
wir uns im Ehebett damit vergnügen können.

Vielleicht sind Sie noch nicht an dem Punkt im Leben angekommen, an dem Sie sich Sorgen darüber machen, wie viel sexuelle Aktivität bei Ihnen im Alter noch möglich sein wird. Vielleicht befinden
Sie sich noch im ersten Jahrzehnt Ihrer Ehe und versuchen herauszu-

finden, wie Sie die Gesprächskanäle für Ihre sexuellen Wünsche und Erwartungen öffnen können. Vielleicht verdrängen Kinder, berufliche und häusliche Anforderungen die Zeit und Energie, die Sie einmal für Ihre sexuelle Intimität hatten und Sie versuchen trotz des Sie umgebenden Chaos' ab und zu miteinander zu schlafen. Oder Sie sind bereits so lange verheiratet, dass Sie bereits alles ausprobiert haben und nun nach neuen Wegen suchen, damit es im Schlafzimmer interessant bleibt.

Wir befinden uns alle in unterschiedlichen Lebensphasen, auch altersbedingt. Aber eines haben wir alle gemeinsam – unabhängig von Alter, Geschlecht oder irgendwelchen anderen Faktoren: Wir sind *Menschen, die sexuell empfinden* und von Gott dazu geschaffen wurden, sexuelle Beziehungen einzugehen.

Ich wünsche mir und bete dafür, dass Sie als Paar diese freie und unbeschwerte Leidenschaft für sich entdecken können – die geistlichen, mentalen, seelischen und körperlichen Facetten Ihrer Sexualität annehmen – und damit innerhalb Ihrer Ehe kraftvolle Mittel besitzen, in den kommenden Jahren viele leidenschaftliche Augenblicke zu erleben und zu genießen. Reden Sie miteinander … beten Sie miteinander … berühren Sie einander … und feiern Sie das Gefühl sexueller Freiheit, das Sie in Ihrer Ehe haben dürfen!

Nachdenkenswert
- Werden Sie sich im Alter vorschreiben lassen, wann Ihr Sexleben vorbei ist?
- Hat es Vorteile, wenn man so lange wie möglich ein aktives Sexualleben hat?
- Glauben Sie, dass Sie seelischen wie geistlichen Nutzen für Ihre Intimität aus dem Alter ziehen können? Falls ja, beschreiben Sie einmal wie.
- Worauf freuen Sie sich am meisten, wenn Sie daran denken, miteinander alt zu werden?

QUELLENVERZEICHNIS

1 Raymond Collins, „The Bible and Sexuality“, Biblical Theology Bulletin 7 (1977): 153, zitiert nach Richard M. Davidson, „The Theology of Sexuality in the Beginning: Genesis 1–2,“ Andrews University Seminary Studies 26, no. 1 (Spring 1998): 2, http://www.bibelschule.info/streaming/Richard-M.-Davidson---The-Theology-of-Sexuality-in-the-Beginning--Genesis-1-2-_24058.pdf.

2 Richard M. Davidson, „The Theology of Sexuality in the Beginning: Genesis 1–2“, *Andrews University Seminary Studies* 26 no. 1 (Spring 1998): 2, http://www.bibelschule.info/streaming/Richard-M.-Davidson---The-Theology-of-Sexuality-in-the-Beginning---Genesis-1-2_24058.pdf.

3 Dieses Zitat wird dem Leiter des amerikanischen Gesundheitswesens, Dr. C. Everett Koop zugeschrieben, siehe http://www.lifelinepcc.org/abstinence.html, zuletzt aufgerufen am 10. 05. 2013.

4 *Disciple's Study Bible*, New International Version (Nashville: Holman Bible Publishers, 1988), 802.

5 Peter Kreeft, *Everything You Ever Wanted to Know About Heaven – but never Dreamed of Asking* (San Francisco: Ignatius 1990), 117–18. Siehe www.peterkreeft.com/topics/sex-in-heaven.htm, Auszug aus „Is There Sex in Heaven?“

6 Shannon Ethridge, *Completely His: Loving Jesus Without Limits* (Colorado Springs: WaterBrook, 2008).

7 *Merriam-Webster's Online Dictionary*, siehe „passion“, zuletzt abgerufen am 22. 04. 2013, http://www.merriam-webster.com/dictionary/passion.

8 James B. Nelson, *The Intimate Connection: Male Sexuality, Masculine Spirituality* (Philadelphia: Westminster, 1988), 13–14.

9 *Wikibooks*, siehe „Galatians 5“, zuletzt aufgerufen am 10. 05. 2013, http://en.wikibooks.org/wiki/Biblical_Studies/New_Testament_Commentaries/Galatians/Chapter_5.

10 Charles Henderson, „Sexuality and Spirituality: A Sacramental View of Sex“, GodWeb.org, www.godweb.org/sexspirit.htm.

11 Peter Kreeft, *Everything You Ever Wanted to Know About Heaven – but Never Dreamed of Asking* (San Francisco: Ignatius, 1990). Siehe www.peterkreeft.com/topics/sex-in-heaven.htm, Auszug aus „Is There Sex in Heaven“?

12 Stephen Arterburn und Fred Stoeker, *Every Man's Marriage: An Every Man's Guide to Winning the Heart of a Woman* (Colorado Springs: Water-Brook, 2010), 273–74.

13 Louann Brizendine, *The Female Brain* (New York: Bantam, 2008), 127.

14 Ebd., 125.

15 Ebd., 105.

16 Ebd., 101.

17 Ebd., 134, 144.

18 Luke Gilkerson, *Your Brain on Porn*, 3, http://www.covenanteyes.com/brain-ebook.

19 Gary R. Brooks, *The Centerfold Syndrome: How Men Can Overcome Objectification and Achieve Intimacy with Woman* (San Francisco: Jossey-Bass, 1995), 2–11.

20 Naomi Wolf, „The Porn Myth", New York, October 20, 2003, http://nymag.com/nymetro/news/trends/n_9437/.

21 Gilkerson, *Your Brain on Porn*, 7–8.

22 Dolf Zillmann, „Influence of unrestrained access to erotic on adolescents' and young adults' disposition toward sexuality", *Journal of Adolescent Health* 27, no. 2, supplement 1, 2000.

23 Safe Families, „Statistics on Pornography, Sexual Addiction and Online Perpetrators", zuletzt aufgerufen am 22.04.2013, http://www.safefamilies.org/sfStats.php.

24 Luke Gilkerson, Breaking Free Blog, „3 Reasons It's Not Okay to Use Porn to Spice Things Up in the Bedroom", February 3, 2012, CovenantEyes.com, http://www.covenanteyes.com/2012/02/03/3-reasons-its-not-okay-to-use-porn-to-spice-things-up-in-the-bedroom.

25 „Famous Failures" Video, zuletzt aufgerufen am 22.04.2013, http://www.youtube.com/watch?v=Y6hz_s2XIAU.

26 Gary Thomas, *The Sacred Marriage* (Grand Rapids, MI: Zondervan, 2002), 13.

27 Holly Holladay, „Part 5: On the Other Side", *Desperately Seeking Holly* (blog) 10. Juni 2011, http://www.hollyholladay.org/2011/06/10/part-5-on-the-other-side/.

28 *Wikipedia*, siehe „Fight-or-flight response," zuletzt aufgerufen am 22.04.2013, http://en.wikipedia.org/wiki/Fight-or-flight_response.

29 Gary D. Chapman, *The 5 Love Languages* (Chicago: Northfield, 2009).

30 James C. Dobson and Shirley Dobson, *Night Light: A Devotional for Couples* (Colorado Springs: Mulnomah, 2000), 12-13.

31 Donald Zimmer, „Most Sensitive Spots & More", AskMen.com, zuletzt aufgerufen am 22.04.2013, http://www.askmen.com/dating/dzimmer/4.html.

32 „External genital changes in fetus developmet", Baby2see.com, zuletzt aufgerufen am 22. 04. 2013, http://www.baby2see.com/gender/external_ genitals.html.

33 Tina S. Miracle, Andrew W. Miracle und Roy F. Baumeister, *Human Sexuality: Meeting Your Basic Needs* (Upper Saddle River, NJ: Prentice Hall, 2003), 33.

34 Auszug aus Shannon Ethridge, *Every Woman's Marriage* (Colorado Springs: WaterBrook, 2006), 185–86.

35 Miracle, Miracle und Baumeister, Human Sexuality: Meeting Your Basic Needs, 90.

36 Ebd., 30.

37 Ebd., 33.

38 Natalie Angier, *Woman: An Intimate Geography* (New York: Anchor Books, 1999), 63.

39 *Wikipedia*, siehe „missionary position," zuletzt aufgerufen am 22. 04. 2013, http://en.wikipedia.org/wiki/Missionary_position.

40 Linda Dillow und Lorraine Pintus, *Intimate Issues: Twenty-One Questions Christian Women Ask About Sex* (Colorado Springs: WaterBrook, 1999), 200.

41 Douglas E. Rosenau, *A Celebration of Sex: A Guide to Enjoying God's Gift of Sexual Intimacy* (Nashville: Thomas Nelson, 2002), 158.

Verlagsgruppe Random House FSC®N001967
Das für dieses Buch verwendete FSC®-zertifizierte Papier *Munken Premium Cream*
liefert Arctic Paper Munkedals AB, Schweden.